KB014843

불평등이 문제다

매 순간 진실한 사랑으로 도와준 이에게,

가난한 사람과 사회의 약자를 위해 노력하는 학자, 정치가, 활동가에게

이 책을 바칩니다.

불평등이 문제다

대한민국 99퍼센트의 내일을 위한 전략

김윤태 지음

Humanist

문제는 경제가 아니다

지금 어떤 유령이 한국을 떠돌고 있다. '불평등'이라는 유령이. 여러 차원에서 한국의 불평등은 경제협력개발기구OECD 최고 수준이다. 지나친 불평등이 사람들의 행복감을 떨어뜨리고 자살, 우울증, 저출산, 과잉 경쟁, 일 중독 등 수많은 사회문제를 만들고 있다. 지난 30년간 아무리 경제성장률이 올라가고, 1인당 국내총생산이 상승하고, 한국이 세계적 경제 대국이 되어도 이런 사회문제들이 해결되지 않고 있다. 문제는 경제가 아니다!

나는 한국 사회의 가장 심각한 문제가 사회경제적 불평등이라고 생각한다. 부유한 사람과 가난한 사람의 격차가 너무 벌어지고 있다. 정규직과 비정규직 간의 차별은 더욱 심각하다. 남자와 여자의 소득 격차는 이미 오래전부터 세계에서 가장 높은 수준이다. 중년에 비해 청년과 노인 세대의 빈곤율은 지나치게 높아졌고, 가진 사람들과 못 가진 사람들로 빠르게 분열되고 있다. 한국 사회가 두 계급으로 분열되는 것이다.

한국 사회의 소득과 자산이 소수 부자에게 집중되고 있다. 대부분의 중산층은 아무리 노력해도 부자가 되기 힘들다고 체념한다.

실업자와 극빈층은 최소한 인간다운 생활을 누리기조차 힘들다고 절망한다. 대기업이 중소기업과 자영업자를 쥐어짜는 약육강식의 정글이 되고 있다. 생존경쟁에서 실패한 사람은 절벽 아래로 추락한다. 먹이사슬의 정점에 있는 포식자만 살아남을 수 있다. 살아남는 사람과 살아남지 못하는 사람만 존재할 뿐이다. 결과적으로 한국 사회는 부익부 빈익빈 사회로 변하고 있다.

"무릇 있는 자는 받아 넉넉하게 되되 없는 자는 그 있는 것도 빼앗기리라."〈마태복음〉 25장 29절이다. 미국 사회학자 로버트 머튼 Robert K. Merton은 과학자들이 공동으로 연구 성과를 만들지만 유명한 과학자가 무명 과학자에 비해 많이 보상받는 현실이 앞의 구절과 같다면서 이를 '마태 효과'라고 불렀다.[1] 앞선 사람과 뒤처진 사람의 작은 차이가 시간이 지날수록 점점 커져 도저히 줄일 수 없는 것이 되어 버린다. 오늘날 한국 사회에서도 마태 효과가 보인다. 부유한 사람은 점점 더 부유해지고 가난한 사람은 점점 더 가난해진다. 부자에게 유리한 정책은 채택되지만 가난한 사람을 위한 정책은 밀려난다. 부자를 위해 감세하면서 가난한 사람을 위한 복지는 축소한다.

1997년 외환위기 이후 한국 노동시장에서 소득 불평등이 심해졌지만 임금 정책과 재분배 정책은 빈약하다. 최저임금이 매우 낮은 수준인 데다 사회보험의 사각지대가 많아 사회적 위험에 무방비로 노출된 사람이 많다. 여성, 청년, 노인, 장애인 등 약자를 돕는 사회보장제도도 형편없이 부족하다. 결과적으로 불평등이 심화되면서 중산층이 몰락하고 빈곤층이 늘어났다. 불평등이 커질수록 부자를 부러워하는 사람들은 끝없는 지위 경쟁에 빠져든다. 학벌, 미모, 사치품을 숭배하고 과소비에 빠지지만 누구나 성공하는 것은 아니다. 부유한 사람과 비교하고 열등감이 커지면서 스스로 불행하다고 생각한다. 자존감이 약해지고 우울증이 확산되며 자살률이 급증하고 있다. 사회의 활력이 사라지고 미래에 대한 비관주의가 널리 퍼지고 있다.

"모든 국민은 인간으로서의 존엄과 가치를 가지며, 행복을 추구할 권리를 가진다"는 대한민국 헌법 10조는 평등에 관한 선언이라고 할 수 있다. 그러나 1997년 외환위기 이후 한국 사회는 부자들만 존엄하고 가치 있으며 행복할 권리가 있는 사회로 변했다. 놀라운 점은 다른 어느 나라보다도 빠르게 불평등이 커지고 있다는 사실이다. 1990년대까지 전 세계적으로 높은 수준의 평등한 국가에서 30년이 지난 오늘날 가장 불평등한 국가로 변했다.

불평등은 한국 사회의 가장 중요한 특징이 되고 있다. 최근 한국의 불평등은 OECD 회원국 가운데 최상위 수준이지만, 한국의 불평등은 지니계수, 상대적 빈곤율, 소득 5분위 배율 같은 불평등을 나타내는 지표에서 완벽하게 드러나지 않는다. 상위 1%에게 부가 빠르게 집중되었다. 2014년 전체 소득 중 상위 1%가 차지하는 비율이 전년 대비 약 12.3%로 증가했다. 같은 해 상위 10%는 전체 소득의 약 44.8%를 차지한다. 부의 집중도가 미국에 이어 세계 2위다. '20:80의 사회'는 과거가 되었다. 이제 '1:99의 사회'다.

한국에서 나타나는 더 놀라운 사회현상은 세습이 불평등을 심화시킨다는 점이다. 2013년 재벌닷컴 자료에 따르면, 상장사 상위 1%의 주식 부자들이 보유한 주식 가치가 78조 원에 육박한다. 전문 경영인보다 재벌 2세, 3세의 비율이 압도적이며 '상속형' 부자가 70%

를 차지한다. 자기 힘으로 창업한 부자는 열 명 중 세 명도 안 된다.[2] 이런 상황에서 오늘날 젊은 세대는 부모의 경제력에 따라 자신의 운명이 결정된다고 믿는다. '금수저'와 '흙수저'로 사회가 분열되었다고 한탄한다.

실제로 '세습 사회'가 등장하면서 능력에 기초한 자유로운 사회 이동이 사라지고 있다. 계층 상승의 주요 통로가 되는 교육 기회가 부모의 경제력에 따라 결정되면서 균등한 기회를 강조하는 민주주의의 가치가 약화되는 것이다. 프랑스 경제학자 토마 피케티Thomas Piketty가 전 세계적으로 세습된 부와 권력에 따른 과두제가 만들어지고 있다고 경고했는데, 한국이야말로 가장 대표적인 세습 사회로 변하는 중이다.[3]

경제적 기준으로만 본다면 한국은 성공한 국가다. 1960년대에 80달러 정도였던 1인당 국내총생산GDP이 2014년에는 3만 달러에 육박한다. 거의 300배 넘게 증가한, 세계 최고 기록이다. 그러나 OECD가 지속적으로 측정한 한국인의 '삶의 만족' 수준은 하위권이다. 1인당 국내총생산이 2만 달러가 넘고 3만 달러에 육박해도 행복감이 더 늘어나지 않는다. 오히려 한국의 행복지수는 빠른 경제성장에 비해 매우 낮은 수준에 머물고 있다. 2000년대 초반에 삼성경제연구소와 전국경제인연합회가 내세운 '2만 달러 시대'라는 장밋빛 환상은 이미 깨져 버렸다. 경제적 성공을 가장 빨리 이룬 나라가 정신적 불행감에 직면했다는 역설적 현실이 바로 한국의 비극적 자화상이다. 이 지독한 '한국의 역설'이 왜 발생했을까?

나는 한국인이 행복하지 않은 가장 큰 이유가 불평등이라고 본다. 경제성장이 계속되어도 지나친 불평등을 해결하지 못하면 행복감은 커지지 않을 것이기 때문이다. 2만 달러 시대, 4만 달러 시대를 부르짖던 정치인도 있었지만 문제는 경제가 아니었다. 문제는 바로 불평등이었다. 소수가 부의 어마어마한 몫을 차지하고 나머지 사람들이 상대적으로 가난하게 살아간다면 1인당 국내총생산과 평균 소득의 상승은 아무런 의미가 없을 것이다. 조지 오웰George Orwell이 《동물농장Animal Farm》에서 말한 대로 "동물들은 더 풍요로워지지 않는데 농장만 배를 불려 가는 것 같았다."4) 통계청이 2015년에 발표한 조사에 따르면, 사회경제적 지위를 '하층'이라고 답한 응답자의 비율이 46.7%로 1988년 이후 최고치를 보였다. 또 평생 노력해도 사회경제적 지위가 높아질 가능성이 낮다고 생각하는 비율은 60%에 달했다.5)

2010년대에 한국은 지옥이고 아무런 희망이 없으며 조선 시대 같은 신분제 사회가 되었다는 뜻에서 '헬조선'이라는 인터넷 신조어가 등장했다. 2015년 20~40대 세대 의식에 관한 여론조사에 따르면, "우리 사회를 '헬조선'으로 부르는 것에 동의하는가"라는 질문에 응답자의 65.3%가 동의한다고 답했다. 그리고 이런 말이 생긴 이유로는 '경제적 부의 분배가 공정하게 이뤄지지 않아서'(21.6%), '개인적 노력을 통한 사회경제적 지위 상승이 힘들어서'(16.5%), '세월호 침몰 사고 등 안전에 문제가 있어서'(14.7%) 등을 들었다.6) 헬조선에서 탈출하기 위해 이민이나 여행을 고려하는 사람도 많다. 이들이 아직 실천적 행동에는 관심이 적지만 언젠가 그 분노가 저항으로 폭발할 가능성이 있다.

"부자와 가난한 자의 불균형은 모든 공화국의 가장 오랜 치명적 우환"이라는 로마 역사가 플루타르코스의 지적은 타당하다. 현대

사회에서도 불평등은 가장 치명적인 사회문제다. 불평등은 단지 낮은 수입이나 빈곤의 결과만 가리키는 것이 아니다. 스웨덴 사회학자 예란 테르보른Göran Therborn이 지적한 대로 불평등은 사회 활동에 참여하는 데 필요한 자원뿐 아니라 인간으로서 우리의 역량, 건강, 자존감, 자아의식을 손상시킨다.[7] 불평등은 개인뿐 아니라 경제성장에 해악을 끼치고 파괴적 갈등을 유발하며 사회 전체에 부정적 영향을 미친다. 따라서 불평등에 맞서는 것은 우리 시대의 가장 중요한 정치적·도덕적 의무다.

이 책의 1부는 불평등이 만든 다양한 사회문제와 현황을 구체적으로 분석하고, 2부는 불평등의 원인을 평가하고, 3부는 지나친 불평등 완화를 위해 해결해야 할 주요 과제를 제시한다. 이 책의 3부 구성은 연옥, 지옥, 천국 등으로 이루어진 단테Alighieri Dante의《신곡 La Divina Commedia》에 착안한 것이다. 하지만 천국에 대한 이야기는 나로서는 한계가 있는 분야다. 이 세상에 천국은 존재할 수 없겠지만, 더 나은 미래를 생각하는 희망도 포기할 수 없다. 이런 이유로 불평등의 원인을 분석하는 것에 그치는 대신 새로운 대안을 제시하고 그 실행을 촉구한다. 3부에서 제시한 열다섯 가지 과제를 풀어간다면 불평등이 만든 사회문제를 모두 없애지는 못해도 불평등을 줄이는 출발점은 될 수 있을 것이다.

이 책은 불평등의 완화와 해결이 없다면 사회통합의 어려움이 커질 뿐 아니라, 지속적인 경제성장도 불가능하며 한국 사회의 미래도 없다고 강조한다. 나는 정치인과 정책 결정자들이 증가하는 불평등에 맞서 싸우는 역사적 책임감을 갖기를 바란다. 심각한 불평등 문제를 해결하기 위한 사회통합적 제도와 정치적 합의를 만들어야 한다. 이를 위해 학자와 지식인은 정부 정책의 본질과 예상되는 결과를 두고 진지한 토론을 벌여야 한다. 법인세 인하, 자율형 사립고 설립, 의료 민영화, 무역 자유화가 누구에게 도움이 되는지 따져봐야 한다. 로마의 철학자이자 정치가였던 키케로는 로마 집정관 카시우스가 항상 현명하게 "퀴 보노Cui Bono?"라고 물었다며 칭찬했다. 이 말은 "누가 이득을 얻는가?"라는 의미다. 나는 사회과학의 핵심적 과제 중 하나는 정부의 정책으로 '누가 이득을 얻는지' 그리고 '누가 이득을 잃는지'를 따지는 것이라고 믿는다. 부디 이 책이 한국 사회의 불평등을 줄이고 더 좋은 사회를 만들기 위해 노력하는 모든 분들에게 도움이 되길 바란다.

2017년 8월
김윤태

감사의 글

영국 페이비언 협회의 초기 지도자이자 위대한 극작가였던 조지 버나드 쇼George Bernard Shaw는 대중 강연으로 유명했다. 사회정의를 추구했던 그는 자신의 목표가 '현재의 체제에서 대중이 사회의 부조리한 상황을 인식'할 수 있도록 '신뢰할 만한 공정한 통계자료를 수집하고 공표하는 것'이라고 했다.[1] 그의 생각에 동의하며 나는 이 책에서 불평등이 어떻게 사람들을 불행하게 만드는지, 왜 사회의 불평등이 커지는지, 어떻게 불평등과 싸워야 하는지 등을 객관적 자료를 통해 말하려고 한다.

나는 사회와 정치에 관심이 많은 일반 독자들이 이해하기 쉬운 책을 쓰려고 노력했다. 나와 많은 학자들의 학문적 연구의 결과를 소개하려고 했지만, 지나치게 어려운 이론이나 통계는 사용하지 않았다. 이 책을 준비하는 동안 대화와 토론을 통해 지적 영감과 도움을 준 학자들에게 감사드린다. 많은 분들 가운데 고려대 강수돌, 중앙대 김연명, 서강대 문진영, 고려대 서용석, 경상대 심창학, 인하대 윤홍식, 경기대 은민수, 인천대 이준한, 꽃동네대학 이태수, 고려대 최장집, 한림대 최태욱 교수님 등 여러분에게 감사드린다. 특히 많은 대화 가운데 문진영, 심창학 교수님의 유머 감각에서 많은 즐거움을 얻었다. 이 책을 위한 제안으로 도움을 준 궁선영 박사에게 감사의 마음을 전한다. 한국보건사회연구원 김미곤 부원장, 여유진 연구위원 두 분의 연구 과제에 관한 토론에서도 도움을 받았다. 한편 최근 나는 한울출판사가 출간한 《복지와 사상》의 편집을 맡았다. 이 책에 기고한 박종현·신광영·신정완·이상호·이정우·홍훈 교수님 등과 함께 출간했는데, 그 작업에서 많은 도움을 받았다. 이 작업에 기여한 학자들에게도 감사 인사를 드린다.

모든 책이 그렇듯이 이 책도 다른 학자들이 펴낸 책에 신세를 졌다. 특히 불평등에 관한 많은 학자의 연구 결과를 인용하고 분석했다. 토마 피케티Thomas Piketty 파리경제대학 교수의 웹사이트와 김낙년 동국대 교수의 자료에서는 가장 중요한 도움을 받았다. 런던정경대학LSE 앤서니 앳킨스Anthony Atkinson 교수의 불평등에 관한 연구와 노팅엄대학 리처드 윌킨슨Richard Wilkinson 교수의 저서와 웹사이트도 많은 도움이 되었다. 또한 한국의 이정우, 신광영 교수님의 훌륭한 연구에서 받은 도움도 빼놓을 수 없다.

아이작 뉴턴Isaac Newton은 자신이 거장의 어깨 위에서 세상을 보았을 뿐이라고 겸손하게 말했다. 나는 그 이상으로 리처드 토니R. H. Tawney의 고전적 에세이를 비롯해 리처드 티트머스Richard Titmuss, 존 롤스John Rawls, 아마르티아 센Amartya Sen 등 훌륭한 학자들의 연구에서 절대적인 도움을 받았다. 레너드 홉하우스L. T. Hobhouse와 토머스 마셜T. H. Marshall의 고전적 저서와 피터 타운젠드Peter Townsend, 앤서니 기든스Anthony Giddens 등 런던정경대학LSE에서 사회학을 가르쳤던 교수들도 내게 많은 영감을 주었다.

내가 참가한 한국사회학회, 한국정치학회, 한국사회복지학회, 한국사회경제학회, 사회정책연합 학술대회, 비판과 대안을 위한 사회복지학회, 복지국가연구회, 경제사회포럼, 복지사회학연구회, 일본사회정책학회, 한중일사회보장학회, 미국사회학회 등 다양한 토론회에서 대화와 토론을 함께했던 많은 분들에게도 감사의 마음을 전한다. 복지사회학연구회가 주최한 복지 태도에 관한 토론회에서도 유익한 도움을 받았다. 많은 분들 가운데 특히 명지대 김호균, 연세대 김인춘, 한림대 성경륭, 중앙대 신진욱, 고려대 우명숙, 서울대 조흥식 교수,《한겨레》이창곤 기자, 크리스토퍼 폴만 에버트 재단 한국사무소장 등 여러분에게 감사드린다. 참여연대 사회복지위원회의 자료는 시의성 있는 유익한 정보를 제공했다. 참여연대의 김남희 변호사, 김잔디 간사 등 여러분에게 감사드린다. 참여연대 시민 강좌, 복지국가소사이어티 강좌, 보건의료노조 초청 강연, 사회민주주의포럼 등에서 만난 시민과 노동조합 조합원 여러분과 나눈 대화에서 많이 배웠다. 특히 병원에서 일하는 분들에게 깊은 감사 인사를 드린다.

이 글의 일부 내용은 내 저서와 논문에서 인용했다. 2014년《노동사회》179호에 게재한 논문〈세금의 정치학〉, 2010년 13권 1호《문화와 경제》에 게재한〈행복지수와 사회문화적 분석〉, 2015년 출간한《불평등 한국, 복지국가를 꿈꾸다》(후마니타스)에 게재한 글을 바탕으로 재구성했다.《경향신문》,《녹색평론》,《동아일보》,《시사저널》,《프레시안》,《한겨레》등에 실은 글에서도 일부를 이 책을 위해 인용했다. 내 글을 게재한 언론사에 감사드린다.

지난 수년간 내가 복지국가에 관한 연구를 수행하는 동안 많은 도움을 받았다. 재정적 지원을 제공한 한국연구재단, 고려대학교, 독일 프리드리히 에버트 재단FES, 베를린자유대학, 아산사회복지재단 등 여러 기관과 재단에 감사드린다. 에버트 재단은 내가 2011년 독일에서 체류하면서 유럽 복지국가에 관한 연구를 수행하도록 재정적으로 지원했다. 베를린자유대학에서 초빙교수로 강의하는 동안 오랜 대화의 시간을 가진 여러 학자에게도 감사드린다. 한국연구재단의 재정적 도움을 받아 각국의 복지 제도와 정치적 태도에 관한 연구를 수행했는데, 영국·프랑스·독일·스웨덴·덴마크·핀란드·캐나다·호주·뉴질랜드에서 인터뷰 등을 통해 만난 학자·정치인·공무원·시민단체 활동가·기업인·노동조합 임원 등 여러분에게도 감사의 마음을 전한다.

이 책은 고려대학교에서 학생들을 가르치면서 준비했다. 내 수업에 참여하고 토론을 함께한 학생들에게도 감사드린다. 이 책을 쓰는 동안 많은 사람의 성실한 지원을 받았다. 다양한 자료를 수집한 사회학과 학부연구원 백준협과 임다혁에게 감사의 마음을 전한다. 대학원 사회복지학과 연구조교 서재욱, 김희정, 배혜원의 수고에도 감사드린다. 자료 검색을 통해 나의 연구를 도운 연구조교 노현주와 박제용에게도 감사의 인사를 적는다. 나는 유럽의 복지 태도에 관한 한국연구재단의 연구 과제를 수행하고 있는데 서재욱이 연구원으로 많은 도움을 주었다. 여기에서 다시 감사의 마음을 전한다. 이 책을 만드는 데 노력해주신 휴머니스트그룹 출판사 편집부에도 감사의 마음을 드린다. 이 책을 쓰도록 격려한 황서현 편집주간과 김학원 대표에게 특히 감사 인사를 전한다.

역사가가 과거를 복원하고 기록하듯이 사회학자는 현재를 증언하고 고발할 의무가 있다. 이 책이 비록 철학자와 작가처럼 미래의 유토피아를 제시하지는 못할지라도 가까운 시기에 우리가 이룩할 수 있는 현실적 목표를 제시했기를 바란다. 성실하게 일하고 노력하는 사람들을 위해.

차례

1부

한국인은
불행하다

1

경제적 성공과 사회적 실패

행복이 인생의 가장 중요한 목표라고 주장한 그리스 철학자 아리스토텔레스가 타임머신을 타고 한국에 온다면 어떤 생각을 할까? 경제성장률에만 몰두하는 한국을 그가 행복한 사회로 볼까? 경제성장률은 국내총생산의 증가를 중요하게 고려하는데, 2016년 현재 한국의 국내총생산은 1조 4112억 달러(약 1600조 원)이다. 규모로는 세계 11위며 1인당 국내총생산은 2만 7000달러 수준이다.

그러나 여기에 많은 문제가 있다. 범죄가 늘어나 감옥에 죄수가 많아질수록 정부 지출이 증가하고 국내총생산이 늘어난다. 민간 보험회사가 암보험을 계속 만들어 내고 병원에서 실손 보험으로 과잉진료를 할수록 국내총생산이 늘어난다. 또한 과로로 질병에 걸린 사람이 많아질수록 병원의 수입과 함께 국내총생산이 늘어난다. 어떤 이가 도박장에서 돈을 날리고 온라인 게임으로 시간을 보낼수록 국내총생산이 늘어난다.

국내총생산에는 수많은 요소가 있다. 이것에는 강원도 숲의 파괴와 울창한 자연의 손실도 포함된다. 기업이 골프장이나 유흥 주점에서 공무원을 접대하는 경비도 포함된다. 대량 살상 무기와 시위를 진압하는 무장 경찰의 차량과 최루탄을 만드는 비용도 포함된다.

그러나 젊은이들의 꿈, 지식인의 지혜, 공무원의 청렴, 자연을 지키기 위한 환경운동가의 노력은 국내총생산에 포함되지 않는다. 친구들이 나누는 정겨운 대화, 가족 간의 환담, 공공 문제를 해결하기 위한 진지한 토론과 논쟁, 사회를 개혁하기 위한 자발적 참여, 전 세계의 빈곤층을 돕기 위한 자원봉사는 포함되지 않는다. 정작 삶의 가치를 높이는 중요한 요소는 제외되는 국내총생산이 경제지표로서는 유용할 수 있어도 인간의 행복을 측정하는 도구로서는 한계가 있다.

한국인이 불행한 이유

미국 경제학자 리처드 이스털린Richard Easterlin은 2차세계대전 이후 미국의 국내총생산이 꾸준하게 상승했지만 미국인의 행복감은 상승하지 않았다는 사실에 주목했다.[1] 돈을 아무리 벌어도 사람들은 행복하다고 느끼지 못한 것이다. 이런 현상을 '이스털린 역설'이라고 부른다. 미국의 정치사회학자 로널드 잉글하트Ronald Inglehart가 작성한 세계 각국의 '행복지수'를 보면, 서유럽과 북미 국가들의 경우 1인당 국민총생산이 1만 5000달러를 넘으면 사람들의 행복감이 거의 비슷해졌다.[2]

한국은 어떨까? 한국은 지난 수십 년 동안 경제성장의 속도가 가장 빠른 나라로 알려져 있다. 1960년에 89달러밖에 안 되던 1인당 국내총생산이 2015년에는 그보다 300배 정도 증가했다. 2003년에

〈표 1〉 한국의 1인당 국내총생산과 삶의 만족도 추이

(단위: 미국 달러, 점수)

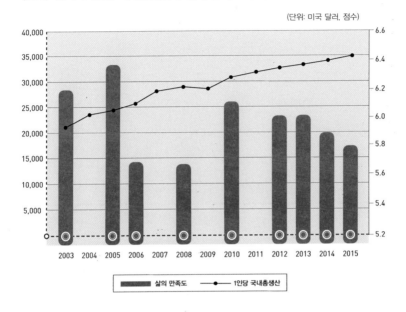

노무현 대통령은 국정 목표로 '2만 달러 시대'를 내걸었고, 2006년
에 목표를 달성했지만 십수 년이 지난 지금 어떠한가? 국민의 행복
감도 커졌을까?

　2016년 기준 한국의 국내총생산은 세계 11위, 생활비를 반영하는
구매력PPP은 14위다. 2016년 국제통화기금IMF에 따르면, 한국의

1인당 국내총생산은 2만 7539달러에 달한다. 1인당 2만 달러를 넘어선 지 오래다. 그러나 OECD의 2016년 〈더 나은 삶 지수Better Life Index〉에서 한국은 조사 대상 38개국 가운데 하위권인 28위를 기록했다. 한국은 2012년부터 2016년까지 24위, 27위, 25위, 27위, 28위로 항상 하위권에 머물렀다. 한국과 삶의 만족도가 비슷한 국가는 심각한 재정 위기를 겪은 에스파냐(24위)를 비롯해 이탈리아(26위), 슬로베니아(27위), 일본(28위) 등이었다. 2003년 이전 한국에서 삶의 만족도를 조사한 자료는 없어서 경제성장의 효과를 확인하기 어렵지만, 최소한 2003년 이후 경제성장은 한국인의 행복감에 큰 영향을 주지 못했다. 한국에서도 이스털린 역설이 맞는 것일까?

삶의 만족도가 낮은 이유를 찾기 위해 다른 지표들도 살펴보자. 그러면 한국인의 행복감이 낮은 이유를 알 수 있다. 한국의 교육과 시민 참여에 대한 만족감은 상위권이지만, 주거와 직업에 대한 만족감은 중위권이고 안전과 소득에 대한 만족감은 하위권이었다. 특히 건강(35위)과 환경(37위)은 최하위권이다. 환경 부문 대기오염이 꼴찌고, 수질도 중하위권인 26위다. 한국의 평균 초미세먼지 농도는 1세제곱미터당 29.1마이크로그램으로, OECD 회원국 평균(14.05 $\mu g/m^3$)의 두 배이며 세계보건기구WHO 지침($10\mu g/m^3$)의 세 배다. 공공서비스에 대한 만족감도 상대적으로 낮았다. 보건 체계에 대한 만족감은 평균 수준이지만, 교육 체계에 대한 만족감은 하위권이었다. 사법 체계에 대한 만족감은 최하위권이었다.

앞에서 살펴본 대로 삶의 만족도에는 경제뿐만 아니라 사회, 정치, 환경 등 다양한 요소가 영향을 줄 수 있다. 한국인은 특히 직장생활에 대한 만족도가 매우 낮다. 고용이 불안정하고 노동강도가 점점 높아진다는 점에 대한 불만이 크다. 대기업과 중소기업 간 임금차, 성별·학력별 임금격차도 세계에서 가장 크다. 소득에 대한 만족감이 낮다는 것은 상대적 소득이 낮기 때문으로 보인다. 소득 불평등이 삶의 만족을 낮추는 중요한 요인으로 볼 수 있다. '일과 삶의 균형' 면에서도 한국은 멕시코(37위)와 터키(38위)를 조금 앞선 36위로 사실상 최하위권이다. 일과 삶의 균형을 알아보는 척도 가운데 하나인 주당 평균 노동시간이 50시간을 넘는 노동자의 비율은 23.1%로 평균(13%)보다 10%p나 높았다. 시민의 연대감 수준을 보여 주는 공동체 부문도 바닥에서 두 번째인 37위를 차지했다. 어려움에 부닥쳤을 때 도움을 청할 수 있는 친척, 친구 또는 이웃이 있다고 응답한 한국인의 비율은 75.8%로 OECD 회원국 평균(88%)보다 12%p나 낮았다.[3]

행복감을 측정하려면 이렇게 경제성장으로 볼 수 없는 다양한 조건을 살펴봐야 한다. 〈표 2〉는 경제성장이 교육, 보건, 불평등을 포함한 인간개발지수Human Development Index를 반드시 높이지는 못한다는 사실을 보여 준다. 2003년 이후 행복한 사람들과 행복하지 않은 사람들의 행복감 격차가 크다. 1인당 국내총생산은 상승했지만 2010년 이후 인간개발지수는 급속하게 낮아졌다.

한국인의 행복감 분포는 양극화 현상을 그대로 보여 준다. 자세히 보면 한국인의 행복감은 평균에서 멀리 떨어져 있다. 2016년 영국 신경제재단NEF이 세계 157개국을 대상으로 행복지수를 조사한 결과, 한국은 58위였다.[4] 그러나 행복의 불평등을 보여 주는 표준편차는 96위였다. 그만큼 행복감의 불평등이 크다는 뜻이다. 한편 한국보건사회연구원의 2014년 자료를 보면, 가구 소득과 재산

〈표 2〉 한국의 1인당 국내총생산과 인간개발지수HDI 수준의 추이

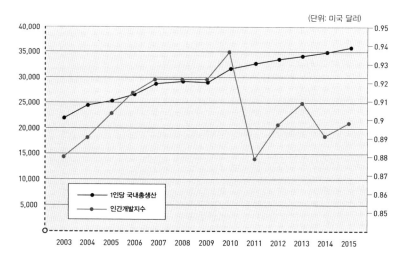

자료 1. OECD GDP 자료(http://data.oecd.org/gdp/gross-domestic-product-gdp.htm), 2016년 10월 16일. 2. UNDP 인간개발보고서(http://www.hdr.undp.org/en/data#), 2016년 10월 16일.

〈표 3〉 한국의 소득 10분위별 행복감과 우울감

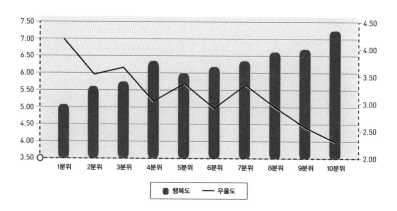

자료 여유진, 〈사회통합 실태 진단 및 대응 방안 연구: 사회통합과 국민 행복을 중심으로〉, 한국보건사회연구원. 2014.

수준이 높을수록 행복감이 높은 경향을 보인다. 자신을 중간층이나 중상층으로 인식할수록 행복감이 높았다. 반면에 소득이나 재산이 하위 10%에 해당하는 사람, 스스로 하위층이라고 생각하는 사람은 중간층에 비해서는 평균적으로 1점 이상, 상위층에 비해서는 평균적으로 2점 이상 행복도가 낮았다.[5] 결국 가난할수록 행복감이 낮은 것이다. 경제활동 상태를 보면 상용직 노동자, 자영업자, 임시·일용직 노동자의 순서로 행복감이 낮아졌으며, 실업자의 행복감이 가장 낮다.

생애 주기에 따른 행복감도 차이가 있다. 부유한 나라의 행복감은 주로 M자 형태를 보인다. 행복감이 청년기에 가장 높고 중년에 낮아졌다가 노년이 되면 다시 높아진다. 죽음이 다가오는 노년이 되면 인생이 비슷하다고 느낀다. 그러나 한국에서는 사람들이 나이가 들수록 행복감이 계속 하락한다. 빈곤과 가족 해체로 고통을 겪는 노인이 많기 때문이다.

한국에서는 아동의 행복감도 세계 최하위권이다. 보건복지부가 18세 미만 아동을 양육하는 4007가구(빈곤 가구 1499가구 포함)를 대상으로 실시한 한국아동종합실태조사(2013) 결과를 보면, 아동들이 삶에 만족하는 정도가 OECD 회원국 가운데 가장 낮은 60.3점이었다. 폴란드(79점)나 루마니아(76점) 아동보다도 낮다. 만족도를 낮추는 주요 원인은 학업 스트레스, 학교 폭력, 인터넷 중독, 아동 방임, 사이버 폭력의 순서였다. 행복하지 않은 아이가 행복한 어른이 될 수 있을까?

증가하는 자살률과 우울증

한국인의 낮은 행복감은 높은 자살률과 우울증 발병률에도 영향을 미친다. 2012년 기준 한국인 10만 명당 자살률은 OECD 회원국 가운데 최고 수준이다. 2003년에 22.6명이었다가 2009년 31.0명, 2014년 39.5명으로 가파르게 상승했다. OECD가 발표한 〈건강 통계 2015〉에 따르면, 한국의 자살 사망률은 11년 연속 OECD 회원국 중 1위다.[6] OECD 회원국 평균의 2.6배나 되는 한국인의 자살률은 전 세계 국가를 포함한 세계보건기구 통계에서도 2위를 기록한다.

1897년 프랑스 사회학자 에밀 뒤르켐Émile Durkheim이 《자살론Le Suicide》을 펴낸 뒤로 자살은 사회학자들의 주요 연구 과제가 되었다. 그러나 사회학자로서 이 주제를 다루는 것은 고통스러운 일이 아닐 수 없다. 현상적 차원에서 숫자로 나타나는 자살이 본질적으로는 인간성과 사회의 파괴를 보여 주기 때문이다. 한국의 높은 자살률은 비교적 최근에 나타난 사회현상이다. 1995년만 해도 OECD 회원국 평균 자살률(15.5명)에 비해 한국의 자살률은 낮은(12.7명) 편이었다. 그러나 1997년 외환위기 이후 자살률이 급증했다. 외환위기 이후 실직, 조기 퇴직, 파산 등에 따른 경제적 영향이 커졌을 가능성이 높다. 그리고 개인의 외로움이 커지고 가족이 해체되면서 사회적 고립감도 증가했을 것이다. 특히 실직과 파산에 직면한 40~50대 남성의 자살률 증가는 앞의 두 가지 원인이 복합적으로 작용한 결과라고 할 수 있다. 실제로 한국 남성의 자살률(39.8명)이 여성의 자살률(17.3명)보다 두 배 정도 높다.

최근 몇 년 동안 세계 최고 수준인 노인 자살률도 심각하다. 2015

〈표 4〉 OECD 주요 국가의 자살률 비교

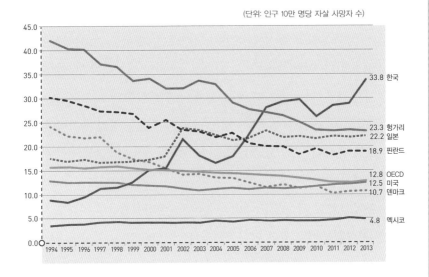

(단위: 인구 10만 명당 자살 사망자 수)

자료 1. OECD 자료(https://data.oecd.org/healthstat/suicide-rates.htm), 2016년 10월 16일.
2. 덴마크, 미국, 멕시코, OECD 평균 자료는 2012년 것이 최신 자료다. 그 밖의
자료는 2013년 것이 최신 자료다.

년 현재 한국 노인의 자살률은 10만 명당 120명으로 OECD 회원국
가운데 1위다. 이는 OECD 평균인 10만 명당 18명보다 여섯 배나
높은 수준이다. 이렇게 높은 노인 자살률은 50%에 이르는 노인 빈
곤율과 깊이 관련된다. 은퇴와 고령으로 경제활동을 할 수 없는 노
인 가운데 많은 수가 생활고를 겪는다. 가족이나 친척과 떨어져 살
거나 자녀가 실직과 파산으로 부모를 돌보지 못하는 경우 사회적으
로 고립되는 노인이 많다. 실제로 인구가 밀집한 도시보다 농촌에
서 노인의 자살률이 높다. 질병과 장애로 고통받다 자녀에게 부담
을 주지 않기 위해 스스로 세상을 떠나는 노인도 많다.

청소년의 자살률도 심각하다. 놀랍게도 10~20대의 사망 원인 1위가 자살이다. 질병이나 사고가 아니라 지나친 입시 경쟁, 학업과 시험에 대한 부담감 등이 청소년의 자살에 큰 영향을 미치는 것으로 알려져 있다. 버락 오바마Barack Obama 전 미국 대통령이 "한국의 교육에서 배우자"고 했지만, 이것은 한국의 현실을 잘 모르는 이야기다. 한국 청소년 열 명 중 세 명은 심한 우울증을 경험한 적이 있는 것으로 조사되었고, OECD 회원국 가운데 청소년 자살률은 1위를 기록하고 있다.

한국의 높은 자살률은 개인적 문제가 아니라 시급히 대책을 찾아야 할 사회문제로 봐야 한다. 한 해에 1만 5000명이 자살한다는 것은 두 시간마다 세 명이 스스로 세상을 떠난다는 뜻이다. 해마다 자살을 시도하는 사람은 15만~30만 명, 자살을 계획한 사람은 200만 명, 자살을 생각한 사람은 500만 명에 이른다고 한다. 한국 국민 가운데 약 10분의 1이 자살 위험에 빠져 있는 것이다. 한국 사회에 거대한 죽음의 그림자가 드리우고 있다.

가난한 사람이 일찍 죽는다

지난 수십 년 동안 급속한 경제성장과 함께 한국인의 기대여명은 큰 폭으로 증가했다. 1970년에 남성 58세, 여성 65세이던 기대여명이 40여 년 만에 각각 77세, 84세로 늘었다. 그러나 평균에 속지 말아야 한다. 개인의 수명은 평등하지 않다. 가난한 사람은 수명이 짧고 부자는 오래 산다. 서울대 의대 강영호 교수의 건강보험 빅데이

〈표 5〉 한국의 출생 시 평균 기대여명과 소득 수준별 기대여명의 차이(전체 남녀)

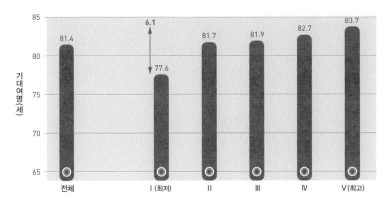

자료 건강보험 빅데이터 개방, 〈2차년도 연구 성과 공유 심포지엄〉 보도 자료, 국민건강보험공단. 2015년 11월 10일.

터 분석에 따르면, 소득 분위 상위 20%는 기대여명이 83.7세인 데 비해 하위 20%의 기대여명은 77.59세다.

기대여명은 지역별로도 다르다. 경기 과천, 용인(수지)의 기대여명은 84.7~84.8세인데 전남 해남, 강원 영월의 기대여명은 78.7세로 6년 차이가 났다.[7] 서울 서초구에 사는 고소득층 주민의 기대여명은 86.2세인데 강원 화천군에 사는 저소득층 주민은 71세로 15.2년이나 차이가 났다.

정신 건강도 불평등 현상을 보인다. 우울증 발생 위험은 거주 지역의 소득 수준에 따라 20~39%까지 차이가 나는데, 같은 지역 안에서도 소득 수준에 따라 약 네 배까지 차이가 나타나고 있다.

한국인 사망의 제1원인으로 알려진 암의 위험은 다소 복잡하다. 암 발병률은 소득 상위 계층이 높았다. 그러나 발병 후 사망 위험은 가난할수록 높아졌다. 사망 위험의 경우 최상위 소득층에 비해 100만 원 이하 소득층은 25%, 의료급여 대상자는 약 47% 커졌다. 2013년 한국보건사회연구원의 보고서에 따르면, 한국의 암 환자 가운데 고소득층의 생존율이 저소득층에 비해 뚜렷하게 높다.[8] 결국 소득 상위 20%에 속하는 남성 환자의 5년 생존율은 37.8%로 소득 하위 20%의 생존율 24%보다 13.8%나 높다. 치료가 필요한데도 치료를 못 받은 환자의 비율도 소득 상위층(6.2%)보다 소득 하위층 (29.9%)이 월등히 높았다.

1980년대 이후 소득 불평등이 건강에 미치는 영향에 관한 연구는 전 세계적 관심을 끌었다. 건강이 유전으로 결정되지 않고 후천적 사회 환경의 영향을 많이 받는다는 주장이 설득력을 얻고 있다. 영국 사회역학자 리처드 윌킨슨Richard Wilkinson이 OECD 회원국 가운데 11개국에 대한 비교 연구에서 소득 불평등과 기대여명의 상관관계를 분석했는데, 소득 불평등이 클수록 기대여명이 낮은 것으로 나타났다.[9] 그가 가구 균등화 소득을 활용해 표준화한 지니계수로 소득 불평등을 측정한 결과, 놀랍게도 미국같이 부유한 국가보다는 스웨덴처럼 사회의 평등 수준이 높은 국가의 기대여명 수준이 높았다. 따라서 그는 빈곤보다 불평등이 건강에 나쁜 영향을 미친다고 주장했고, 그의 연구는 많은 논란을 일으켰다. 한 사회에서도 사회적 지위가 낮은 사람들은 더 많은 스트레스를 경험하고 건강 위험 행동의 빈도를 높여 건강이 나빠진다.[10]

한편 영국 사회학자 마이클 마멋M. G. Marmot이 영국 공무원의 건강을 분석했는데, 직급에 따라 건강상 차이가 나타난다는 사실을 발견했다.[11] 공무원이라는 직업은 절대적 빈곤선 이상의 생활을 누리고 의료 서비스에 대한 접근성이 상대적으로 높은데도 동일한 직업군 내에서 질병과 사망에 관해 차이가 난다는 사실은, 위계에 따른 스트레스가 절대적 빈곤 및 박탈 수준보다 더 중요하다는 점을 보여 준다.[12] 그는 2차 연구를 통해 하위직 공무원일수록 관상동맥 질환이 많이 발생한다는 사실을 발견했다. 종속적인 지위가 만성적 스트레스와 우울감을 일으키고 면역력을 떨어뜨려 관상동맥 질환의 위험이 커진다는 가설을 증명한 것이다.

윌킨슨은 수렵 채집 사회에서 공유와 호혜가 보상받는 데 비해 계급 불평등이 커진 사회에서는 자원을 차지하기 위한 경쟁과 위계적 질서가 지배하면서 스트레스가 커졌을 것이라고 주장한다. 낮은 사회적 지위, 약한 사회적 연계, 산전·산후 스트레스 등 사회적 위험 요소가 불안을 만들면서 이에 대한 생리적 반응이 건강을 위협하는 질병을 일으킨다는 것이다. 그는 특히 물질적 결핍보다 사회심리적 메커니즘을 강조했다. 건강 불평등을 해결하는 데 절대적 빈곤의 해소로 충분하지 않으며 사회적 불평등을 줄여야 한다고 주장한다.

2015년 한국보건사회연구원의 보고서에 따르면, 소득 불평등 수준이 커질수록 윌킨슨이 분석한 건강과 사회문제 지수가 악화되었다. 건강과 사회문제 지수는 자살률, 살인율, 합계 출산율, 미혼율, 이혼율, 사회적 신뢰, 기대수명, 비만, 학업 성취도, 우울증 등의 지표로 구성되었다. 이 보고서는 주요 22개국의 자료를 비교했는데, 소득 불평등 수준이 높을수록 건강과 사회문제 지수로 측정된 사회문제와 사회적 위험의 수준이 높았다.[13] 덴마크, 노르웨이, 스웨덴 등 북유럽 국가는 소득 불평등 수준이 낮고 건강과 사회문제 지수도 상대적으로 낮았다. 당연히 이런 나라 사람들의 행복감은 세계에서 가장 높다.

불평등을 재생산하는 교육

한국 사회에서 형식적으로는 교육의 기회가 평등하다. 그러나 실상을 들여다보면, 사회적 대물림에 교육이 가장 큰 영향을 미친다. 1960년대 초반에 초등교육 취학률 100%, 2000년에는 중등교육 취학률 100%를 이루었다. 대학에도 누구나 갈 수 있다. 2015년 현재 2년제 대학을 포함하면 대학 진학률이 거의 85%에 이른다. 언뜻 한국의 교육 수준이 거의 평등한 것처럼 보인다. 그러나 현실은 다르다. 공교육과 달리 사교육 시장에서 부모의 경제력이 구조적 불평등을 만들기 때문이다.

통계청의 〈2015년 초·중·고 사교육비 조사〉에 따르면, 부모의 경제력이 높을수록 자녀가 받는 사교육의 양이 늘어나고 질도 높아진다. 거주지나 학교의 소재지에 따라 학교 시설·교원 1인당 학생 수·교육 프로그램의 다양성·학원 교육 기회 등 교육 조건이 달라진다. 부모의 경제력이 교육 수요를 만들고 교육 시설과 프로그램을 바꾸는 것이다. 예상대로 서울 강남 8학군의 교육 조건이 가장 좋다. 같은 조사에 따르면, 부모의 경제력이 높은 학생은 성적도 좋아서, 서울 지역의 4년제 대학에 들어갈 가능성이 1.7배나 높게 나타났다.[14] 반면에 소득 하위 계층에 속한 학생이 좋은 대학에 들어갈 확률은 낮다.[15]

〈표 6〉 한국의 부모 소득 수준과 자녀의 수능 성적

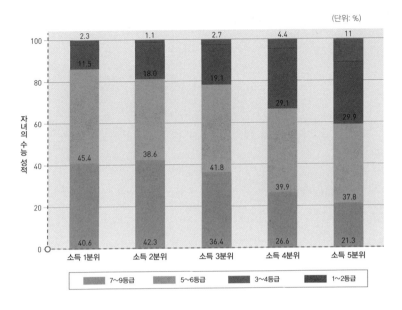

(단위: %)

주   소득 1~5분위는 각각 20% 단위로 나눈다.

자료   민인식·최필선, 〈한국의 세대 간 사회계층 이동성에 관한 연구〉, 《제10회 한국고용패널 학술대회 논문 자료집》, 한국직업능력개발원, 2015.

    상위권 대학 입학률은 사회의 불평등을 그대로 보여 준다. 2016년 서울대 입시의 경우, '금수저 고교'로 불리는 특수목적고·자율형사립고·강남 3구의 일반고가 합격생 중 거의 절반을 차지했다.[16] 서울대·고려대·연세대 등 소위 '스카이SKY' 대학 입학생 가운데 일반고 출신은 50.3%에 불과하고, 나머지는 '금수저 고교'의 몫이다. '금수저 고교'에 강남 3구와 양천구 등 부자 동네의 일반고를 넣으면 그 비율은 더 커진다.

    부모의 경제력 덕분에 좋은 대학에 들어가는 학생들은 출신 대학에 따라 인맥이 형성되는 '학벌 사회'의 혜택을 누릴 수 있다. 대학 서열화가 취업·임금·승진의 차별을 만들고 사회생활과 직업에 대한 개인적 만족도에 강한 영향을 미치기 때문이다.[17] 결국 한국의 교육 시스템은 사회이동의 사다리가 아니라 장벽이 되고 있다. 즉 교육을 통해 사회경제적 불평등이 상속되고 있다.

한편 부모의 사회적 자본에 따라 자녀의 노동시장 진출에 불평등이 발생한다. 완전 공개 채용은 소수의 대기업에서 실행할 뿐이고, 대부분의 기업은 지인의 추천과 소개로 신입 직원을 채용한다. 부모의 직업을 입사 지원서에 적으라고 노골적으로 요구하는 회사도 있다. 인턴과 신입 직원을 채용할 때 부모의 인맥이 추천에 작용하는 경우가 많은데, 대기업·외국계 기업과 공기업·국회까지 그렇다. 경력직 채용에서는 부모의 인맥이 더욱 위력을 발휘한다.

교육과 부모의 사회경제적 자본을 통한 불평등의 재생산 구조는 더욱 공고해지고 있다. 2015년 한국보건사회연구원의 보고서에 따르면, 1975년 이후 출생자들은 그 전 세대에 비해 부모의 사회경제적 지위에 따른 영향을 더 크게 받고 있다.[18] 특히 중상층 이상과 하층에서 부모의 지위가 자녀에게 그대로 계승되는 경향이 강해졌다. 이런 변화는 사회이동에 관한 국민의 인식에도 영향을 미쳤다. 부모의 능력에 따라 기회가 결정된다고 인식하는 사람들이 늘어나고 있으며 젊은 학생들 사이에서 특히 이런 경향이 강하다. 부모 세대의 '능력주의'가 자녀 세대에서 기회의 불평등을 만들고 있다. 이런 점에서 사회의 '순수한 능력주의'를 방치할 경우 지속적으로 불평등이 커지거나 계층 구조가 굳어질 수도 있다.

가계 부채와 불평등의 심화

한국의 가계 부채 비율은 1997년 외환위기 이후 빠르게 증가해 어느새 1200조 원에 이르렀다. 세계 최고의 가계 부채 국가다. 국제금융협회IIF에 따르면, 2015년 1분기 기준 18개 신흥 국가 가운데 국내총생산 중 가계 부채 비율이 가장 높은 나라가 한국(84%)이다. 한국의 가계 부채 비율은 선진국의 평균치(74%)를 웃돈다. 또한 가처분소득 대비 가계 부채 비율은 2014년 기준 164.2%로 OECD 평균치(135%)를 뛰어넘었다.[19]

한국에서 이런 채무 경제가 출현한 가장 큰 이유는 정부의 부동산 규제 완화와 저금리 기조가 이어지면서 '내 집 마련'의 꿈을 이루려는 사람들의 주택담보대출이 급증한 데 있다. 이렇게 팽창한 신용은 실물 투자의 증대가 아니라 투기와 부동산 가격 상승으로 흘러갔다. 강남의 고급 아파트 가격이 상승한다고 국가 경제의 생산성이 올라가는 것은 결코 아니다. 외환위기 이후 경제의 금융화가 만든 궁극적 결과는 저축과 투자가 아니라 채무가 주도하는 경제다. 금융회사와 은행은 지대 추구와 돈벌이에 능숙하다. 이들은 다른 부자의 돈으로 부를 축적하기도 하지만, 중산층과 저소득층의 희생으로 막대한 부를 쌓았다.

2000년대 초반에 신용카드 발급이 급증하고, 소득보다 많이 소비하는 중산층과 저소득층이 증가했다. 신용불량자 240여 만 명을 양산한 '카드 대란'의 배후에 정부가 있다. 외환위기 이후 내수 활성화를 위해 정부가 신용카드 규제 완화 조치를 발표했고, 돈벌이에 혈안이 된 신용카드 회사들이 마구잡이로 카드를 발급했기 때문이다. 심지어 길거리에서 신용카드 회원 등록을 하고, 소득이 없는 대학생들에게 신용카드를 만들어 주었다. 그 결과로 이어진 과소비가 '카드 대란'이라는 사회적 비극이 되었다. 카드 대란은 개인의 도덕적 해이보다 카드회사의 탐욕이 만든 사회적 재앙이다. 하지만 카드회사는 막대한 수수료와 대출을 통해서 거액의 부를 빼돌렸다. 또 상인들에게 부과된 수수료는 마치 세금처럼 모든 거래에 부과되며 국민을 위해 쓰이기보다 금융회사 임원의 계좌로 들어갔다. 국민의 계좌는 대출과 카드 사용으로 인한 부채만 늘어갔다.

　고도성장이 시작된 1960년대 이후 오랫동안 한국은 가계 저축률이 가장 높은 나라였다. 정부가 고금리 정책으로 가계 저축을 장려했고, 높은 저축률은 산업투자의 밑거름이 되었다. 그러나 1997년 외환위기 이후 저축 대신 대출이 증가했다. 사람들은 주식 투자에 뛰어들었고 빚을 내서 집을 사기 시작했다. 은행 금리보다 주식과 부동산 수익이 더 크다고 생각했기 때문이다. 은행에서 빌린 돈으로 주식과 부동산을 사는 사람들이 급증하면서 주식과 부동산 거품도 커졌다. 급하게 돈이 필요하거나 무모하게 주식에 투자할 때 이용하는 수단으로 마이너스 통장이 자리를 잡았다. 주식과 부동산이 온 국민의 관심사가 되고, 주식과 부동산 투자에 관한 책이 넘쳐 났다. 자산을 늘리는 재테크의 첫 번째 규칙은 '빚을 얻어 집을 사라'는 것이었다.

　부동산 시장은 암흑기와 같던 1997년을 지나 2003년에 가격 폭등을 겪고 2006년에는 가격에 거품이 끼었다는 뜻에서 '버블 세븐 지역'이라는 말까지 생기더니 2008년 금융 위기 이후 위축되었다가 2015년 정부의 주택 부양 정책 덕에 회복 조짐을 보이면서 다시 부동산 거품의 우려를 키웠다. 하지만 대출에 기초한 시장이기 때문에 집이 있어도 대출 이자 부담에 허덕이는 '하우스 푸어', 집이 없어도 높은 전세가를 따라가느라 힘겨운 '렌트 푸어' 신세에서 벗어나기가 어렵다.

가계의 가처분소득 대비 부채 비율의 추이를 보면 2002년 김대중 정부 시기에 97%, 2007년 노무현 정부 시기에 105%, 2012년 이명박 정부 시기에 125%였으며 2016년 박근혜 정부 시기에는 150%를 넘었다. 가계 부채의 급증은 부채 상환에 대한 압박 때문에 소비 위축으로 이어지고, 결국 경기 악화를 낳는다. 가계 부채가 급증해 가장 타격을 받는 사람들은 저소득층이다. 경제가 침체되면 저소득층은 일자리를 잃고 장기 실업으로 고통을 겪는다. 내수산업에 의존하는 중소기업의 수익률이 떨어질 테고 노동자의 임금도 부정적 영향을 받는다. 거품 경제로 부자는 큰 이익을 얻지만 그 피해는 가난한 사람들에게 고스란히 전가되고 있는 것이다.

추락하는 중산층

1989년 갤럽 조사에서 한국인 중 75%가 스스로 '중산층'이라고 응답했다. 이런 주관적 계층 의식의 결과가 한국의 오랜 역사에서는 비교적 현대적 현상이다. 한국의 중산층은 1970년대와 1980년대를 거치면서 급증했다. 농지개혁 이후 소농이 자녀 교육에 엄청난 열의를 보이고, 1960년대 산업화 이후 생산직·사무직 노동자의 수가 급증하면서 도시 중산층이 탄생했다. 이들은 고등학교, 대학교

〈표 7〉 한국의 주관적 계층 의식(상·중·하층)

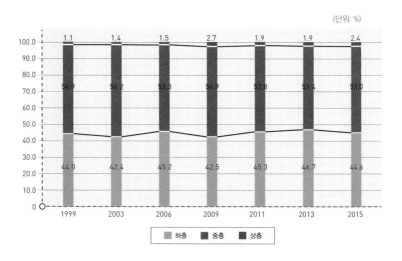

(단위: %)

주   1. 주관적 계층 의식은 가구주가 주관적으로 느끼는 자신의 사회경제적 지위에 대한 응답 비율이다. 2. 2009년까지는 15세 이상 가구주, 2011년부터는 13세 이상 가구주를 대상으로 조사했다.

자료   통계청, 〈연도별 사회조사〉.

를 졸업하고 기업이나 공공 부문에 진출하면서 안정적인 수입과 고용을 보장받았다. 사회보장제도는 미약했어도 사실상 완전고용 사회에서 평생직장의 혜택을 누릴 수 있었다.

그러나 1997년 외환위기 이후 스스로 중산층이라고 생각하는 사람의 비율이 50% 수준으로 감소했다. 어떤 조사에 따르면, 상당수 한국인이 중산층의 기준을 연봉 7000만 원과 30평 아파트로 생각했다고 한다. 이를 두고 한국인이 돈에 너무 집착해서 중산층의 경제적 기준이 높아졌다는 분석이 있지만, 이런 설명은 제한적이다.

중산층이 급격하게 감소한 이유는 무엇보다 고용구조가 변하고 노동시장의 소득 불평등이 커진 데서 찾을 수 있다. 안정적인 정규직의 수가 줄어들고 고용이 매우 불안정해졌다. 외환위기 이후 노동시장 유연화가 도입되면서 정리해고·조기퇴직이 늘어나고, 비정규직의 비율이 급증했다. 둘째, 정규직의 몰락에 따른 자영업자의 증가도 한 이유다. 한국의 자영업 인구 비율은 전체 경제활동인구의 약 35%로 OECD 회원국의 세 배 수준이다. 조기퇴직으로 직장을 떠난 50대가 대거 자영업으로 진출했지만, 자영업자의 80% 이상이 생계를 위해 영세한 규모의 사업을 운영한다. 따라서 폐업률이 높고, 실질임금도 계속 하락하고 있다. 셋째, 한국의 노동시장에서 대기업과 중소기업 간, 정규직과 비정규직 간 임금격차가 급속하게 커지고 있다는 점이다. 비정규직의 급여는 정규직의 48%밖에 안 되니 중산층이 급속하게 사라지는 것이다.

2015년 서울대 행정대학원과 《중앙선데이》가 공동으로 실시한 조사를 보면, 응답자 대부분이 자신의 계층을 낮게 평가했다.[20] 응답자의 89%가 자신이 우리 사회에서 중간 이하에 자리한다고 보았다. 그리고 응답자 중 44.9%가 한국 사회를 소수의 상층 엘리트와 그보다 많은 중간층, 가장 많은 하층이 구성하는 피라미드 형태로 인식했다. 한편 응답자 중 20.4%는 상층과 하층만 존재하고 중산층은 없는 모래시계 형태로 보았다. 사라지는 중산층은 하층으로 빠르게 추락하고 있다. 이제 한국인의 눈에 보이는 한국 사회는 다이아몬드도 피라미드도 아닌 모래시계 형태다.

신분제 사회의 등장

2016년에 "민중은 개돼지다", "신분제를 공고화해야 한다" 같은 발언을 한 교육부 고위 간부가 파면당했다. 영화 〈내부자들〉에서 조국일보 논설 주간 이강희(백윤식 분)가 "어차피 대중은 개돼지들입니다. 적당히 짖다가 알아서 조용해질 겁니다"라고 한 말을 그대로 내뱉은 것이다. 이 말 한마디가 엘리트 사회의 뿌리 깊은 선민의식을 보여 준다.

많은 사람들이 한국 사회는 부모의 사회경제적 지위에 따라 운명이 결정되는 '신분제' 사회로 변하고 있다고 생각한다. 부자에게 유리한 정부의 조세정책과 교육정책이 신분제를 더욱 공고화한다. 사람들은 이제 스스로 계층 상승을 이루기는 어렵다고 생각한다. 평등한 기회의 희망 대신 세습주의의 절망이 한국 사회에 가득하다.

통계청의 1999~2015년 사회조사를 분석한 논문을 보면, 개인이 열심히 노력해도 자신과 자식이 계층 상향 이동을 할 수 없다는 비관적 인식이 크게 증가했다.[21] 이 조사는 "우리 사회에서 일생 동안 노력을 한다면 개인의 사회경제적 지위가 높아질 가능성이 있을까요?"라는 질문으로 '세대 내' 상향 이동 의식을, "우리 사회에서 현재 부모 세대보다 다음 세대인 자식 세대의 사회경제적 지위가 높아질 가능성은 어느 정도라고 생각하십니까?"라는 질문으로 '세대 간' 상향 이동 의식을 알아보았다.

세대 내 상향 이동 의식부터 보면, 2015년 평균값이 29.4%다. 1999년 이후 세대 내 상향 이동이 가능하다고 믿는 한국인이 세 명 중 한 명밖에 안 된다는 뜻이다. 나머지 두 명은 상향 이동 가능성을 불신하거나 판단할 수 없는 상황에 있다고 본다. 사실 이런 의식은 15년 동안 큰 변화 없이 어느 정도 고정돼 있다. 연령별로 보면, 대학 진학 전후인 20대 초반에 가장 높았다가 구직 이후 나이가 들수록 감소한다. 세대 간 상향 이동 의식은 2015년 평균값이 40.6%로 '세대 내' 의식보다 높다. 국민 중 40%는 외환위기 이후에도 자녀의 상향 이동 가능성을 기대한 것으로 보인다. 그러나 2008년 세계적 금융 위기가 발생한 뒤 실시한 2009년 조사에서는 국민의 48%가 긍정적 답변을 해 정점을 찍었고 이후 점차 줄어 2015년에는 32%가 되었다.

2008년 이후 세대 내, 세대 간 상향 이동 의식이 동시에 지속적으로 하락했다. 외환위기 속에서도 포기하지 않던 자녀의 계층 상승 가능성에 대한 기대가 점점 사라지고 있다. 현재의 계급 구조가 그대로 고착되거나 부모의 능력에 따른 사회적 대물림이 계속될 거라는 인식이 커지고 있다는 뜻이다. 최근 한국 사회에서 확산되는 '수저' 논쟁이 이런 변화를 반영한다. 지금 젊은 세대는 부모 세대보다 가난해지는 최초의 한국인이 될지도 모른다는 위기감이 크다.

한국의 역설

경제적 성공과 사회적 실패는 심각한 '한국의 역설'이다. 이것이 한국인의 행복감이 낮은 이유다. 앞에서 살펴본 것처럼 경제성장이 자동으로 행복을 만들지는 않는다. 인간의 행복에는 워낙 다양한 원인이 있기 때문에 정부가 모든 것을 해결할 수는 없으며 정부가 유일하고 가장 중요한 행위자도 아니다. 기업이 점차 개인의 삶에 대한 만족에 큰 영향을 미치고, 가족·종교 단체·학교·공동체의 역할 또한 아주 중요하다. 이 책이 국가 복지의 중요성을 강조하지만, 복지 예산 규모의 확대만으로 행복감이 높아진다고 주장하는 것은 아니다. 복지 수준이 가장 높은 북유럽 국가가 영미권 국가보다 주관적 안녕이 높은 것이 사실이지만, 복지 수준이 훨씬 낮은 중남미 국가의 주관적 안녕이 그보다 더 높다. 복지 규모의 확대도 필요하지만, 가족·친구·동료와 더불어 사는 사회적 관계도 중요한 것이다.

정부가 아무리 정책을 개선해도 행복 지표가 상승하지 않을 수 있다. 영국 경제학자 리처드 레이어드Richard Layard는 행복은 외적 환경만큼이나 내적 생활에 좌우된다고 지적한다.[22] 이런 접근법은 영국 정치철학자 아이사이아 벌린Isaiah Berlin의 '적극적 자유'라는 개념과 인간의 가능성을 확장하는 인도 경제학자 아마르티아 센Amartya Kumar Sen의 주장과 유사하다. 벌린은 《자유의 두 가지 개념Two Concepts of Liberty》에서 외부의 간섭을 받지 않는 소극적 자유와 자신이 하고 싶은 일을 할 수 있는 적극적 자유를 구분했는데,[23] 적극적 자유는 행복감의 중요한 요소다. 한편 센은 물질적 자원의 유용성만이 아니라 개인이 자원을 효율적으로 쓸 수 있는 능력을 가리키는 '역량'이라는 개념을 제시했다. 이는 행복의 미묘한 질적 차원을 간과한 공리주의 철학과 국내총생산의 증가를 중시한 주류 경제학에 대한 통렬한 비판에서 출발한다. 인간은 19세기 공리주의자와 20세기 신고전파 경제학자들이 생각한 것보다 훨씬 복잡하다. 밥 딜런Bob Dylan이 한 말이 맞다. "돈이 다 무슨 소용인가? 사람이 아침에 일어나고 밤에 잠자리에 들며 그사이에 하고 싶은 일을 한다면, 그 사람은 성공한 것이다."

행복을 추구하는 인간의 자유는 현재의 소득 또는 기회의 분배 이상으로 중요하다. 누구든 빈곤의 덫에 빠진 채 끌려다니거나 사회적 유산에 짓눌리지 않아야 하고, 불확실한 노동에 갇혀 자유를 억압당해서도 안 된다. 이런 점에서 행복의 측정은 단순히 소득과 생활수준의 향상이라는 도구적 목적보다 행복을 추구하는 개인의 능력을 키우는 더 높은 이상과 사회적·정신적 차원에 관심을 가져야 한다. 경제성장만 추구하는 단선적인 정부 정책이 크게 바뀌지 않는 한 국민의 행복감과 삶의 질은 나아지기 어렵다. 정부의 정책에서 우선순위가 바뀌어야 한다.

2

정글 자본주의가 만든 비극

오늘날 사회의 행복 수준은 소득 분배와 높은 상관관계에 있다. 미국의 한 심리학 연구에 따르면, 대부분 사람들은 다른 사람들이 모두 6만 달러를 받는 상황에서 자신만 5만 달러를 받는 것보다 모두 3만 달러를 받는 상황에서 자신이 4만 달러를 받는 상황을 선호했다. 결국 다른 사람의 소득이 지나치게 높으면, 행복감이 개인의 소득 상승에 따른 기대만큼 높아지지 않을 수 있다. 애덤 스미스Adam Smith가 말한 대로 사람들이 절대적 소득뿐만 아니라 상대적 소득을 중시하기 때문이다. 마르크스는 "내 집 옆에 내 집보다 더 큰 집이 들어서면 내 집이 작아진다"고 말했다. 이처럼 불평등은 개인의 행복감을 파괴한다.

불평등한 비교가 존재하는 사회에서는 다른 사람보다 뒤떨어지지 않기 위해 더 많은 노력을 기울여야 한다. 루이스 캐럴Lewis Carrol의 《거울나라의 앨리스Through the Looking-Glass and What Alice Found There》에 등장하는 레드 퀸은 앨리스에게 이렇게 말한다. "네가 같은 곳에 머물려면 지금처럼 전력을 다해서 뛰어야 한다. 그러나 만일 다른 곳으로 가기를 원한다면, 너는 적어도 지금보다 두 배는 더 빨리 달리지 않으면 안 된다." 여왕의 말대로 한국에서는 누구나 최선을 다해 열심히 노력하지만 제자리에 머물기도 힘들다. 무한 경쟁의 지옥에서 살아남으려면 온 힘을 다해 뛰어야 한다. 경쟁은 한국인의 생존 방식이 되었다.

19세기 말 영국의 사회학자 허버트 스펜서Herbert Spencer는 찰스 다윈Charles Robert Darwin의 진화론을 이용해 '적자생존'이라는 용어를 창안했다. 자연의 변화에 적응하는 개인과 국가만 살아남을 수 있다는 것이다. 이런 논리에 따라, 우월한 문명의 영국이 열등한 문명의 후진국을 지배하는 것은 당연하게 여겨졌다. 그러나 지나친 생존 경쟁은 세계대전과 군비 경쟁의 사례에서 볼 수 있듯이 모두를 파괴할 수 있다. 사회진화론을 계승하는 미국 생물학자 에드워드 윌슨Edward Wilson조차 지나친 경쟁을 우려했다. 그는 "개체 선택에서 비롯된 본능적인 충동에 우리를 완전히 내맡긴다면, 사회는 해체될 것"이라고 경고했다. 지나친 경쟁은 개인의 스트레스를 높이고 행복감을 파괴하며 사회를 파괴한다.

과잉 경쟁의 고통

사교육, 성형수술, 사치품 열풍에서 입시, 취업, 결혼 전쟁까지. 이것이 바로 오늘날 한국 사회의 초상이다. 한국 사회는 한마디로 '경쟁 사회'다. 경쟁에 뛰어들어 승리해야 한다는 동기가 개인의 행동을 결정한다. 그리고 경쟁에서 승리한 사람은 찬양받는다. 명문 대학 합격자, 슈퍼모델, 대기업 임원, 고액 연봉자, 벤처기업인, 쇼미

더머니 우승자 등 사회 각 분야에서 성공한 사람은 롤모델이 된다. 대학 경쟁력, 기업 경쟁력, 국가 경쟁력 제고가 사회의 궁극적 목표가 되고 모든 지도자의 최종 목표가 되었다.

한국 사회의 경쟁은 그야말로 상상을 초월한다. 이렇게 극단적인 경쟁 사회에서 경쟁은 절대적 기준이 아니라, 다른 사람보다 앞서야 한다는 상대적 기준을 충족해야 한다. 다른 사람보다 앞서지 못하면 내가 뒤처진다. 결국 다른 사람보다 뛰어나야 성공할 수 있다. 과잉 경쟁의 조건에서 타인은 내 경쟁자일 뿐만 아니라 사라져야 할 방해자다.

오스트리아 정신분석학자 카렌 호나이Karen Horney는 신경쇠약 이론에서 처음으로 '초경쟁hyper-competitive'이라는 용어를 썼다. 극단적으로 공격적인 성격 가운데 '타자에 대한 적대성'을 보이는 유형이 있다. 이들은 자신의 가치를 유지하는 방법으로 모든 노력을 기울여 다른 사람과 벌이는 경쟁에서 이겨야 한다고 생각한다. 이들은 모든 활동을 경쟁으로 여기며, 자신이 질까 봐 두려워한다. 과잉 경쟁 성향이 있는 사람들은 자기 자신에 애착을 보이는 나르시시즘 성향이 강하며 심리적으로 불안한 경우가 많았다. 과잉 경쟁 성향이 있는 사람들은 '승리가 최고의 목표가 아니라, 유일한 목표'라고 믿는다.

현대사회에서 경쟁은 선택의 대상이 아니다. 자본주의사회에서 경쟁은 지배적 생활양식이다. 마르크스는 〈공산당선언〉에서 당대의 세계를 "부르주아지는 모든 생산도구가 급속히 향상되고 교통수단이 엄청나게 개선되어 가장 미개한 민족까지도 포함한 모든 민족을 문명화한다"고 묘사했다. 그에 따르면, '저렴한 상품 가격은 모든 만리장성을 무너뜨리고 외국인에 대한 미개인의 매우 고집스러운 증오를 굴복시키는 대포'다. 그다음 그는 매우 극적으로 단언했다. "부르주아지는 모든 민족에게 부르주아적 생산양식을 채택할 것인가 또는 죽을 것인가를 선택하라고 강요해 자기가 문명이라고 부르는 것을 도입할 것, 즉 부르주아지 자체가 될 것을 강요한다." 자본주의경제의 세계적 팽창은 곧 자본주의 생산방식뿐만 아니라 생활 방식을 확산시키는 것이다.

마르크스는 자본주의 체제가 경쟁과 이기주의를 키우고 순수한 공동체를 약화한다고 분석했다. 실제로 경쟁은 이기주의와 개인주의를 강화한다. 일자리를 얻기 위한 경쟁과 노동자들 사이의 경쟁을 부추긴다. 마르크스는 경쟁이 기업가들보다 노동자들 사이에서 더 심하게 나타난다고 지적했다. 또한 그는 경쟁이 노동자들을 분리한다고 보았다. 하지만 노동자들이 대규모 공장에서 함께 일하고, 같은 거주지에서 함께 생활하고 소통하면서 궁극적으로 경쟁을 없앨 수 있을 것이라고 예상했다.

그러나 현대자본주의가 국민 자본주의, 포드주의 자본주의, 산업 자본주의에서 지구적 자본주의, 포스트포드주의 자본주의, 금융 자본주의로 변하면서 노동자들의 생활 조건이 질적으로 바뀌고 있다. 과거에 대규모 공장 근처에 모여 살던 전통적 노동자들은 이제 끊임없이 이동하는 '유목민 노동자'로 대체되었다. 평생직장과 종신 고용 조건에서 일한 전통적 노동자와 달리 유목민 노동자는 계속 직장을 옮기거나 시간제와 계약직 고용으로 불안정한 노동조건에 부딪히게 된다. 심지어 직업 자체와 거주지도 바꿔야 하는 유목민 노동자들은 이제 공동의 생활 토대가 없다. 연봉제와 성과급이 노동자들 사이의 경쟁을 더욱 부추기며, 노동자의 집단적 정체성과 연대 의식은 낡은 유물이 되었다.

미국 경제학자 로버트 라이시Robert Reich는《국가의 일The Work of Nations》에서 미국 노동자의 유형을 네 가지로 분류했다.[1] 첫째, 상징 조작자로 새로운 사고를 창조하고 홍보하고 전파하고 판매하는 사람들이다. 둘째, 교육자로 노동력의 재생산을 위해 노력하는 사람들이다. 셋째, 개인 서비스에 고용된 사람들로 상품 판매자나 상품 구매욕을 불러일으키는 사람들이다. 넷째, 단순 노동자로 전통적 조립라인의 육체노동자와 '새롭게 진보된' 변형인 (슈퍼마켓 계산대 같은) 자동화 기계에서 일하는 사람들이다. 고객을 대하는 단순 노동자들의 일자리는 항상 불안하다. 그들은 언제든지 교체될 수 있다. 기업은 경영난을 이유로 이들을 언제든지 해고할 수 있다. 하지만 노동자는 기업을 위협하거나 협상할 능력이 없다. 설사 그들이 더 좋은 고용조건과 노동환경을 위해 싸운다 해도 이길 가능성은 매우 적다.

'경쟁하다'를 뜻하는 영어 '컴피트compete'는 라틴어 '콤페테레 competere'에서 왔는데, 이 말은 '함께'를 뜻하는 '콤com'과 '추구하다'를 뜻하는 '페테레petere'가 결합해서 만들어졌다. 오늘날에도 경쟁을 '함께 추구하기'라는 뜻으로 쓴다면, 이는 좋은 것이다. 하지만 경쟁에서 다른 사람을 내쳐야 내 생존이 보장된다고 믿는 현실이 문제다. 현대사회에서는 자본주의경제가 강요하는 경쟁 원리를 마치 모든 사람의 삶에 꼭 필요한 보편 논리인 양 받아들인다. 경쟁이야말로 인간과 사회 발전의 효과적 방법이라는 지배자의 논리를 그대로 수용하며 경쟁을 합리화한다. 이 과정에서 자신을 '강자와 동일시'하는 심리적 기제가 작동하고, 자기소외와 자기 배반이 일어난다. 나도 언젠가는 강자가 되고 성공할 거라고 생각하는 기대심리가 경쟁을 당연시하는 논리를 수용하게 만든다.

강수돌 교수는 《팔꿈치 사회》에서 한국 사회를 지배하는 경쟁의 원리가 만든 불편한 진실을 날카롭게 분석했다.[2] "경쟁은 필연이 아니라 자본의 필요로 만들어졌다", "경쟁에서는 누구도 영원한 승자가 될 수 없다", "경쟁 사회에서 나의 행복은 남의 불행을 전제로 한다"는 숨겨진 비밀을 분석한 것이다. 경쟁 사회는 극소수의 존중받을 사람과 대다수의 무시해도 좋을 사람으로 구분한다. 극소수인 존중받는 사람들은 우월감에 젖어 살 수 있지만, 자부심이 지나쳐 자신보다 못한 사람을 무시하거나 비하하기 쉽다. 반면, 대부분의 존중받지 못하는 사람들은 열등감에 사로잡혀 자존감이 낮아지고 소극적·피동적 성격을 갖게 되며 우울증에 빠질 수도 있다. 결국 무한 경쟁 사회는 사람들을 끝없는 '비인간화'의 수렁으로 몰아넣는다.

불평등이 강요하는 구조적 경쟁

한국에서 교육은 인간성을 고양하는 과정이 아니라 경쟁이 가장 심한 각축장이다. 청소년 대부분은 하루에 열두 시간 학교에서 공부하고도 밤늦게 학원에 간다. 한 과목에 50만 원은 기본이고, 무려 500만 원이나 하는 고액 과외를 선택하는 사람들이 늘고 있다. 부자일수록 사교육비를 많이 지출하지만, 중산층도 상류층을 좇아 사교육비로 더 많이 돈 쓰기를 마다하지 않는다. 이런 점에서 한국에서는 '중산층 교육'이 존재하지 않는다. 모두 '상류층 교육'을 열망한다. 서양에서는 초부유층이나 시도할 수 있는 고액 과외를 중산층이 마다하지 않는 이유가 뭘까?

사회구조가 획기적으로 바뀌지 않는 한 '미친' 사교육 경쟁은 절대 사라지지 않을 것이다. 대학 입시 제도를 아무리 바꿔도 명문 대학에 들어가야 좋은 직장을 얻는다는 생각이 바뀌지 않는다면 어떤 변화도 일어나지 않을 것이다. 한국의 학력별, 기업 규모별 임금격차는 세계에서 가장 크다. 대기업과 중소기업의 임금격차는 거의 두 배다. 그러니 좋은 대학을 졸업하고 대기업에 가기 위해 고등학교가 아니라 초등학교 때부터 입시 경쟁에 뛰어든다. 그러나 모두가 사교육을 받으면 그 효과가 줄어들기 때문에, 남보다 앞서기 위해 사교육비를 더 많이 지출하는 '경쟁의 악순환'이 생긴다.

대학이 취업의 발판이니, 대학에 들어가도 공부의 즐거움보다는 학점과 토익 점수를 위해 끊임없이 경쟁한다. 회사에서도 더 좋은 승용차, 더 많은 성과급, 더 높은 임원을 목표로 경쟁한다. '1등만 기억하는 더러운 세상'에서 성공하려면 끝없이 노력해야 한다. 연애와 결혼을 위해서도 경쟁해야 한다. 자녀가 생기면 교육을 위해 다시 경쟁에 빠져들어야 한다. 경쟁이 인생을 지배한다. 인간의 삶에서 사회적 지위는 우열을 가리는 강력한 지표가 되었으며 개인의 능력에 따른 보상의 차이는 당연한 것이다. 그 결과는? 세계 최장의 노동시간과 극심한 정신적 스트레스에 지친 삶이다. 결국 사회적 불평등과 과잉 경쟁의 악순환은 행복감을 떨어뜨린다.

경쟁은 분명히 인간이 만들었다. 경쟁은 자발적 경쟁과 구조적 경쟁 등 두 가지로 나눌 수 있다. 자발적 경쟁은 스스로 다른 사람과 비교해 우월한 지위를 얻고 싶어 하는 욕구에서 비롯된다. 영국 철학자 버트런드 러셀Bertrand Russell은 이렇게 주장했다. "흔히 쓰는 생존을 위한 경쟁은 실제로는 성공을 위한 경쟁을 의미한다. 사람들이 두려워하는 이유는 내일 아침거리에 대한 걱정 때문이 아니라 자신의 이웃보다 더 잘살지 못하는 것에 대한 불안 때문이다."[3] 이는 단순한 생존 투쟁과 거리가 먼 것이며 사회적 비교에서 비롯되는 성향이다.

한편 구조적 경쟁은 자신이 원하지 않아도 경쟁에 내몰리는 상황이다. 우리는 경쟁에서 승리하지 못하면 패배할 수밖에 없다. 다시 말해, 상대방이 패배해야만 내가 승리할 수 있다. 엘리아스 카네티Elias Canetti가 말한 대로, 살아남기 위한 투쟁에서 모든 인간은 타인의 적이며 어떤 비통함도 이 같은 본질적 승리에 비한다면 하찮은 것에 불과하다.[4] 대학 입시와 취업 경쟁이 대표적이다. 상대가 떨어져야 내가 합격한다. 내가 아무리 잘해도 소용없다. 국가 간 무역 경쟁과 군비 경쟁도 그렇다. 이런 것들은 상호 배타적 목표가 있어서 '제로섬게임'이라고 불리기도 한다. 상대방이 실패해야 내가 성공할 수 있다는 점에서 구조적 경쟁에는 승자와 패자라는 구조가 있다.

1990년대 후반에 프랑스의 사회당 총리 리오넬 조스팽Lionel Jospin은 35시간 노동제를 도입했다. 그러나 2016년에 같은 사회당 출신인 프랑수아 올랑드François Hollande 대통령은 기업의 요구대로 35시간 노동제를 완화하겠다고 발표했다. 각계의 거센 항의에 직면하자 올랑드는 프랑스 기업의 국제경쟁력을 높이기 위한 조치라고 항변했다. 경쟁력이 국가의 목표가 되고 있다. 그런데 과연 무엇을 위한 경쟁력인지는 묻지 않는다. 인간과 사회에 대해 날카로운 통찰력을 지닌 남아프리카 작가 존 맥스웰 쿠체John Maxwell Coetzee는 경쟁에 관한 글[5]을 썼다. 그는 호주는 먹을 것도 풍부하고 기후도 좋은데 호주인과 중국인이 경쟁해야 한다는 논리에 의문을 제기한다. 중국인들이 호주인들보다 '더 적은 보수를 받지만 더 열심히 일하고 더 초라하고 더 답답한 삶을 살고' 있기 때문에, '더 열심히 일하지 않으면 호주인들이 세계적 경쟁에서 뒤로 밀리고 패자가 될 것이라는 말'에 의문을 던진 것이다.

> 본질상 우리는 각자의 나라에 소속된다. 본질상 국가들은 다른 국가들과 경쟁 관계에 있다. 세계는 정글이고(비유가 무성하다) 정글 속에서 모든 종들은 공간과 먹을 것을 두고 모든 다른 종種들과 경쟁 관계에 있다. … 정글의 비유를 들먹이는 사람들이 속으로는 정말로 그렇게 생각하지만 너무 염세적이고 숙명론적이어서 입 밖에 내지 않는 것이 있는데, 그것은 호모 호미니 루프스, 즉 인간끼리 잡아먹는다는 것이다. 우리가 협력할 수 없는 것은 인간의 본질(여기에서 세계의 본질은 옆으로 제쳐 놓자)이 타락해 있고 사악하고 약탈적이기 때문이다(중상모략을 당하는 가엾은 짐승들! 늑대는 다른 늑대들을 약탈하지 않는다. 루푸스 루포 루푸스, 즉 늑대끼리 서로 잡아먹는다고 하면 중상모략이 될 것이다).

우리가 어쩔 수 없는 경쟁이라고 생각하는 구조적 경쟁도 자연의 법칙이 아니라 실제로는 사회가 만든 제도의 결과인 경우가 많다. 미국 경제학자 로버트 프랭크Robert H. Frank는《승자 독식 사회The

Winner-Take-All Society》에서 미국 사람들이 경쟁에 몰두하는 이유로 지나친 보상의 차이를 지적한다.[6] 특히 최고 실력자에게 사회적 가치보다 과도하게 보상하는 경우에 그렇다. 많은 사람들은 수능 성적이 좋아 유명 대학에 합격하고 스펙을 잘 쌓아 대기업에 정규직으로 입사하고 더 나아가 최고경영자가 되면 거액 연봉을 받을 수 있다고 생각한다. 만약 성적에 상관없이 누구나 대학에 갈 수 있고 대기업과 중소기업의 연봉 수준이 비슷하다면, 사람들이 (어느 정도 노력은 하겠지만) 사교육에 매달려 재산을 몽땅 바치지는 않을 것이다. 하지만 수능 1점 차이로 연봉이 두 배, 아니 200배 차이가 생긴다면 어떨까? 당연히 좀 더 어릴 때 사교육에 투자하는 편이 유리할 것이다. 초등학교보다 유치원, 아예 유아 영재교육부터 시작해야 한다. 이렇게 최상위층과 나머지의 격차가 심할 경우 초기에는 '재빠른 소수'가 유리할 수 있을지 몰라도 결국 모두가 승자가 될 수는 없다. 모든 사람이 경쟁이 뛰어드는 단계에 이르면 비용이 증가하고 모두가 패자가 될 수밖에 없다. 아무리 노력해도 모두가 성공할 수는 없는 경쟁의 아이러니가 발생한다.

그러나 경쟁을 통해 모두가 승자가 될 수 없다는 사실을 알수록 더욱더 경쟁에 빠져든다. 모두 학원에 가는데 나만 안 가면 경쟁에서 뒤처진다고 두려워한다.《거울나라의 앨리스》에서 레드 퀸이 말한 것처럼, 뒤처지지 않으려면 뛰어야 한다. 학교 성적, 취업 스펙 경쟁에 이어 모든 일상이 경쟁으로 빠져든다. 승자와 패자를 만드는 경쟁 문화를 당연하게 받아들인다. 시험을 통한 경쟁과 서열화에 익숙해진다. 광신적 교육열은 사회를 분열시킨다. 수능 등급과 입학 성적에 따라 대학과 학과를 거대한 위계의 구조로 밀어 넣고 분리한다. 편입생이나 복수 전공자는 집단적으로 배제한다. 친구를 사귀고 다른 사람과 공감하는 법을 배울 기회는 모두 사라진다. 입시 경쟁 체제에서는 철저한 '시험형 인간'과 '서열형 인간'이 탄생한다.

만약 기업에서 해마다 100명씩 채용하다가 10명만 뽑고 90명은 비정규직으로 대체하기로 한다면 입사 경쟁이 치열해질 것이다. 왜 정규직으로 10명만 충원하는지 묻는 대신 저마다 살기 위한 경쟁에 뛰어든다. 경쟁의 구조적 원리가 바뀐 이유를 따지기보다는 경쟁에서 이긴 결과를 중시하는 것이다. 이기기 위해서는 뭐라도 해야 한다. 자기 계발이라는 미명하에 더 나은 성과를 위한 '자기 착취'를 당연시한다. 다른 사람과 끊임없이 비교하면서 우월한 자리에 오르지 못하면 불안해진다. 성공한 사람도 실패한 사람도 불안하기는 마찬가지다. 독일 사회학자 하인츠 부데Heinz Bude는 추락을 염려하는 중산층을 설득력 있게 묘사했다. "교육을 받고 자격을 갖추면 자연스럽게 사회적 지위를 얻기 마련인데, 그러지 못할 거라는 걱정 때문에 분노·증오심·원망을 갖게 된다. 현재의 사회경제적 상태가 사람들이 정당하다고 여기는 수준의 욕구를 충족시켜주지 못할수록 사회적 지위에 대한 요구는 보다 더 집요해진다."[7] 미국정신의학회가 억울함을 참던 사람들에게 나타나는 분노 증후군으로 인정한 한국의 '화병'은 불공정한 경쟁 때문에 더욱 심해진다.

하지만 대중매체는 경쟁을 긍정하고 찬양하는 메시지를 계속 만든다. 방송의 오락 프로그램이야말로 무한 경쟁의 지옥이다. 각종 오디션 프로그램과 리얼리티 쇼가 경쟁의 일상화를 촉진한다. 심지어 남녀의 만남도 경쟁 구조의 오락으로 둔갑했는데, 결국 짝을 찾지 못한 사람이 절망 속에서 스스로 목숨을 끊은 뒤에야 짝을 찾는 경쟁이 멈췄다. 사람들은 모든 일상의 경쟁에서 승자와 패자로 구분된다. 승자는 존경받지만 패자는 불필요한 존재로 전락한다. 그 승자조차 다음 주에는 새로운 승자에게 무릎을 꿇기 마련이다. 대중이 엄지손가락을 내리면 어제의 영웅은 사라진다. 결국 로마의 검투사처럼 모두가 죽을 때까지 끊임없이 경쟁해야 한다. 대중의 우상인 승자는 슈퍼맨이 아니라 검투사다. 다른 사람이 죽어야 살아남는다.

경쟁 논리가 지배하는 대학의 비극

지성의 전당이라는 대학도 끝없는 경쟁에 시달린다. 양적 지표를 이용한 대학 평가는 대학의 자유를 질식시키고 있다. 기업의 재무제표처럼 수치로 표현하는 평가 기준은 압도적으로 전통적인 명문 대학, 상위권 대학, 대규모 대학에 유리하다. 결국 대학 평가를 통해 '학벌 사회'가 재생산되고, 교육의 질은 파악할 수 없다. 총체적으로 대학을 평가하는 지표가 아니라 양적 자료 수집이 쉬운 지표에 의존하기 때문이다. 상위권 대학들은 점수 차이가 아주 작아도 서열에 목숨을 건다. 대학 경쟁력에 대한 올바른 정의가 없기 때문이다. 결국 돈을 얼마나 끌어모으는가, 실적 많은 교수를 얼마나 확보했는가에 따라 서열이 결정된다. 논문을 많이 쓰고 연구비 수주를 많이 한 교수가 중요하다. 반면에 교수 정원율을 높이기 위해 강의 전담교수·초빙교수·산학협력교수 등 비정규직 교수가 급증한다.

정규직 교수 연봉의 60%만 받고도 강의는 정규직 교수보다 많이 하는 비정규직 교수가 증가하면서 대학 사회는 두 계급으로 분열하고 있다.

오늘날 대학 총장은 외부 기금을 많이 모으는 능력으로 평가된다. 학문적 수준, 도덕성, 교육철학은 뒷전에 밀려난다. 교수 임용의 기준도 교육자로서 자질보다 국제 학술지에 실린 논문이 우선이다. 하지만 세계적인 연구 업적이 있는 석학을 교수로 초빙하고는 '더 많은 연구'를 위해 강의를 줄이거나 아예 면제하기도 한다. 과연 누구를 위한 교수인지 알 수 없다. 교수들은 강의와 학생 지도보다 연구 업적의 압력에 시달린다. 특히 연구 업적 경쟁이 치열한 '연구 중심 대학'에서 교수와 학생의 만남은 점점 어려워진다.

전공 지도, 세미나, 멘토링 프로그램이 도입되지만 형식적 제도를 유지하기에 급급하다. 개인이 비판적으로 생각하고 다른 사람의 존재 방식과 문화양식을 이해하며 개인의 문제를 공적인 문제와 연계시켜 사고하는 능력을 가르치는 프로그램은 사라지거나 내실 없이 형식만 남고 있다. 교수는 교육자라기보다 논문 제조자, 프로젝트 관리자가 된다. 이제 교수는 거대한 '대학 기업'의 직원이다. 학교 문서에서 목표 관리, 벤치마킹, 인적자원, 사회적 수요, 구조조정이 핵심 용어가 되었다. 조지 오웰George Orwell이 말한 '뉴스피크Newspeak'가 등장하는 새로운 대학 풍경이다. 매트릭스형 교육 편제, 융복합 다전공, 국제 협력형, 내부 연계형, 기업 중심형, 사회 적응 프로그램 등 새로운 용어가 넘쳐 난다.

정부가 교육 성과의 대표적 지표로 보는 학생 취업률은 더 심각하다. 대학은 졸업생의 취업률을 올리기 위해 편법도 마다하지 않는다. 졸업생을 대학 인턴으로 채용하고, 기업체에 기간제로라도 취업시켜 달라고 사정한다. 졸업 유예 제도로 취업률을 높이려는 사태까지 발생했다. 불합리한 평가 기준도 이런 상황을 만드는 데 한몫했다. 2014년에 감사원이 〈대학 교육 역량 강화 시책 추진 실태〉에서 지적한 것처럼, 취업률이 높은 공학계열 중심으로 구성된 대학은 높이 평가받는 반면 취업률이 낮은 인문사회계열은 평점이 낮을 수밖에 없다. 그런데 교육부는 이런 평가에 기초해 '대학 구조조정'으로 이공계 정원을 늘리고 인문사회계 정원을 줄이겠다고 난리다. 그리고 교육부 명령을 따르는 대학들은 '사회적 수요'라는 목표를 향해 취업률이 높은 학과를 만들고 정원을 늘린다. 대학을 교양과 학문의 전당이 아니라 로베르트 발저Robert Walser가 묘사한 '벤야멘타 하인학교'로 만들고 있다. 이제 대학의 목표는 하인학교처럼 '배우지 않는 것, 늘 같은 것을 반복하는 것'이 되었다. 사랑, 동경, 이상, 불만도 모르는 인격의 철저한 부정을 통해 이상적인 하인이 탄생한다. 과연 대학이 취업 준비 기관이냐는 질문은 이미 사라졌다.

대학의 변화는 한국만의 문제가 아니다. 독일 베를린대학의 설립이후 정립된 현대 대학의 '교양' 이념은 전 세계적으로 글로벌 경쟁시대의 '수월성' 이념으로 대체되고 있다.[8] 국제 학술지 게재, 영어강의, 정부와 기업의 연구 과제 수주 압력 탓에 대학 고유의 가치와기능이 위협받고 있다. 지나친 업적 경쟁이 '황우석 사태'를 만들었지만 세계 대학 순위에 대한 집착은 더욱 강해지고 있다. 대학생은 대학 서열을 좇아 등록금을 지불하는 소비자가 되기를 강요받는다. 최근 한국 기업에서는 인문학 열풍이 일고 있는데, 정작 대학에서는 인문학이 설 자리를 잃고 있다. 박근혜 정부는 대학에 인문역

량강화(코어) 사업과 산업연계교육활성화선도대학(프라임) 사업 중 양자택일을 강요한다. 조선총독부가 조선인의 인문학 발전을 가로막고 실용적 지식을 가르치는 전문학교만 허가했듯이 박근혜 정부는 인문학을 축소하고 취업을 강조하는 구조조정을 단행했다. 대학에서 학문의 자유와 사회에 대한 봉사는 경제적 안정과 성취동기를 강조하는 물질주의 속에서 사라져 버렸다. 공익을 대표하는 대학의 역사적 유산이 개인의 취업과 성공으로 대체되었다. 학부 교육과 지식 연구보다 취업 준비가 대세다. 이런 변화는 20세기 초 미국에서 소스타인 베블런Thorstein Bunde Veblen이 관찰한 대로 "중세에 철학이 신학의 시녀였던 것과 유사하게 현대사회에서는 학문이 금전의 시녀가 된 것을 의미"한다.[9]

2010년에 고려대 경영학과 김예슬 학생이 "오늘 나는 대학을 그만둔다. 아니, 거부한다"는 제목으로 쓴 대자보가 커다란 사회적 반향을 일으켰다. 무한 경쟁을 강요하며 글로벌 자본과 대기업의 하청업체로 전락한 대학을 비판하며 떠나겠다는 내용이 담겨 충격을 준 것이다. 하지만 그 뒤에 대학이 바뀐 흔적은 없다. 2014년에는 중앙대 철학과 김창인 학생이 대자보로 자퇴를 선언하며 "대학은 기업이 아니고 나 또한 상품이 아니다. 난 결코 그들이 원하는 인간형이 되지 않을 것"이라고 밝혔다. 그의 자퇴 선언문은 하루 만에 철거되고, 중앙대 이사장을 맡고 있던 두산그룹 박용성 회장은 '대학도 산업'이라고 말했다. 정권을 비판한 교수는 해임되고, 총장을 비판한 교지는 수거되고, 모든 학생이 회계학을 수강하고 성공한 명사의 특강을 의무적으로 들어야 했다. 비용을 줄인다는 명목으로 교양과목은 축소되고, 이른바 '비인기 학과'는 구조조정을 당했다.

프랑스 철학자 자크 데리다Jacques Derrida는 "대학이란 사고하고, 질
문을 던지고, 권위에 저항하고, 권위를 책임 있는 것으로 만드는 데
필요한 자치권을 행사하는 공간"이라고 말했다.[10] 공익을 위해 봉
사해야 한다는 대학의 도덕적 의무가 아무리 빛이 바랬다 해도 쓰
레기통에 던져 버려도 좋은 것은 아니다.

여성 혐오 발언이 증가하는 이유

불평등이 커질수록 인간관계가 멀어지고 삭막해진다. 자신과 다
른 사람에 대한 혐오 발언도 커진다. 막말을 하는 사람들은 국회의
원에서 판사, 검사, 팟캐스트 진행자, 익명의 네티즌에 이르기까지
다양하다. 이 가운데 정치인의 막말이 가장 큰 파장을 일으키는데,
2014년 한 여당 의원은 단식 농성을 하는 세월호 유가족을 '노숙
자'에 비유하는가 하면, 어떤 야당 의원은 세월호 진상 규명에 나서
지 않는 당시 대통령을 국가의 '원수'라고 표현했다. 인터넷 댓글에
는 더 심한 막말이 가득하다.

　미국 사회학자 리처드 세넷Richard Sennett은 '과도한 불평등이 인
간에 대한 존중을 사라지게 만든다'고 주장했다.[11] 미국처럼 불평등
이 심한 사회는 복지 수급자를 비롯한 가난한 사람에 대해 멸시가
심하다. 가난한 사람도 자존감을 가져야 하지만, 이를 뒷받침하는
기반이 매우 취약하다. 소수민족, 이주민, 여성도 마찬가지다. 불평
등 사회에서는 극단적인 막말과 다른 사람에 대한 혐오 발언이 더
폭넓게 나타난다. 미국에서도 소득 불평등이 큰 주일수록 인종 편

견과 여성 차별이 심하다. 인종주의와 여성 차별주의는 경제 위기의 시대에 더욱 강해진다.

2016년 도널드 트럼프Donald Trump는 미국 대선 출마를 선언하면서 "미국이 다른 이들의 골칫거리를 쏟아붓는 쓰레기 하치장이 됐다"고 말했다. 미국과 국경을 맞댄 멕시코를 겨냥해 "그들은 문제가 많은 사람을 (미국으로) 보내고 있다. 이들은 성폭행범이고 마약과 범죄를 가져온다"고 비난했다. 트럼프의 혐오 발언은 주로 여성을 향해 있다. 그는 폭스 뉴스 앵커인 메긴 켈리Megyn Marie Kelly를 '멍청한 금발 여성'이라고 비하하고 생리 현상을 암시하며 놀리는 한편, 자신과 마찬가지로 공화당의 대선 후보였던 칼리 피오리나Carly Fiorina 전 휴렛팩커드HP 최고경영자에 대해서는 '아무도 표를 주지 않을 얼굴'이라고 했다. 심각한 문제는 그가 이렇게 외국인과 여성에 대한 혐오 발언을 쏟아 내고도 대통령이 되었다는 점이다.

1929년 대공황 이후에 독일에서 나치(국가사회주의당)가 등장하면서 유대인에 대한 혐오와 차별이 급증했다. 당시 아돌프 히틀러Adolf Hitler는 전쟁 패배와 경제 위기를 유대인 탓으로 돌렸다. 많은 실업자와 가난한 사람들은 무계급사회를 주장하는 공산당보다 나치에 더 열광했다. 왜 그들은 히틀러를 지지했을까? 독일 사회학자 테오도르 아도르노Theodor W. Adorno를 비롯한 연구자들은《권위주의적 성격The Authoritarian Personality》에서 지그문트 프로이트Sigmund Freud의 발달심리학 등을 이용해 히틀러가 인기를 얻은 이유로 독일인의 성격을 강조했다.[12] 아도르노가 주목한 '파시스트 성격'의 특징은 전통적 가치에 대한 순응, 권위에 대한 복종, 전통적 가치를 따르지 않는 사람을 징벌하고 비난하는 공격성 등이다.

이 책은 나치 시대에 독일인들이 유대인을 희생양으로 삼은 이유를 '자전거 타기 반응'이라는 개념으로 설명한다. 이는 사람들이 자신보다 높은 지위에 있는 사람에게는 머리를 숙이고 아무 말도 못하면서 낮은 지위에 있는 사람은 발로 차면서 모욕하는 행동을 가리킨다. 실제로 많은 나라에서 경제적으로 어려운 시기에 소수집단에 대한 혐오와 차별, 인종주의, 극단적인 국수주의와 배외주의가 등장한다. 극우정당이 기세를 올리는 유럽 국가에서도 마찬가지다. 사실 영국의 유럽연합 탈퇴, 즉 '브렉시트'와 '트럼프 현상'의 배경은 경제문제만이 아니다. 이주민을 거부하는 정체성의 문제다. 다른 말로 하면 인종주의다. 실업률이 높아지면서 스스로 무능하다고 생각하는 사람들은 자신보다 열등하다고 생각하는 이민자나 소수집단에 대한 우월감을 과시하면서 자존감을 회복하려고 한다.

한국에서도 사회적 약자와 소수집단에 대한 혐오 발언이 인터넷과 SNS를 통해 커다란 영향력을 발휘하고 있다. 누구나 막말을 전달할 수 있는 정치적 폭언의 대중화 현상이 생겼다. 예를 들어, '일간베스트저장소(일베)'에서는 허영심 많은 한국 여성은 '김치녀', 순종적인 일본 여성은 '스시녀'라고 대상화하며 여성들에게 순종적 태도나 애교를 강요한다. 그 배경에는 지나친 남녀 불평등이 있는데, '여자는 3일에 한 번씩 패야 한다'는 뜻의 '삼일한'처럼 극단적인 말까지 나왔다. 이렇게 노골적인 여성 혐오 표현이 온라인 공간을 넘어 현실에 등장하는 지경에 이르러, 서울대 축제의 온라인 게임 결승전에 진출한 팀의 이름이 '삼일한'이었다. 이런 여성 혐오는 무한 경쟁 속에서 공감 능력을 상실한 사회의 병리 현상이다.

대한민국은 세계 최고의 성형 대국

프랑스 사회학자 피에르 부르디외Pierre Bourdieu는 인간이 취향의 위계질서를 통해 다른 사람과 차이를 만드는 행위를 '구별짓기'라고 불렀다.[13] 오늘날 구별짓기는 우리의 몸에도 적용된다. 사람들의 취향을 나타내는 행위 체계로서 아비투스habitus는 우리 일상에 큰 영향을 준다. 취직·사랑·자기만족 등 다양한 이유로 성형수술을 결심하겠지만, 이를 순수한 의미의 자유의지로 보기는 힘들다. 만약 우리가 세상과 격리된 오지에서 혼자 살아도 성형수술을 할까? 사실 외모는 거울에 비친 자신의 이미지라기보다 다른 사람에게 보이는 자기 정체성이다. 또한 외모는 사회의 위계질서 속에서 상이한 삶의 기회를 보여 주는 불평등한 자원의 상징이 된다. 외모가 곧 권력이라면 다른 사람의 반대와 저항을 무력화할 수 있는 강제력을 갖는다. 외모는 항상 사회적 관계에서 탄생한다.

　한국은 인구 대비 성형수술 건수가 세계에서 가장 많은 것으로 밝혀졌다. 2013년 1월 《이코노미스트》는 국제미용성형수술협회 ISAPS의 보고서를 인용해 '2011년 기준 인구 1000명당 성형수술을 가장 많이 한 나라는 대한민국'이라고 소개했다.[14] 성형외과의 문을 두드리는 사람들은 저마다 이유가 있겠지만, 전 세계에서 성형외과 고객이 한국에 가장 많은 데는 사회적 원인이 있다. 왜 한국, 중국, 베네수엘라보다 스웨덴, 노르웨이, 핀란드에서 성형수술을 하는 사람들이 적을까? 이는 분명히 결혼과 취업이 이루어지는 시장에 존재하는 위계와 밀접하게 관련된다.

　한국의 여론조사에 따르면, 남성은 여성을 선택할 때 미모를 중시하는 경우가 대부분이다. 반면에 여성은 대개 남성을 선택할 때 경제적 능력을 중시한다. 결과적으로 성형수술은 남성보다 여성이 더 많이 선택한다. 여성들로서는 경제력이 있는 남성과 그렇지 않은 남성의 차이가 클 때 성형수술을 선택할 가능성이 더 커진다. 상위 10% 대기업 정규직의 급여가 대다수 중소기업 노동자나 비정규직의 급여보다 두 배 정도 높다면 상위 소득을 가진 남성을 만나기 위한 '외모 경쟁'은 치열해질 것이다. 상위 10% 수준의 외모를 갖기 위한 노력이 성형수술도 마다하지 않게 만든다. 만약 남성의 소득 격차가 적다면 굳이 성형수술이라는 '기회비용'을 감수하지 않을 가능성이 크다. 이것이 바로 불평등이 적은 북유럽 사회에서 성형수술의 인기가 적은 이유 중 하나다.

결혼 시장에서 경제력을 중시하는 문화가 최근의 일은 아니다. 결혼정보회사가 산업화되면서 회원 등급의 기준도 경제력을 중시한다. 회원 등급을 받으려면 당사자의 학력과 직업은 물론이고 부모의 자산, 직업, 학력 등을 자세히 적어야 한다. 남정욱은 《결혼》에서 결혼정보회사의 남성 회원 등급을 소개했다.[15] 재산은 '(부모 재산 포함) 100억 원 이상 1등급, 3억 원 이하 10등급'이며 학벌은 '서울대·카이스트·미국 명문대 1등급, 2년제 대학 10등급'이다. 남성과 달리 여성은 외모가 중요해서 스타일까지 고려해 등급을 정한다. 더구나 해외 유학 경험, 자취 경험, 외국인 교류 동아리 활동 여부까지 확인한다. 이런 서열 체계는 남성과 여성의 선호를 사회적 불평등으로 재생산한다.

노동시장에서 임금격차가 커지는 한편 불황으로 취업난이 심해질수록 외모 경쟁이 치열해진다. 외모 경쟁에는 서열화와 등급화가 따른다. 여자뿐 아니라 남자들의 성형수술, 피부 관리, 화장을 위한 경쟁도 치열해지고 있다. 결국 외모 경쟁은 사회적 불평등의 '의도하지 않은 결과'다. 전 세계를 둘러보아도 성형외과의 기술이 뛰어나서 성형수술을 많이 하는 것이 아니라, 사회경제적 불평등이 큰 국가에서 성형수술을 많이 한다. 이것은 우연이 아니다.

불평등이 심한 브라질, 콜롬비아 등 남아메리카 나라들에서 성형수술의 인기가 높다. 특히 세계 최고 권위의 미인 대회인 미스 유니버스에서 우승자를 일곱 명 배출한 베네수엘라는 '미인의 나라'라는 이름에 걸맞게 미모에 대한 열망이 크다. 이런 미모 경쟁은 성형으로 이어진다. 2013년에 국제미용성형수술협회가 발표한 보고서에 따르면, (인구가 2880만 명인) 베네수엘라의 가슴 성형수술 건수가 3만 8500회다. 인구수에 대비하면 (3억 1300만 명 중 31만 3000건인) 미국보다 약간 높은 수치다.[16]

성형수술의 증가를 단지 아름다움을 위한 본능이나 개인의 자발적 선택이라고만 볼 수는 없다. 지나친 사회적 불평등이 성형수술과 외모 경쟁을 부추기는 한 원인이다. 성형수술은 평등을 향한 열망을 만족시키는 수단인 동시에 불평등을 재생산하는 메커니즘으로 작동한다. 외모로 차별받는다고 불만을 터트리는 대중은 외모에 따른 차별을 줄이거나 없애려고 노력하기보다 더 나은 외모를 원하는 태도를 보인다. 외모 지상주의의 피해자들이 스스로 외모 지상주의에 편승하는 역설이 발생한다.

속물 사회와 과시 소비

속물은 영어 '스놉snob'의 번역어다. 이 말은 17세기 케임브리지대학에서 처음 쓰였다. 당시 케임브리지대학은 신입생에게 출신 계급을 표기하도록 했는데, 평민 자녀들은 귀족이 아니라는 뜻의 라틴어 '시네 노빌리타테sine nobilitate'를 써야 했다. 이 라틴어의 약자가 바로 스놉이다. 그러다 1840년대 영국에서 하층계급 출신 부자들이 상층계급의 생활 방식을 흉내 내는 게 유행하면서 스놉이라는 말도 널리 퍼졌다. 영국 작가 윌리엄 새커리William Thackeray가 1848년에 《스놉에 관한 책The Book of Snobs》을 펴내기도 했다.

전통적으로 유럽 사회는 신분제 전통이 강해서 고가의 사치품은 소수 상류층의 '상징자본'으로 인식되었다. 송로버섯, 푸아그라(거위 간), 샴페인 같은 고급 프랑스 음식도 빈부 격차가 극심하던 부르봉왕조 시대의 유산이다. 나폴레옹 보나파르트Napoléon Bonaparte가 등장한 뒤 신흥 부자들은 신분을 과시하기 위해 사치품을 향유하려고 애썼다. 귀스타브 플로베르Gustave Flaubert의 《보바리 부인Madame Bovary》에서 엠마는 남편 몰래 화려한 옷을 사려다 약사 오메의 유혹에 빠져 엄청난 빚을 지게 된다. 종교의 상징인 부르니지엥 신부와 대립되는 부르주아의 상징인 오메는 돈과 이익만 밝히는 천박한 속물을 대변한다. 인간을 뜻하는 프랑스어 '옴Homme'에서 이름을 따온 오메는 욕망의 제조자가 되었다. 플로베르는 이 소설에서 인간의 욕망을 부풀리는 자본주의의 속성을 탁월하게 표현한다.

사치품을 가리키는 영어 '럭셔리luxury'를 한국에서는 '명품'이라고 번역하는데, 이것은 명백한 오류다. 하지만 의도적 오역에는 숨은 이데올로기가 있다. 럭셔리의 어원은 '불필요하게 과도한'이라는 뜻이 있지만, 명품masterpiece은 뛰어난 작품을 가리킨다. 부자의 사치품이 모두의 감탄을 받는 탁월함으로 둔갑한 것이다. 오늘날 한국에서는 부자뿐만 아니라 중산층과 저소득층도 사치품을 구매하려고 애쓴다. 전통적 신분 질서가 무너지면서 부유층과 빈곤층의 패션은 큰 차이가 없어졌다. 그러다 보니 여성의 가방과 장신구가 정체성을 표현하는 수단이 되었다. 한국에서는 최고가 가방이 인기 있다. 가격도 높아야 더 잘 팔린다. 그러니 같은 상품이라도 한국은 다른 나라보다 가격이 높다. 왜 이런 현상이 생겼을까?

미국 경제학자 하비 레이번슈타인Harvey Leibenstein은 다른 사람의 구매에 따라 상품을 구매할 의사가 늘어나는 '밴드왜건 효과'와 다른 사람의 구매에 따라 오히려 구매할 의도가 줄어드는 '스놉 효과'를 주장했다.[17] 밴드왜건 효과는 길거리 행사 대열을 이끄는 악대차인 밴드왜건을 보고 사람들이 무작정 따라가 구경하는 것처럼 다른 사람들이 구매한 물건을 유행처럼 좇는 현상을 가리킨다. 소니 워크맨, 애플 아이폰 같은 예가 대표적이다. 이와 반대로 스놉 효과는 대중적으로 소비되는 제품을 구매하지 않는 행동뿐 아니라 대중적이지 않은 사치품을 구매하는 경향을 가리킨다. 고급 패션, 가방, 시계 등 고가 제품, 고품질 제품에서 주로 나타나는 스놉 효과는 개성을 추구하는 고급 지향적 소비 성향을 보여 준다.

스놉 효과는 두 가지 조건에서 발생한다. 첫째, 고급 제품이 시장에 처음 나왔을 때 신속하게 구매하는 경우다. 고급 제품을 소비하는 기회는 아주 제한된 사람만 누릴 수 있고, 추가 기회를 얻을 수 없기 때문이다. 그래서 고급 제품은 의도적으로 '한정판'을 만들어

희소가치를 올리는 경우가 있다. 새 모델을 만들어서 과거 모델의 희소성을 유지하는 경우도 있다. 둘째, 아무리 선풍적 인기를 얻은 제품이라도 시장 점유율이 높아지고 대중적인 제품이 되면 팔리지 않는 현상이 나타난다. 그래서 고급 상품도 누구나 살 수 있는 품목이 되면 인기가 시들해진다. 20세기 초 독일의 사회학자 게오르그 짐멜Georg Simmel이 유행이란 하류층이 상류층을 모방하는 행위인 동시에 상류층이 하류층과 구별하는 행위라고 정의했듯이, 오늘날 최고가의 사치품은 가격 낮춤이나 대중화 시도를 금기시한다. 오히려 소비자에게 외면받을 수 있기 때문이다.

한편 과시를 위한 고급품 소비의 경우 가격이 오르면 오히려 소비가 증가하는 '베블런 효과'가 발생한다. 19세기 말 미국 경제학자이자 사회학자인 베블런은《유한계급론The Theory of the Leisure Class》에서 "비싼 상품의 과시적 소비는 여유 있는 신사가 평판을 높이는 수단"이라고 말했다. 실제로 고가의 귀금속이나 고급 자동차는 경제가 나빠져도 수요가 줄지 않는다. 그것들이 꼭 필요해서 사기보다는 부를 과시하거나 허영심을 채우려고 사는 경우가 많기 때문이다. 현대사회의 소비는 단순히 사용가치에 따르는 게 아니라 사회적 지위를 실현하는 기능이 있다. 개인의 정체성이 돈과 직업보다 문화적 취향에 따라 구별되면서 상류 문화를 모방하려는 중산층의 심리가 커진다. 즉 과시 소비는 지위 경쟁의 수단이 된다.

독일 철학자 발터 벤야민Walter Benjamin은 19세기 파리의 회랑식 상가인 아케이드가 상품의 교환가치를 미화하고 현실을 가리는 베일 역할을 하는 '판타스마고리아pantasmagorie', 즉 환등상이라며 이에 대해 분석했다. 그리고 그는 사람들이 그 번쩍거림에 도취돼 꿈을 꾸듯 그 시대를 살아가는 모습을 묘사했다. 1930년대 식민지 조선에서는 백화점이 소비 자본주의의 등장을 알리는 현대적 장치로 등장했다. 이효석은 1938년 《조선문학독본》에 발표한 〈낙엽을 태우면서〉라는 글에서 백화점이 어떻게 일상생활에 침투하는지를 세밀하게 묘사했다. "난로는 새빨갛게 타야 하고, 화로의 숯불은 이글이글 피어야 하고, 주전자의 물은 펄펄 끓어야 한다. 백화점 아래층에서 커피의 알을 찧어 가지고는 그대로 가방 속에 넣어 가지고, 전차 속에서 진한 향기를 맡으면서 집으로 돌아온다. 그러는 내 모양을 어린애답다고 생각하면서, 그 생각을 즐기면서 이것이 생활이라고 느끼는 것이다. 싸늘한 넓은 방에서 차를 마시면서, 그제까지 생각하는 것이 생활의 생각이다…". 경성제국대학에서 영문학을 공부한 이효석은 커피, 빵, 우유, 버터, 모차르트와 슈베르트 피아노곡, 프랑스 영화를 즐기던 엘리트였다. 그에게 커피는 '우월한' 서구 문화를 느끼는 기회였고 '현대성'의 상징이었다. 오늘날 커피 전문점에서 고급 원두커피를 즐기는 문화와 같은 것이다.

1960년대 이후 한국의 고속 경제성장으로 중산층이 급증하면서 과시 소비와 모방 심리가 극단적으로 나타났다. 많은 사람들이 샤넬, 프라다 등 서구의 유명 상표에 열광한다. 젊은이들은 맥도날드와 스타벅스에서 서구적 생활양식을 느끼고 '현대성'을 만난다. 물질적 풍요를 누리는 신흥 부자들은 어디엔가 소속되려는 욕구 때문에 집단적 정체성에 집착한다. 강남 아파트와 고급 승용차는 새로운 지위 상징이 되었다. 사회 문화적 양극화가 심화되면서 '이중 도시'와 '강남특별구'가 탄생했다.[18] 중산층은 상류층을 모방하며 지위 상승을 기대한다. 그러면서 볼품없는 사람으로 비칠까 봐 두려워, 백화점에 갈 때는 옷을 잘 차려입는다. 그야말로 '겉치장과 재산이 유일한 가치의 척도'라고 보는 스놉 문화에 자연스럽게 적응해야 한다. 스놉 효과와 베블런 효과가 결합해 상승작용이 일어난다.

광고와 사치품 열광

독일 출신 사회학자 헤르베르트 마르쿠제Herbert Marcuse는 1960년대에 《일차원적 인간One-Dimensional Man》에서 '소비 지상주의, 광고, 대중문화, 이데올로기'가 개인을 자본주의적 질서에 통합시켰다고 주장했다.19) 광고는 소비하라는 압력에 불을 댕긴다. 광고가 단순한 정보라고 보는 시대는 이미 흘러갔다. 광고는 사람들에게 소비가 주는 '상징'을 구매하고 향유하도록 유혹하고 충동한다. 애덤 스미스는 사람들이 과소비를 자제할 것이라고 보았지만, 18세기의 광고와 21세기의 광고는 차원이 다르다. 그보다 풍족한 시대에 산 마르크스는 비록 자신은 가난에 시달렸지만 일찍이 '상품 물신화'의 가능성을 날카롭게 예측했다.

"남을 사로잡는 매력glamour이란 곧 선망의 대상이 되는 데서부터 생겨난다. 광고는 바로 이런 매력을 제조하는 과정이다." 영국 미술 비평가이자 작가인 존 버저John Berger는 광고가 약속하는 것은 쾌락이 아니라 행복이라고 날카롭게 지적했다.20) 오늘날 광고는 정보를 제공하는 차원을 넘어 설득하고, 집요하게 강요하고, 정체성과 삶의 의미까지 부여한다. 광고는 사람들에게 가방이 아니라 사회적 지위를 부여하고, 해외여행이 아니라 영화의 주인공이 되는 상상을 하게 만들고, 멋진 식당이 아니라 행복을 느끼게 하는 전략을 구사한다. 현대 소비사회를 날카롭게 관찰한 프랑스 소설가 조르주 페렉Georges Perec은《사물들Les choses》에서 이렇게 말했다. "세상이, 모든 사물들이 그들에게 속해 있어야만 할 것 같았고, 어서 빨리 소유의 기호들을 늘려 가야만 할 것 같았다. 그래서 그들은 전쟁을 치르고 있는 중이었다."[21] 대학에서 사회학을 공부하던 남자와 여자는 졸업 후 설문 조사원으로 살아가면서 새로운 스타일과 취향을 갖게 됐다. 그들은 '물질적으로 더 나은 삶'을 원했다.

한국 사회에서 물질적으로 더 나은 삶은 사치품이라는 새로운 상징을 통해 실현된다. 에르메스 제품이 유럽에서는 전통적으로 상류층의 전유물이지만, 오늘날 한국에서는 중산층과 저소득층까지 갖고 싶어 하는 선망의 대상이다. 단순히 돈을 많이 벌려는 것이 아니라, 더 아름답고 더 고급스럽고 더 높은 사회적 지위를 얻고 싶은 것이다. 18세기 자본주의를 관찰한 마르크스는 생산과정에 있는 개인의 위치를 강조하고 상품 물신화를 병리적 현상으로 간주했지만, 오늘날처럼 사용가치의 생산이 충분하고 희소성이 사라진 풍요로운 사회에서는 소비 과정에 있는 개인의 위치가 중요해지고 있다. 프랑스 사회학자 장 보드리야르Jean Baudrillard가 상품경제가 기호경제로 변했다고 지적한 것처럼 사람들은 소비를 통한 상징과 이미지에 더 관심을 가진다. 계량화된 화폐가치의 서열보다 일상생활의 미학화가 더 중시된다. 영국 사회학자 스코트 래쉬Scott Lash와 존 어리John Urry의 지적대로 소비의 심미적 가치가 확산되고 소비자의 문화적 능력이 커지면서 소비자는 생산 논리에 이끌리고 조작당하는 객체가 아닌 성찰적 주체로 변한다.[22] 이는 윤리적, 심미적, 인간

적 소비라는 새로운 소비 패러다임의 변화를 암시한다.[23)

그러나 대부분의 사람들은 더 많이 돈을 벌고, 더 많이 소비하기를 갈망하는 사회의 분위기를 강요받는다. 대중 소비사회가 도래해 소수 부자들의 전유물이던 사치품이 대중적 선망의 대상이 되면서 사람들의 상대적 박탈감과 불행감이 커지고 있다. 경제력에 따른 소비의 격차도 점점 커지고 있다. 오스카 와일드Oscar Wilde는 "가난한 사람들에게 절약하라고 권하는 것은 터무니없는 것이고 모욕하는 말이다. 이것은 굶주리는 사람들에게 적게 먹으라고 말하는 것과 같다"고 했다.[24)] 가난한 사람들에게 자신의 소득 수준보다 더 소비하라고 강요하는 것도 터무니없는 짓이다. 사람들은 사치품 시장에서 끝없는 지위 경쟁에 내몰린다. 사치품은 단순한 상징재의 표현이 아니라 욕망 실현의 매개체가 되었다. 월급 200만 원을 받는 직장 초년생도 수백만 원짜리 가방을 들고 다니고 싶어 한다. 고가 상품을 구입하기 위해 수입에 걸맞지 않는 지출도 감수한다. 우리가 사치품을 소유하는 것이 아니라 사치품이 우리를 소유한다. 만들어진 욕망은 끊임없이 인간을 소비 경쟁으로 몰고 거품 경제를 통한 사회 양극화를 재생산한다.

불평등 사회에서 개인의 돈 걱정은 더욱 커진다. 불평등 사회에서 다른 사람들보다 낮은 소득은 불안감을 증폭하기 때문이다. 중산층과 빈곤층은 지나친 주거비와 사교육비를 감당할 수 없지만 부유층을 따라 과소비에 빠진다. 노후에 대한 불안감 속에서도 주거비와 사교육비 지출을 줄일 수 없다. 이런 과소비를 부추기는 동력은 부유층의 과시 소비다. 빈곤층이 부유층을 따라 하려는 열망보다 부유층이 소비를 통해 빈곤층과 자신을 구별하려는 열망이 더 강하다. 부유층은 생산과 분배뿐만 아니라 소비에서도 다른 계층과 자신을 구별하기 위해 지속적으로 위계적 상징 질서를 만들어 낸다. 중산층도 상류층을 따라가기 위해 강력한 지위 상승의 열망을 갖게 된다.

부르디외는 자원의 차이가 어떻게 문화 상징으로 재구성되는지 분석했다. 그는 문화자본을 통한 엘리트의 차별화 전략을 '상징적 폭력'이라고 불렀다.[25] 바흐의 평균율, 비발디의 〈사계〉, 슈트라우스의 〈푸른 도나우 강〉에는 문화의 위계질서가 존재한다. 대중 소비 자본주의는 소비를 통한 '구별짓기'와 지위 경쟁의 격화로 대중의 사치품 열광을 부추겼다. 한편 사치품 열광은 개인의 자연스러운 열망이 아니라 자본의 논리, 특히 광고와 소비주의 이데올로기에 따라 상당 부분 촉진되고 강화되고 조작되었다. 이제 박정희 시대의 양담배, 양주에 대한 규제는 유치하게 보일 정도다. 과거에는 소수의 전유물이던 사치품이 대중에게 선망의 대상이 되면서 사람들이 더 많이 일하고, 더 많이 소비하고, 더 많이 성공을 갈망하는 사회로 변하고 있다.

불평등은 사회적 결속을 파괴한다. 대중 소비 사회에서 선택의 자유가 커지는 것 같지만, 불평등한 사회는 사람들을 '자격을 갖춘 소비자'와 '자격이 없는 소비자'로 구분한다. 소비 시장에서 모든 상품은 행복을 위한 수단처럼 여겨지지만, 모든 사람이 소비할 자격을 갖는 것은 아니다. 사회적으로 열등한 사람들은 모든 소비 행위에서 배제되거나 뒤처진다. 한편 소비할 자격을 갖춘 사람은 구매한 상품뿐만 아니라 다양한 소비의 위계 속에서 자신의 정체성을 확인하고 블로그, 페이스북, 인스타그램에 올려 타인의 인정을 기대한다. 순교자와 성인의 조각이 가득한 교회처럼 고급 상품과 멋진 광고 모델이 가득한 백화점은 현대인의 신전이 되었다. 백화점 쇼핑은 현대판 순례가 되었으며 사람들에게 정체성과 가치를 부여할 뿐 아니라 인생의 의미와 행복감을 제공한다. 한편 사람들은 타인에게 보여 주는 소비를 통해 그만큼 소비하지 못하는 이들과 끊임없이 서로 비교하는 지위 경쟁을 일으킨다. 많이 가진 자와 못 가진 자의 격차에 따른 우월감과 열등감이 교차한다.

일중독 사회의 덫

더 많은 소비와 지출을 감당하기 위해 사람들은 더 많이 일한다. 야근, 연장근로를 통해 한 푼이라도 더 많이 돈을 벌려는 것이다. 이미 한국의 노동시간은 세계 최장 수준이다. 노동시간이 길어지면서 자연히 수면 시간은 줄어들었다. 통계청의 〈2014 생활시간 조사〉 결과에 따르면, 10세 이상 한국인의 하루 평균 수면시간은 7시간 49분이었다. 이는 OECD 18개국 중 가장 짧은 수준이다. 특히 2013년에 한국갤럽이 19세 이상 1만 명을 대상으로 조사한 성인의 평균 수면 시간은 6시간 35분에 불과했다.

《아침형 인간100日で朝型人間になれる方法》이라는 책이 한국에서 인기를 끈 이유가 있다. 더 많이 일해야 한다는 사회적 강박을 보여 준 것이다. 한국인의 노동시간은 연간 2163시간으로 2013년 기준으로 OECD 34개국 가운데 멕시코에 이어 2위를 차지할 정도로 길고, OECD 평균의 1.3배다. 한국인의 노동시간은 2007년까지 1위를 차

지했다가 주 5일(주 40시간) 근무제와 시간 선택제 확대로 2008년 이후 줄었지만, 여전히 세계에서 가장 긴 편이고 한국은 자타가 공인하는 '일중독 사회'다.

"유럽 사람들은 쉬기 위해 일하고 미국 사람들은 일하기 위해 쉰다. 그런데 한국 사람들은 일하기 위해 일한다." 이런 농담은 우리를 웃게 하지만 현실은 우리를 슬프게 한다. 한국인의 장시간 노동은 삶을 질을 떨어뜨린다. 장시간 일하는 노동자는 건강이 악화될 가능성이 높고, 산업재해를 겪을 위험도 크다. 기업은 유능한 직원과 임원에게 더 많은 일을 요구하기 마련이어서 과다한 업무를 하다 보면 야근과 특근을 피할 수 없고 결과적으로 '일중독' 현상이 확산된다. '일과 가정의 균형'이 깨지면서 가족과 함께하는 시간과 대화가 줄어들고 관계가 단절되기도 한다. 또한 기업의 회식과 접대 문화는 늦은 밤의 유흥을 조장한다. 결국 장시간 노동은 개인의 건강과 가족의 유대를 악화할 뿐만 아니라 집중력도 떨어트려 기업의 경쟁력에 부정적이다. 그러니 한국의 노동생산성이 선진국 가운데 최하위권이라는 사실은 전혀 놀랍지 않다.

장시간 노동에 이어 수면 부족은 새로운 사회현상이 되고 있다. 미국질병통제예방센터CDC는 수면 부족을 '공중보건 전염병'으로 분류하고 수면 부족 현상이 전염병처럼 사회에 확산되는 것을 경고하고 있다. 미국수면의학회는 성인이 하루에 7시간 이상 수면을 취할 것을 권한다. 하루 '4시간 수면'으로 '절대 잠들지 않는 총리'로 불린 마거릿 대처Margaret H. Thatcher는 말년에 뇌졸중과 치매로 고통받았다. 많은 전문가들이 수면 부족은 건강에 악영향을 주고 삶의 질을 떨어뜨릴 수 있다고 우려한다. 수면 시간이 부족하면 식욕을 증진하는 호르몬 수치가 올라가 과식하게 되고 비만과 심장질환과 뇌질환의 위험도 커진다. 수면 장애가 있는 사람은 보통 사람보다 심장마비와 뇌졸중이 일어날 확률이 훨씬 높다는 연구 결과가 발표되기도 했다.

그럼 한국에서는 왜 생산성을 떨어뜨리고 건강에 나쁜 장시간 노동이 계속 유지될까? 법정 노동시간은 1주일에 40시간이지만, 이것이 잘 지켜지지 않는다. 현행법상 노동시간은 연장근로 12시간과 휴일근로 16시간을 더해 1주일에 최대 68시간까지 늘어날 수 있다. 노동시간 특례 업종은 연장근로를 12시간 초과할 수 있으니, 노동시간이 더 늘어날 수도 있다. 심지어 2013년 통계청의 발표에 따르면, 주 5일제를 시행하는 기업의 노동자는 65.8%에 불과하다. 경제활동인구의 40% 가까이 되는 영세 자영업자는 주 5일제 노동이 더욱 어려운 형편이다. 밤늦게 문을 닫는 가게와 식당이 많고, 24시간 영업하는 편의점과 할인점도 부지기수다. 피곤해도 일찍 잘 수 없는 고단한 삶이 너무 많다.

2012년 대선에서 노동시간 단축을 공약으로 내세운 박근혜 정부는 말에 비해 실천이 없었다. 그럼 '저녁이 있는 삶'을 위해 어떻게 해야 할까? 무엇보다 12시간 이상 연장근무가 가능한 업종, 업체를 제한해야 한다. 장시간 노동에 대한 정부의 관리 감독도 강화해야 한다. 노동시간 단축을 통해 신규 고용을 촉진해야 한다. 주 5일제 확대도 중요하다. 노동조합은 연장근로와 특근을 선택해 돈을 더 벌려고 하기보다는 임금 인상과 정규직 확대를 기업에 요구해야 한다. 유급휴가도 연장해야 한다. 설날과 추석의 3일 연휴가 도입되면서 귀향 차량의 정체가 줄었듯이 7일 연휴를 도입하면 더 여유 있는 명절이 될 것이다. 중국에서는 춘절과 건국절에 1주일 휴가를 실시한다. 이미 유럽에서는 부활절과 크리스마스에 2주 휴가를 떠나기도 한다. 한국의 법정 유급휴가는 14일인데, 실제 사용일수는 7일 정도로 세계에서 가장 짧다.

한국은 야간 업무가 당연시되는 게 문제다. 언젠가 독일 베를린에서 만난 한국 관광객들이 독일은 저녁 5시쯤이면 가게 대부분이 문을 닫는다고 불평했다. 독일은 술집도 11시에 문을 닫는다. "술집의 심야 영업이 경제에 도움이 되지 않느냐"는 관광객들의 농담에 내가 "일찍 문 닫는 독일이 훨씬 잘산다"고 대답하자 그들은 멋쩍은 표정을 지었다. 진짜 더 중요한 문제가 있다. 독일의 노동자들은 밤늦게 일하는 대신 친구나 가족과 '저녁이 있는 삶'을 선택할 수 있다. 원한다면 일찍 달콤한 잠에 들 수 있다. 밤늦도록 일해야 하는 한국인과 비교해 어느 삶이 더 나을까?

3

커져 가는 소득 불평등

한국 최고경영자의 연봉은 얼마나 될까? 역사상 처음으로 2015년부터 정부는 대기업 대표이사의 연봉을 공개하고 있다. 하지만 대기업 임원 640명의 5억 이상 연봉만 공개되고, 미등기임원과 배당소득이 많은 주주의 명단은 빠져 있다. 그래도 최고경영자의 연봉은 알 수 있기 때문에 직원의 평균 연봉과 비교할 수 있다. 국내 주요 기업 가운데 최고경영자와 직원 평균 연봉의 차이가 가장 큰 기업은 삼성전자다. 삼성전자의 직원 평균 연봉과 비교할 때 IM(IT와 이동통신) 사업 부문을 총괄하는 신종균 사장의 연봉(145억 7200만 원)은 142배, 권오현 부회장의 연봉은 92배, 윤부근 CE(소비자 가전) 부문 사장의 연봉은 53.8배나 된다.[1] 다른 재벌 기업 대표이사들의 연봉도 직원 평균 연봉의 수십 배나 많은 것은 크게 다르지 않다.

최고경영자와 노동자의 임금격차

미국 경제정책연구소EPI의 2014년 보고서에 따르면, 1978년에 29.9배였던 미국 350여 개 기업 최고경영자와 노동자의 평균 연봉 차이가 2013년에 295.9배로 커졌다. 2008년 금융 위기가 전 세계를 흔들어 뉴욕을 비롯한 주요 도시에서 "월 가를 점령하라"는 외침이 울려 퍼졌지만, 부의 집중은 더 심해졌다. 1950년대 최상위 1%의 부는 전국 부의 약 12% 수준이었는데, 지금은 거의 20%다. 이는 1929년 대공황 이후 최고 수치다. 재닛 옐런Janet Yellen 미국 연방준비제도이사회FRB 의장은 '미국 소득과 부의 불평등이 100년 만에 최악'이라며 심각한 우려를 표명했다.[2]

미국 최대 유통업체인 월마트의 최고경영자 더그 맥밀런Doug McMillon이 2014년에 1940만 달러를 보수로 받았는데, 이는 평범한 월마트 직원 보수의 800배다. 《USA투데이》에 따르면, 스탠더드앤드푸어스S&P 500대 기업 중 하나인 디스커버리 커뮤니케이션스의 최고경영자 데이비드 재슬러브David Zaslav의 2014년 연봉은 1억 5600만 달러로 일반 직원의 2282배나 된다. 또 치폴레 멕시칸의 최고경영자 스티브 엘스Steve Ells는 종업원의 1524배, 스타벅스의 소유주이자 최고경영자인 하워드 슐츠Howard Schultz는 직원 평균의 994배에 이르는 연봉을 챙겼다.[3]

한국 기업의 최고경영자와 직원의 소득 격차도 빠르게 커지고 있다. 2015년 재벌닷컴의 조사에 따르면, 한국의 30대 그룹 상장사 임원들의 전년 평균 연봉은 직원 평균 연봉의 10.8배인 7억 5488만 원이다. 삼성전자 등기임원의 평균 연봉은 83억 3000만 원으로, 직원 평균 연봉의 81.7배나 되었다. 이 밖에 현대백화점, 이마트, 롯데쇼핑, CJ제일제당 등 유통과 소비재 기업들의 임직원 연봉 차이가 모두 40배를 넘으며 평균 연봉 차이를 훨씬 웃돌았다.

30년 전만 해도 한국은 산업국가 가운데 가장 평등하다고 할 수 있었다. 1949년에 농지개혁을 추진한 이후 농촌 사회가 급속하게 평등주의 사회로 바뀌었다. 농지개혁을 못 한 동남아와 라틴아메리카 나라들에 비하면 대토지 소유에 따른 빈부 격차는 거의 없었다. 1960년대의 급속한 산업화 이후 소수 재벌에게 경제력이 심하게 집중됐지만, 산업 노동자와 신흥 중산층의 소득 증가 때문에 소득의 평등 수준은 상당히 높았다. 1987년 민주화 이후 노동운동이 활성화되면서 노동자들의 실질소득이 지속적으로 상승했고, 1990년대 중반에는 소득 불평등을 측정하는 지니계수가 일시적으로 낮아지기도 했다. 그러나 1997년 외환위기를 겪으면서 최고경영자의 급여는 급속하게 상승한 데 비해 노동자의 평균 임금은 제자리걸음이거나 하락했다. 도대체 무슨 일이 일어났을까?

이 장에서는 노동시장의 소득 분배에 관한 구체적 증거와 통계를 통해 오늘날 한국 사회가 얼마나 불평등한지를 살펴보겠다. 불평등을 측정하는 방법으로는 가계소득 조사를 활용한 지니계수, 5분위 분배율, 상위층의 집중도, 빈곤율 등이 널리 활용된다. 계량적 수치로 측정하기 때문에 정책 수단으로 어떤 성과를 얻었는지 평가하기가 쉬워서 많은 정부에서 활용하는 것이다.

그런데 불평등을 경제적 차원으로만 분석한다면 《반지의 제왕 The Lord of the Rings》을 1권만 읽고 덮는 것처럼 협소한 시각에 머무르게 된다. 교육, 연령, 성별(젠더), 지역, 인종, 소수민족 등 다양한 사회적 기준에 따른 불평등도 중요하다.[4] 2장에서 살펴보았듯이 건강, 교육, 보육, 신뢰 등 질적 차원의 불평등도 고려해야 한다. 그럼에도 많은 학자들이 구하기 쉬운 소득 통계자료를 중심에 두고 연구한다. 이 장에서는 소득 자료를 활용한 지니계수, 5분위 배율, 상대적 빈곤율, 상위 1%, 10%의 소득 집중 등을 차례로 살펴볼 것이다.

한국의 지니계수를 믿을 수 있는가

학계에서 불평등을 측정하는 방법으로 지니계수가 가장 널리 쓰인다. 이탈리아의 사회학자이자 통계학자인 코라도 지니Corrado Gini가 1912년 논문에서 제시한 불평등 측정 방법인 지니계수는 인구의 누적 비율과 소득의 누적 점유율 간 상관관계를 나타내는 로렌츠곡선을 활용한다. 한 사회의 지니계수가 0이면 완전한 평등 상태이며, 1에 가까우면 극단적으로 불평등하다고 볼 수 있다. 2012년 OECD 회원국들의 지니계수 평균은 0.3이고, 전 세계 평균 지니계수는 0.5 정도 된다. 0.5가 넘으면 소득 불평등이 심각하다고 본다.

한국은 2014년 기준 전국의 1인 가구와 농가를 포함한 전체 가구의 지니계수가 0.302다. 2인 이상 도시 가구를 대상으로 작성된 지니계수는 0.277로 전체 가구의 지니계수보다 낮아, 도시 가구 간 소득 불평등이 상대적으로 낮은 것을 알 수 있다. 그리고 전체 가구와 2인 이상 도시 가구의 지니계수가 모두 1997년 외환위기와 2008년 금융 위기 직후 급격하게 높아졌다가 2010년 이후 다소 하락했다. 2015년 OECD에서 발표한 지니계수를 살펴보면, 한국은 0.302

로 OECD 평균인 0.316과 비슷한 수준이다. 스웨덴(0.274)·헝가리(0.288)·독일(0.289) 등이 한국보다 낮고, 미국(0.401)·영국(0.351)·일본(0.336) 등은 한국보다 높다.

그런데 한국은 자산 불평등이 소득 불평등의 지니계수보다 심각한 상황을 보여 준다는 분석 결과가 있다. 한국 가계 단위의 가처분 소득 지니계수가 0.4259였다.[5] 그러나 순자산으로 본 지니계수는 0.6014로 소득 불평등보다 심했다. 이런 점에서 장하성 고려대 교수는 한국은 소득과 자산의 분배가 모두 불평등한 국가라고 비판했다.[6] 자산은 주로 부동산과 금융자산을 포함하는데, 가장 높은 비중은 부동산이 차지한다. 서울에서는 강남이, 다른 지방보다는 수도권이 높은 부동산 가격 때문에 자산 불평등에 큰 영향을 주었다.

한편 세전·세후 지니계수의 비교도 중요하다. 스웨덴처럼 조세와 복지의 재분배 기능이 강한 나라는 초기 소득(세전 급여)의 지니계수와 소득 재분배 이후 지니계수가 다르다. 하지만 조세와 복지 수준이 낮은 한국과 미국은 그 차이가 적은 편이다. 국제구호단체 옥스팜이 발표한 OECD 국가의 조세제도에 따른 빈부 차이 개선 효과(지니계수 감소율)를 보면, 핀란드·네덜란드·오스트리아·덴마크 등은 지니계수의 감소율이 40%를 넘는 반면에 한국은 OECD 평균의 1/4인 9%를 기록했다. 꼴찌 수준이다. 세금이 낮고 재분배 효과도 적기 때문이다.

2015년 노벨경제학상을 받은 앵거스 디턴Angus Deaton 프린스턴대 교수는 "한국 불평등 관련 지표가 사실 그렇게 부정적이진 않은데 한국에선 불평등으로 인식하고 있다"고 말했다.[7] 아마 지니계수를 보고 한 말일 것이다. 그러나 지니계수의 신뢰도를 의심하는 학

〈표 8〉 OECD 주요 국가의 지니계수

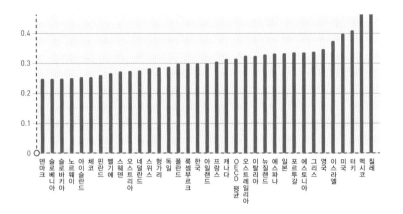

자료 OECD, Social and Welfare Statistics, *Income distribution*, p20, 2012.

자들이 늘어나고 있다. 2008년 금융 위기 이후 불평등이 확산된 현실을 고려하면 한국의 지니계수가 줄었다는 사실을 신뢰하기 어렵다.[8] 통계청의 〈가계 동향 조사〉를 활용한 지니계수의 측정은 소득에 대한 개인의 응답에 의존한다. 따라서 응답 회피나 응답 편향 등으로 정확한 소득 파악이 어렵다는 단점이 있다. 문제는 통계 자료의 신뢰성이다. 다른 국가에 비해 한국의 부유층이나 고소득 자영업자 들은 소득을 줄여서 응답하는 경향이 강하다.[9] 실제로 응답자의 소득 수준에 기초한 지니계수와 국세청의 과세소득에 따른 지니계수는 차이가 난다. 그래서 개인 소득세나 사회보험료 조사의 중요성이 강조되지만, 이 또한 조세 회피와 탈세에 따른 소득 누락이라는 문제가 있다. 고소득층의 소득 현황이 투명하게 공개되지 않기 때문이다. 지니계수는 1인 가구가 증가하는 현실에 대한 고려도 부족하다. 통계상으로 가계 하나를 구성하지만, 사실상 1인 가구로 살고 있는 이들의 빈곤이 제대로 드러나지 않을 수 있다.

소득 5분위, 10분위 배율의 격차

소득 5분위 배율은 지니계수와 함께 소득 불평등의 척도로 널리 사용되는 지표다.[10] 이것은 한 사회의 가계소득 수준을 5분의 1 단위로 나누고 총소득과 비교해서 몇 퍼센트를 차지하는지 계산한다. 만약 상위 20% 가구 소득의 합이 하위 20% 가구 소득의 합보다 5배 많다면, 소득 차이가 5배라는 뜻이다.

　한국은 소득 상위 10% 가구와 하위 10% 가구의 격차가 열 배 정도로 나타났다. 상위 10%가 월 1000만 원을 벌 때 하위 10%는 월 100만원도 못 버는 것이다. OECD가 2015년에 〈왜 소득 불평등을 줄이는 것이 모두에게 이로운가〉라는 제목으로 발표한 보고서에 따르면,[11] 2012년에 34개 회원국의 부유층 상위 10% 평균 소득은 빈곤층 하위 10% 평균 소득의 9.6배나 됐다. 1980년대에 7배 정도였는데, 그보다 더 커졌다. 2013년 한국의 소득 차이는 OECD 회원국 평균(9.6배)보다 높은 10.1배로 증가했다. 영국과 일본도 약 10배고, 미국은 19배로 소득 차이가 가장 컸다. 반면, 스웨덴(5.8배)·독일(6.6배)·프랑스(7.4배) 등은 평균보다 낮았다.

　10분위 배율의 격차도 커지고 있다. 2010~2014년 국세청 소득 자료를 활용한 10분위별 근로소득 점유율을 살펴보면, 상위 30%에 해당하는 8~10분위의 소득 점유율이 56.3%에서 56.5%로 약간 증가했다. 중위 40%인 4~7분위 몫은 2014년에 31.2%로 2010년

보다 1.3%p 감소했고, 하위 30%인 1~3분위의 소득 점유율은 2010년 11.2%에서 2014년 12.3%로 1.1%p 상승했다.[12] 소득 하위층과 상위층의 몫이 함께 늘어났다는 점에서 양극화가 진행된다고 볼 수는 없다. 하지만 중산층의 소득이 감소하면서 모래시계형 소득 분배 구조가 나타난다.

상위 1%와 10%의 소득 집중

최근 최상위층 소득과 자산의 구성비로 불평등을 측정하는 방법이 관심을 끌고 있다. 대표적인 예로, 토마 피케티Thomas Piketty가 《21세기 자본Le Capital au XXIe siècle》에서 상위 1% 및 10%의 소득과 자산의 구성비를 사용했다.[13] 그리고 21개국의 자료를 활용하며 지난 25년 동안 최고 소득자가 다른 계층보다 엄청나게 높은 수입을 가지면서 불평등이 빠르게 심화되었다고 주장해, 경제성장 초기에 부의 불평등이 심해지다가 장기적으로 점차 줄어드는 경향이 있다는 미국 경제학자 사이먼 쿠즈네츠Simon Kuznets의 '역U자 가설'을 반박했다. 피케티는 오히려 자본이익률이 성장률보다 커진다는 마르크스의 주장을 지지한 것이다.

1990년부터 2010년까지 OECD 회원국 가구당 실질 가처분소득은 연간 1.7%씩 상승했다. 그러나 이것이 소득 상위 10%에 집중되었고, 소득 하위 10%에 해당하는 가구의 소득은 소득 상위 10%의 10분의 1 정도밖에 안 된다. 2015년에 OECD가 발표한 보고서를 보면, 2012년에 1%의 최상위 부유층은 전체 자산의 18%를 보유했

지만 하위 40%는 3%만 가졌다.[14]

한국은 상위 1%, 10%의 소득 구성비를 구하기가 매우 어렵다. 국세청이 관련 자료를 공개하지 않기 때문이다. 김낙년 동국대 교수가 국세청 납세 자료를 토대로 계산해서 '세계의 부와 소득 데이터베이스'에 제출한 통계에 따르면, 1979년부터 2012년까지 상위 10% 가구의 소득이 총소득에서 차지하는 비율은 27.03%에서 44.8%로 상승하고 최상위 1% 가구의 소득이 총소득에서 차지하는 비율은 7.17%에서 12.23%로 상승했다. 17~18%인 미국보다는 낮아도 프랑스, 일본, 타이완보다 높은 수치다.

실질소득의 변화는 불평등의 추이를 더 극명하게 보여 준다. 1979년부터 2011년까지 상위 0.1% 가구의 연간 소득은 1억 3100만 원에서 7억 9500만 원으로 6배 가까이 늘고, 상위 10% 가구의 연간 소득은 1700만 원에서 7900만 원으로 약 4.6배 늘었다. 그러나 같은 기간에 하위 90% 가구의 연간 소득은 500만 원에서 1100만 원으로 2.2배 증가하는 데 그친 데다 1997년 이후 전혀 증가하지 않고 있다.

한국의 소득 증가 속도를 보면, 최근 상위 10%는 1960~1980년대 고도성장 시기와 비슷하지만 하위 90%의 소득은 정체 또는 하락하는 추세다. 1997년 외환위기 이후 고용의 질이 나빠지면서 저소득층의 소득이 급속하게 감소한 결과다. 한국 상위 10%의 소득 집중도가 1994년 29.2%에서 2012년 44.9%로 상승했는데, 이런 소득 증가 속도는 미국·일본·유럽 국가들보다 훨씬 빠르다. 영국, 프랑스, 뉴질랜드는 거의 변화가 없다. 미국과 한국이 상위 10%의 소득 집중도 면에서 각각 1, 2위를 차지하며 덴마크, 스웨덴, 노르웨이

〈표 9〉 주요 국가 상위 10% 소득 집중의 변화(1995~2012)

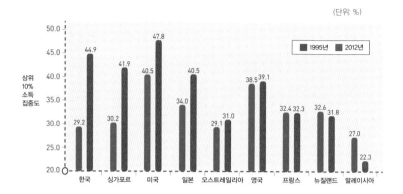

(단위: %)

자료 The World Top Income Database(http://g-mond.parisschoolofeconomics.eu/topincomes)

는 소득 집중도가 가장 낮은 나라로 꼽힌다.

한국은 부자의 자산 집중도도 매우 높다. 크레디트스위스가 2015년에 발간한 보고서에 따르면, 한국의 자산 최상위 1%의 자산 점유율이 34.1%로 26개국 가운데 여섯 번째로 높다. 한국의 순자산을 10분위로 구분했을 때 최상 10분위의 자산 점유율은 62.8%나 된다.[5] 상위 10%의 자산이 나머지 90%의 전체 자산보다도 훨씬 더 많은 것이다. 상위 1%와 5%의 자산 점유율은 각각 34.1%와 52.4%나 되는데, 최하 1분위의 자산 점유율은 −0.3%로 자산보다 부채가 많다. 토지 소유의 집중은 더 심각하다. 최상위 1%가 토지의 55%를 차지한 반면, 하위 72%는 소유한 토지가 전혀 없다.

피케티의 상위층 소득 집중도에 대한 분석은 소수가 소득과 부를 독차지하는 현실을 보여 주지만, 몇 가지 비판을 받기도 한다. 첫째, 최상층 소득만 줄면 불평등도 낮아질 수 있다는 성급한 결론을 이

〈표 10〉 OECD 주요 국가 상위 1%와 10%의 소득 점유율 비교

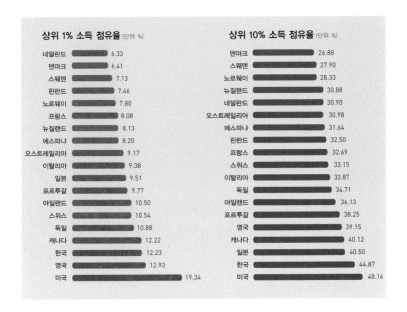

상위 1% 소득 점유율 (단위: %)		상위 10% 소득 점유율 (단위: %)	
네덜란드	6.33	덴마크	26.88
덴마크	6.41	스웨덴	27.90
스웨덴	7.13	노르웨이	28.33
핀란드	7.46	뉴질랜드	30.88
노르웨이	7.80	네덜란드	30.90
프랑스	8.08	오스트레일리아	30.98
뉴질랜드	8.13	에스파냐	31.64
에스파냐	8.20	핀란드	32.50
오스트레일리아	9.17	프랑스	32.69
이탈리아	9.38	스위스	33.15
일본	9.51	이탈리아	33.87
포르투갈	9.77	독일	34.71
아일랜드	10.50	아일랜드	36.13
스위스	10.54	포르투갈	38.25
독일	10.88	영국	39.15
캐나다	12.22	캐나다	40.12
한국	12.23	일본	40.50
영국	12.93	한국	44.87
미국	19.34	미국	48.16

자료 세계 상위 소득 데이터베이스(http://www.wid.world/#Country:29).

끌 수 있다. 피케티는 정부가 최고 소득세율 인상과 75% 세율의 부
유세를 도입하면 불평등이 완화될 수 있다고 본다. 둘째, 소득과 재
산 같은 경제적 불평등만 중시해 교육과 건강 등 불평등의 다양한
차원을 소홀히 한다. 셋째, 최상위층 소득에 대한 관심에 비해 하위
층의 빈곤과 불평등의 현실을 제대로 보여 주지 못하고 있다. 부의
재분배는 최상위층의 지나친 집중을 제한하는 것 못지않게 최하위
층의 빈곤을 줄여야 하는 문제다. 이런 점에서 불평등을 보여 주는
지표로 상대적 빈곤율의 중요성이 제기되고 있다.

상대적 빈곤율의 가파른 상승

빈곤과 불평등을 동일한 개념으로 보는 경우가 있다. 특히 상대적 빈곤을 불평등과 같은 맥락에서 다루는 경우가 많다. 그러나 엄밀한 의미에서 상대적 빈곤과 불평등은 다른 개념이다. 지니계수는 전체 소득 분포를 보여 주기 때문에 상대적 빈곤율이 높아져도 큰 변화가 없는 경우도 있다. 물론 빈곤은 불평등과 밀접히 관련되어 있다. 국가 간 비교 분석을 보면, 빈곤율이 낮은 나라는 빈곤율이 높은 나라에 비해 평등하다. 불평등이 심할수록 부유층이 빈곤층과 자신을 동일하게 생각하지 않으려고 하며, 빈곤층의 지위를 개선하는 재분배 정책에도 덜 호의적이다.

OECD는 빈곤율을 가구별 가처분 중위 소득의 50%를 기준으로, 유럽연합은 60%를 기준으로 측정한다.[16] 즉 이 기준에 못 미치면 빈곤층으로 보는 것이다. 2006년 이후 한국에서도 중위 소득을 기준으로 상대적 빈곤율을 조사해 발표한다. 2014년에 한국의 상대적 빈곤율은 14.6%를 기록해 멕시코, 미국, 터키, 일본, 아일랜드에 이어 여섯 번째로 높고 유럽 국가 평균의 두 배 수준이다. 빈곤율 14.6%는 1000가구 가운데 146가구가 상대적 빈곤층이라는 뜻이다. OECD는 중위 소득의 50% 미만을 빈곤층, 50~150%를 중산층, 150% 초과를 상류층으로 본다.

빈곤갭poverty gap은 국민 전체 소득 중간값과 빈곤층 평균 소득 간 격차를 가리킨다. 이는 빈곤의 깊이를 보여 주는 지표다. 한국의 빈곤갭 비율은 36.03%로 OECD 회원국 평균 28.59%보다 크게 높고 회원국 가운데 다섯 번째로 심각하다. 빈곤율과 빈곤갭은 소득 분

〈표 11〉 OECD 주요 국가의 상대적 빈곤율

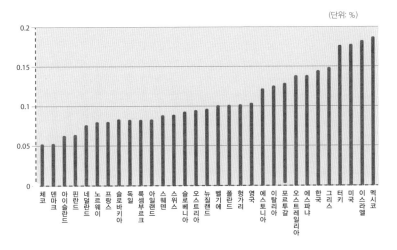

(단위: %)

자료 OECD, Social and Welfare Statistics, *Income distribution*, 2012.

포에서 상대적으로 저소득층의 소득이 낮은 경우에 높게 나타나며 그 대표적인 예가 한국이다. 2015년에 OECD가 발행한 〈고용 전망〉을 보면, 한국은 불안한 지위에서 저임금을 받으면서 장시간 노동에 시달리는 노동자의 비율이 가장 높다.[17]

OECD에서는 중위 임금의 3분의 2보다 적은 임금을 받는 노동자를 저임금 노동자라고 부른다. OECD 회원국의 저임금 노동자 비율은 평균 17.1%다. 한국은 저임금 노동자 비율이 25%로 미국과 같고, OECD 회원국 평균보다 높다. 저임금 노동자가 많다는 것은 파견직과 인턴 등 임시직을 포함한 비정규직 비율이 높은 한국의 현실을 반영한다.

OECD 보고서에 따르면, 2014년 현재 한국의 임시직 비율은 21.7%로 에스파냐(24%)에 이어 두 번째로 높다. OECD 회원국 평

〈표 12〉 OECD 주요 국가 저임금 노동자의 비율

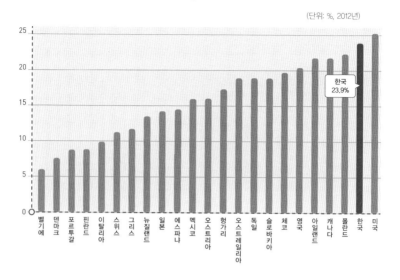

(단위: %, 2012년)

자료   OECD Data(https://data.oecd.org/earnwage/wage-levels.htm).

균(11.1%)과 비교하면 두 배에 가깝고, 임시직이 많다 보니 이직

율도 높다. 현재 직장에서 일한 경력이 1년 미만인 노동자 비율이

30.8%로 평균 17.5%를 나타내는 OECD 회원국 가운데 단연 최고

다. 그리고 이렇게 재직 기간이 짧은 비정규직 노동자가 많은 것은

노동시장의 불평등으로 이어지고 있다.

무엇을 알 수 있나

지난 20년간 통계청 자료에 따르면, 한국의 가처분소득 기준 지니

계수는 노무현 정부 시기인 2003년에 0.283에서 점차 상승하다 이

명박 정부 집권 2년차인 2009년 0.32로 정점을 기록하고 2015년에 0.295로 하락했다. 소득 5분위 배율도 2003년 4.66배에서 점점 상승해 2009년 5.75배로 정점을 찍고 점차 하락해 2015년에 5.11배를 기록했다. 상대적 빈곤율은 2003년 12.1%에서 2009년 15.4%로 정점을 기록한 뒤 2015년 13.8%로 하락했다. 즉 지니계수, 소득 5분위 배율, 상대적 빈곤율 등 불평등 지수들이 모두 2009년에 가장 높았다가 점차 하락했다. 2008년 금융 위기의 충격 이후 경기가 다소 회복되었으며 다른 한편, 2013년 이후 기초연금의 확대와 근로소득세액공제 등으로 최하위 1분위의 소득이 증가해 소득 분배의 지표가 나아진 것으로 보인다.

그러나 한국의 불평등을 측정한 결과는 상당히 혼란스럽다. 앞에서 살펴본 것처럼 세계 여러 나라와 비교하면 지니계수는 중간 정도고, 5분위 배율과 상대적 빈곤율은 중상 수준인데, 상위 1%와 10%의 소득 집중도는 미국과 함께 세계 최고 수준이다. 문제는, 불평등을 측정하는 지표에 따라 결론이 다르다는 것이다. 그렇다면 측정 방법에 따라 코끼리의 일부만 만지고 코끼리의 전부라고 말하는 것인지도 모른다. 그래서 학자들 중 상당수는 가계소득 조사를 위한 설문 조사라는 방법의 한계를 지적하며 국세청 자료를 이용해야 한다고 하는데, 국세청 자료도 완전하게 객관적이라고 보기 어렵기 때문에 실제 소득 집중은 더 크다고 짐작할 수 있다. 이런 점에서 불평등의 측정 결과를 복합적으로 해석할 필요가 있다. 사회의 특정 인구 집단이 더 불평등한 위치에 있는 현실은 다음 장에서 자세히 살펴보자.

4

밑바닥으로 밀려난 사람들

"오, 운명의 여신이여. 달처럼 그대는 변화무쌍하구나. 찼다가 기울고 혐오스런 삶이여, 괴롭히다 달래 주며 나를 희롱하는구나. 가난과 부조차 얼음처럼 녹이는구나." 칼 오르프Carl Orff가 중세 유럽의 음유시인들이 쓴 시를 노랫말로 삼아 만든 극음악 〈카르미나 부라나Carmina Burana〉 중 한 대목이다. 정말 가난과 부는 운명의 여신이 정하는 것일까?

200년 전까지도 세계 최고의 지식인들은 가난과 부를 숙명으로 받아들였다. 18세기 영국의 목사이자 경제학자인 토머스 맬서스Thomas Robert Malthus는 '대중의 빈곤은 신의 섭리'라고 믿었다. 그리고 《인구론An Essay on the Principle of Population》에서 식량보다 인구가 더 빨리 증가하기 때문에 빈곤은 해결될 수 없다고 주장했다.[1] 그는 빈곤의 원인으로 주체할 수 없는 '성적 충동'을 지적했다. 노동자들이 자식을 너무 많이 낳기 때문에 가난하다는 주장이었다. 물론 그의 주장은 오류로 판명되었다. 인구보다 생산력의 증가가 빨랐기 때문이다. 생활수준이 높아지면서 출산율은 오히려 줄었다. 그가 걱정한 성적 충동은 줄지 않았지만, 노후를 자녀에게 의존하는 가정이

099

줄었기 때문이다.

19세기 이후 자본주의경제는 역사상 가장 빠른 성장률을 기록하고 이집트의 파라오와 중국의 진시황보다 더 거대한 부를 형성했다. 그러나 가난은 사라지지 않았다. 19세기 말 영국 런던의 빈곤층을 조사한 영국 기업가 찰스 부스Charles Booth가 말한 빈곤선 이하의 절대적 궁핍은 거의 사라졌지만 새로운 빈곤이 등장했다. 모든 사람이 갖는 필수품을 못 갖는 '상대적 박탈'이 바로 그것이다. 오늘날 정장과 넥타이는 생존에 꼭 필요한 것은 아니지만, 회사 면접을 위한 필수품이다. 전화기와 인터넷도 생존에 필수적인 것은 아니지만, 사회참여를 위한 필수품이 되었다. 이런 것들을 못 가졌을 때 상대적 박탈감이 생기고, 결국 빈곤은 사회의 불평등을 반영한다.

영국 사회학자 피터 타운젠드Peter Townsend는 10년 연구의 결과로 1979년에 펴낸《영국의 빈곤Poverty in the United Kingdom》에서 인간의 생존에 절대적으로 필요한 필수품조차 상대적인 것이라고 주장했다.[2] 필수품은 사회에 따라 바뀌었고 앞으로도 계속 바뀔 것이다. 그는 "인간은 직장과 가족과 공동체의 관계망 속에 얽힌 사회적 동물"이라고 강조했다. 경제적 인간은 빈곤을 소득의 박탈로 측정하지만, 사회적 인간은 빈곤을 참여와 역량의 박탈로 파악한다. 빈곤은 소득의 문제가 아니라 사회의 문제이기 때문이다.

가족 배경, 성별, 연령, 지역에 따른 불평등을 무시하고 모두가 평등한 선에서 출발해 경쟁한다고 보는 시각은 한계가 많다. 시장에 영향을 주는 계급과 계층구조, 사회적 지위, 정부의 정책이 부와 가난을 만드는 중요한 요소이기 때문이다. 앞 장에서 소개한 소득 관련 통계에 기초한 불평등의 측정이 전체적인 소득 분포는 보여 주지만, 구체적으로 어떤 사람이 불평등한 사회경제적 지위로 고통을 겪는지를 자세하게 보여 주지는 못한다. "당신의 사진이 만족스럽지 못하다면, 그건 충분히 다가가지 않았기 때문이다." 더 가까이 다가가라는 사진작가 로버트 카파Robert Capa의 말은 이 경우에도 들어맞는다. 가까이에서 들여다보면 사회의 불평등이 모든 사람에게 똑같이 적용되지 않는다는 것을 알 수 있다. 노인, 여성, 청년은 고용률이 낮으며 빈곤의 위험에 처할 가능성이 크다.[3] 빈곤 아동, 장애인, 이주 노동자, 난민은 하층민의 삶에서 벗어나기가 어렵다. 도시 빈민, 수형자, 소년원생, 노숙자, 성소수자는 사회의 유령 취급을 받기도 한다. 이런 점에서, 불평등의 사회학적 특징을 이해하려면 인구사회학적 집단에 따른 통계 수치를 정확하게 봐야 한다.

여자가 남자보다 가난하다

1930년대 청계천변이 배경인 박태원의 소설《천변풍경》에 이런 대목이 나온다. "고생은 날 적부터 나온 제 팔자다. 가난한 것은 이미 아무렇게도 하는 수 없는 것이었고, 잘못 만난 서방 탓으로, 밤낮 속으로 썩히는 것에도, 이제는 완전히 익숙했다."[4] 빨래하는 여인들의 한숨 속에 오랜 슬픔이 배어 있다. 당시와 달리 지금은 여성이 참정권을 행사하고 대학에 진학하며 기업에서 남성과 동일 임금을 받도록 하는 법도 있지만 여성에 대한 차별은 끝나지 않았다. 대학을 나와도 여성의 취업, 임금, 승진상 차별이 '유리 천장'으로 작용하는 데다 출산과 육아의 부담을 고스란히 져야 하기 때문이다.

〈표 13〉 OECD 주요 국가의 남녀 임금격차

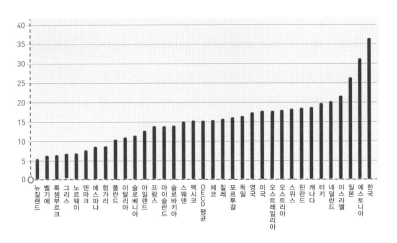

자료 OECD, Employment Database, 2014.

오늘날 한국 남성과 여성의 불평등은 세계에서 가장 심각한 수준이다. 세계경제포럼WEF의 〈2015년 세계 성차별 보고서〉에 따르면, 남녀의 임금격차로 본 평등 수준이 전 세계 143개국 중 101위다. 그리고 한국 여성의 경제활동참가율은 56%로, 남녀의 경제활동참가율 차이로 본 평등 수준은 145개국 중 90위다.[5]

19세기 유럽의 유대인, 20세기 미국의 동성애자처럼 21세기 한국의 여성은 여전히 2등 시민이다. 투표권과 대학 진학률은 남성과 평등해졌지만 노동시장에서 위치가 아주 불평등하기 때문이다. 2015년 현재 노동시장에 진출한 여성 중 3분의 1 정도만 정규직 노동자고, 열 명 중 네 명이 저임금 노동자다. 한국 여성의 비정규직 비율이 OECD 회원국 가운데 1위다. 2014년을 기준으로 한국 여성은 남성보다 임금을 36.7% 적게 받는데, OECD 회원국 평균 남녀

임금 차이는 15.6%다. 고용률 차이는 OECD 회원국 평균 12.6%의 두 배에 가까운 21.9%다.

남녀의 불평등에 따른 가장 심각한 문제는 여성 노인의 빈곤이다. 여성은 연령이 높을수록 노동시장에 참여하는 비율이 낮기 때문에 공적연금을 받지 못하거나 매우 낮은 액수를 받을 가능성이 크다. 2014년 현재 65세 이상 고령자 고용률이 31.3%로 전년(30.9%)보다 0.4%p 증가했고, 2010년 이후 지속적으로 증가하는 추세다. 하지만 이 또한 남성은 42.1%, 여성은 23.5%로 남성이 18.6% 높다.[6] 여성이 남성보다 기대여명은 높지만 돈을 벌 기회는 훨씬 적은 것이다. 실제로 대부분의 여성 노인이 배우자보다 오래 살면서 경제적으로 어려움을 겪는다. 자녀의 부양을 받을 수 없는 경우에 상황은 더 심각하다. 현재 노동연령 세대의 여성도 저임금 비정규직이 많고 공적연금 가입률이 낮은 현실을 고려하면, 노후 보장을 받을 수 없는 여성 노인의 빈곤은 지속될 가능성이 크다.

노인을 위한 나라는 없다

한국 노인은 가난하다. 한국은 세대 간 불평등이 매우 심각하다. 산업화 세대인 현재 노인들의 희생으로 한국 경제가 성장했지만, 그 주역인 많은 노인들이 가난 속에 방치되고 있다. 국민연금 도입이 늦어서 연금을 수령하는 노인이 전체 노인의 3분의 1 수준에 그치고, 최근 모든 노인을 대상으로 생긴 기초연금은 액수가 너무 적다. 반면에 기대여명의 연장에 따라 연금과 의료 및 복지 비용은 기하

급수적으로 증가했다. 정부가 노인 일자리를 늘리겠다고 호들갑을 떨지만, 이미 노인 고용률은 세계 최상위권이다. 노인 일자리가 없어서 가난한 것은 아니다. (50대와 마찬가지로) 60대의 고용은 OECD 회원국 평균에 비해 매우 높은 수준이지만, 노인 가운데 절반이 빈곤층이다. 2015년 OECD 보고서에 따르면, 65세 이상 노인층의 상대적 빈곤율이 49.6%로 OECD 회원국 평균(12.6%)의 네 배에 가까운 높은 수치다. 이것은 노인층 안에서 빈부 격차가 심각하고 저소득 노인층에 대한 복지 정책이 상대적으로 취약하다는 뜻이다.

국민기초생활보장제도는 자녀의 노인 부양 의무를 규정했지만, 가난한 노인이 모두 자녀의 도움을 받을 수 있는 것은 아니다. 자녀의 부양 능력 유무를 가르는 기준이 중위 소득 140%이기 때문에, 저소득층의 경우 실질적 도움을 주기 어려운 경우가 많다. 오히려 자녀의 실직, 사업 실패 탓에 고령의 부모가 재산과 소득과 연금과 주택까지 잃어버리는 경우도 있다. 빈곤 노인 중 약 3분의 1이 자녀를 돕다가 빈곤 위험에 직면했다는 분석이 있다. 자녀를 구하다가 함께 빈곤의 나락으로 떨어지는 경우가 많은 것이다.

65세 이상의 일하는 노인들도 가난하기는 마찬가지다. 고령층 노동자 중 56.5%가 저임금 노동자고, 37.1%는 최저임금에도 못 미치는 임금을 받고 있다. 전체 노동자 중 저임금 노동자의 비율 및 최저임금 이하를 받는 노동자의 비율과 비교하면 두세 배를 넘는 수준이다. 특히 고령층 여성 노동자 열 명 중 일곱 명은 저임금을 받고, 절반은 최저임금도 못 받는다.[7] 2015년 통계청의 근로 형태별 부가 조사 결과를 연령별로 살펴보면, 다른 세대에 비해 60대 이상의 저임금 노동자 비율이 압도적으로 높다.

〈표 14〉 한국의 저임금 노동자 비율

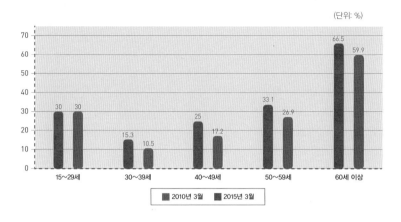

주　저임금 노동자는 중위 소득의 3분의 2, 즉 2015년 3월 기준으로 시급 6904원 미만을 받는 노동자다.

자료　통계청, 〈경제활동인구조사 근로 형태별 부가 조사〉, 2015.

　한국 노인의 높은 빈곤율은 치명적이다. 지난 몇 해 동안 OECD 회원국 가운데 가장 높은 수준인 노인 자살률이 이를 증명한다. 사고, 질병, 사업 실패, 사기 등 여러 이유로 빈곤의 늪에 빠져 살아갈 의욕을 잃는 경우가 있다. 이와 동시에 가족과 단절되거나 배우자와 사별해 고독감이 커지고 삶의 만족감은 낮아진다. 노인 빈곤은 노후의 삶에 어두운 그림자를 드리운다.

빈곤 세대가 된 청년 세대

한국 청년들의 삶은 벼랑 끝에 있다. 2016년에 구의역 스크린도어를 수리하던 비정규직 청년 노동자가 사망한 사건은 우연한 비극이 아니라 사회가 만든 재난이다. "너의 잘못이 아니야"라고 적힌 추모 쪽지에 진실이 담겨 있다. 서울시·서울메트로·외주 업체 도급의 비리 사슬도 문제지만, 사람보다 이윤을 중시하는 사회가 이렇게 끔찍한 비극을 만들었다. 김 군의 유품으로 발견된 컵라면은 우리 가슴을 아프게 한다.

오늘날 청년 세대는 다른 세대보다 더 불평등한 상황에 놓여 있다. 전통적으로 청년 세대는 노동을 하기 때문에 빈곤층이 적은 편이었다. 그러나 최근 청년 세대의 실업률과 비정규직 비율이 높아지면서 그들의 불평등 수준도 심각해졌다. 2000년대 말에 '88만 원 세대'라는 단어가 유행했을 정도로 청년 저임금 노동자가 급증했다. 오늘날 기성세대는 청년들의 고통 위에 살고 있는 셈이다. 기성세대는 청년들의 빈곤, 불평등, 사회적 배제를 거대한 시스템으로 만든 책임이 크다. 기성세대가 아무 일도 하지 않는다면 청년들에게 너무 큰 죄를 짓는 것이다.

청년 세대는 '빈곤 세대'가 되었다. 2년제와 4년제 대학생 비율이 85%가 넘지만 대학 졸업장은 별 소용이 없다. 오히려 대학에 가서 공부할수록 더 가난해진다. 2008년 외환위기 이후 빚을 진 대학생이 급격히 늘어나 '학생-채무자'라는 새로운 계급이 출현했다.[8] 최악의 취업난 속에서도 학자금 대출이 12조나 되니 학자금 대출 연체로 신용 불량자가 되는 사람도 있다. 대학을 졸업해도 양질의 일자리를 얻지 못하면 학자금 대출의 덫에서 빠져나오기 어렵다. 형편이 이러니 학자금 대출은 복지가 아니라 청년 세대를 '부채 세대'로 만드는 족쇄가 되고 있다.

이처럼 대학 졸업장이 별 소용없지만 대학 진학률은 좀처럼 낮아지지 않는다. 대졸자가 고졸자보다 높은 임금을 받기 때문이다. 또한 머리를 쓰는 노동보다 몸을 쓰는 노동을 비하하는 문화의 영향도 있다. 육체노동을 하는 중소기업은 일손이 부족해서 외국인 노동자를 채용하지만, 정작 한국인 대졸자는 갈 곳이 없다.

통계청이 발표한 〈2016년 6월 고용 동향〉에 따르면 청년 실업률이 10.3%로 1999년 이래 최고치다.9) 전체 실업률(3.6%)에 비해 청년 세대의 실업률은 지나치게 높다. 그래서 취업, 연애, 결혼을 포기한 '삼포 세대'가 오늘날 대한민국의 20대에 붙은 슬픈 별칭이 되었다. 젊음의 돛을 달고 인생을 항해할 청년들이 꿈을 잃어 간다.

청년 가운데 아예 취업을 포기한 사람도 늘어나고 있다. 15~29세 청년 대졸자 네 명 중 한 명은 '니트'족이다. 니트족은 어디에도 고용돼 있지 않고 교육·훈련도 받지 않는 사람을 가리킨다. OECD 회원국 평균(12.9%)보다 두 배 가까이 높은 비율로 전체 청년 인구의 18.5%(163만 명)에 이른다.10) 대졸 니트족의 비중은 OECD 회원국 가운데 그리스, 터키 다음으로 한국이 높았다. 대졸 이상의 고학력 니트족과 비경제활동 니트족의 비율이 높아진 이유는 무엇인가? 이는 노동시장에서 인력 수급의 구조적 불일치 때문이다. 대졸자는 학력에 맞는 일은 원하기 때문에 월급이 적고 매력이 없는 곳에 취업하기보다 차라리 '공시족'(공무원 시험 준비생)이 되어 양질의 일자리를 얻을 때까지 취업 준비 기간을 늘리는 전략을 택한다. 2015년 통계청 자료에 따르면, 취업 준비생 65만 명 중 40%인 26만 명이 공시족이다. 통계를 증명하듯 같은 해 9급 공무원 공채 시험에 역사상 최대 인원인 22만 명이 응시해 51 대 1이라는 치열한 경쟁률을 기록했다.

공시족이 증가하는 가장 큰 이유는 공무원의 고용 안정성이 높기 때문이다. 1990년대 후반 민간 기업에서 구조조정과 정리해고로 조기 퇴직한 인구가 급증하면서 공무원에 대한 인기가 상승했다. 1990년대 대학의 인문사회계 정원이 급증했지만 탈산업화와 정보화로 인해 대졸 회사원 일자리는 감소하는 추세다. 민간 기업의 정규직 일자리가 줄어들어 공무원을 선호하는 학생들이 증가한 것이다. 한편 공무원에 대한 전통적 선호와 관존민비의 유산도 영향을 주었을 것이다. 결국 공시족의 급증은 산업 정책의 실패, 무책임한 교육정책, 대기업의 고용 정책, 사회안전망의 부족이 복합적으로 연결되어 만든 결과다.

2009년부터는 공무원 시험의 연령 제한이 폐지되어 몇 년씩 시험을 준비하는 사람도 많아졌다. 수험 기간이 길어지면 수험생들은 경제적 어려움에 부딪힐 뿐만 아니라 인간관계가 단절되어 우울감과 불행감도 커진다. 대졸자가 80%를 넘는 학력 과잉 상태에서 '대학생이 눈높이를 낮추어야 한다'는 이명박 전 대통령의 말은 현실성이 없고, '대한민국이 텅텅 빌 정도로 중동에서 일자리를 찾아보라'는 박근혜 전 대통령의 발언은 일자리 문제를 개인의 탓으로 돌렸기에 청년들에게 조롱을 받았다. 장기적으로 높은 교육 수준과 높은 청년 실업률이 만든 빈곤의 만연은 사회를 파괴할 것이다. '빈곤은 혁명과 범죄의 부모'라고 경고한 아리스토텔레스의 말을 잊지 않아야 한다.

점점 낮아지는 청년 고용률도 심각하다. 이미 오래전에 대학생 취업률이 50% 이하로 하락했는데, 최근에는 40% 수준이 되었다.

〈표 15〉 OECD 주요 국가 청년 니트 유형별 비율(15~29세, 2013년)

(단위: %)

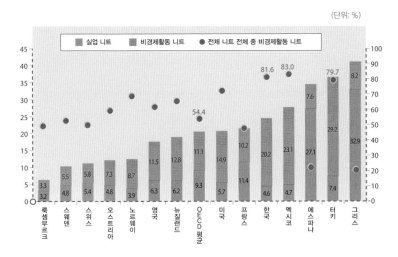

주   1. 한국은 2013년 기준이고 일본, 칠레, 아이슬란드는 자료가 없어 제외한
다. 2. 청년 니트는 구직 활동 여부에 따라 실업과 비경제활동으로 나뉜다.
자료   국회입법조사처, 〈OECD 주요 국가 청년 니트의 특징 및 시사점〉,《지표로
보는 이슈》제40호, 2015.

힘들게 직장을 잡아도 비정규직이 거의 절반 수준이다. 2016년 고
용노동부 자료를 보면, 중소기업 비정규직의 임금은 대기업 정규직
임금의 35%에 불과하다. 그러니 청년들의 경제적 자립도 어렵고
결혼도 어렵다. 결혼해서 더 가난해지느니 혼자 살겠다고 비혼을
선택하는 사람이 점점 늘고 있다. 그 결과 초혼 연령이 지난 20년
동안 5세나 증가했다. 결혼 후에도 소득이 낮을수록 출산율이 낮은
추세가 이어져, 출산율은 1.17명으로 세계에서 가장 낮은 수준이 되
었다. 이는 장기적으로 경제성장을 둔화시키고 사회의 활력을 사라
지게 만들 것이다. 청년 세대의 비극은 곧 한국의 비극이 될 것이다.

극빈국의 가난한 사람들

세계은행 수석 경제학자였던 브랑코 밀라노비치Branko Milanovic는 개인보다 국가들이 더 불평등하다고 주장했다.[11] 가난한 나라에 태어난 사람의 소득은 태어날 때부터 결정되고, 그의 노력은 미미한 역할밖에 할 수 없다. 개인은 국가의 경제성장률을 좌우할 수 없다. 유일한 대안은 이주뿐이다. 부유한 국가는 절대적 빈곤을 없애고 '대량소비사회'로 진입한 지 오래되었지만, 대다수 국가는 빈곤에 발이 묶여 있다. 세계화와 자유무역으로 부유한 국가들은 더욱 부유해졌지만, 가난한 국가들은 여전히 가난으로 고통을 겪고 있다.

옥스팜의 2014년 보고서 〈소수를 위해 일하기Working for the Few〉에 따르면, 전 세계 상위 1% 부자의 재산이 나머지 99%의 재산을 합친 것보다 많아졌다.[12] 세계에서 가장 부유한 62명이 보유한 재산은 세계 인구의 하위 50%인 약 36억 명이 보유한 재산과 맞먹는다. 하위 50% 인구의 재산은 2010년 이후 5년간 41% 줄었지만 62명 최상위 부자들의 재산은 같은 기간에 5000억 달러(약 605조 7500억 원)가 늘어 1조 7600억 달러가 되었다. 2010년 최상위 부자 388명의 재산이 하위 50% 인구의 재산과 맞먹는 정도였던 것을 감안하면 불평등 정도가 빠르게 심해졌다. 매우 충격적인 수치다.

2011년 영국 경제지 《이코노미스트》는 전 세계 부의 불평등이 심화되고 있다고 분석하는 기사를 실었다.[13] 상위 1% 부자는 전 세계 부의 43%를 차지하고, 상위 10% 부자는 83%를 차지하고 있다. 소득 하위 50%는 단 2%의 부만 소유한다. 소득 분배를 나타내는 지니계수가 점점 나빠지지만, 조세를 통한 빈부 격차의 완화 효과는 오히려 줄어들고 있다. 이런 수치는 전 세계적 차원에서 불평등이 매우 심각해지고 있으며, 부유한 국가의 사람들이 가난한 국가 사람들의 생활수준을 높이는 조치에 관해 긴급한 의무가 있다는 점을 보여 준다.

세계의 부는 증가했지만 여전히 상당한 수의 극빈층이 존재한다. 2015년 현재 전 세계에 하루 수입 1.25달러 미만으로 살아가는 빈곤층이 8억 3600만 명이다. 오랫동안 세계은행은 국제 빈곤선extreme poverty을 1일 1.25달러로 고정하고, 저발전국과 개발도상국을 대상으로 세계빈곤율global poverty rate을 추정해 발표했다. 이 기준에 따르면, 개발도상국에서는 5명 중 1명이 빈곤층에 속하는 것으로 추산된다. 전 세계 인구의 약 13%에 해당한다. 2015년에 세계은행은 물가상승률을 반영해 국제 빈곤선을 1일 1.90달러로 상향 조정하기로 했다. 이럴 경우 빈곤층 인구는 현재보다 1억 4800만 명이 증가해 전체 극빈층은 약 10억 명에 달한다. 이들에게는 국제사회의 구호가 절실하다.

스위스 사회학자 장 지글러Jean Ziegler가 말한 대로 "문제의 핵심은 사회구조다. 식량 자체는 풍부하게 있는데도, 가난한 사람들에게는 그것을 확보할 경제적 수단이 없다."14) 미국의 잠재적 곡물 생산량으로 전 세계 사람들이 먹을 수 있고, 프랑스의 곡물 생산으로 유럽 전체가 먹고살 수 있다. 그러나 지금도 하루에 어린이 10만 명이 죽어 간다. 5초에 한 명씩 어린이가 죽는다. 전쟁이나 테러의 희생자보다 더 많은 사람들이 굶주림에 죽어 가고 있다.

일부 경제학자들은 지난 30년 동안 국제 빈곤의 추이를 분석하며 낙관적인 전망을 설파한다. 2005년 1.25달러를 기준으로 보면,

1981~2005년 세계 빈곤율은 52.2%에서 25.7%가 되어 약 절반으로 감소했다. 이는 1980년대 이후 세계 빈곤 인구의 절반 이상을 차지하던 아시아 국가에서 빈곤율이 극적으로 감소했기 때문이다. 특히 중국의 빈곤율은 1960년대 50% 수준에서 2000년대에 10% 미만으로 감소했다. 그러나 모든 나라에서 비슷한 결과를 얻은 것은 아니다. 동아시아에 비해 중남미와 북아프리카 지역 국가의 빈곤율은 상대적으로 낮은 비율로 감소했다. 가장 심각한 사하라사막 남쪽 아프리카 국가의 빈곤율은 1980년대 이후 제자리걸음이다.

동아시아에서 중국의 불평등은 특히 심각하다. 중국은 절대 빈곤율이 극적으로 낮아져 기아의 공포에서 벗어났지만, 그 이면을 주목해야 한다. 지난 30년 동안 가장 빈곤율을 낮추는 성과를 얻는 대신 불평등이 빠르게 증가했다. 동유럽과 러시아 등 구공산권 국가보다 불평등 수준이 훨씬 높다. 중국 국가통계국에 따르면 2014년 지니계수가 0.469지만, 시난차이징대학의 중국 가정금융조사연구센터는 0.61로 추정했다. 베이징대학의 중국 사회과학조사센터에 따르면 2012년에는 0.73에 달했다.[5] 중국 공산당도 불평등의 심각성을 인식하고 의식주 걱정이 없는 '소강 사회', 조화로운 '화해 사회' 등을 내걸고 재분배 정책을 강조했다. 하지만 조세, 공적 이전, 사회보장 등을 통해 이루어지는 중국의 재분배 정책은 복지 혜택 수준이 충분하지 못하고 소득세율이 낮으며 역진적이라는 평가를 받는다. 부자들이 상대적으로 세금이나 보험료를 적게 내면서 혜택은 많이 받아, 재분배 정책이 오히려 불평등을 악화시키는 셈이다. 이는 중국의 지속적인 경제성장을 가로막아 사회통합에 큰 위협이 되고 있다.

불평등의 불평등

명탐정 셜록 홈스가 사건을 해결할 때 가장 어려워하는 것은 '아무런 특징 없는 흔해 빠진' 사람들에 관한 문제다. 불평등으로 고통받는 사람들은 가난한 사람들이라는 공통점 외에는 아무런 특징도 없을까? 아니다. 앞에서 살펴보았듯이 지니계수와 빈곤율의 수준은 사회의 계층, 연령, 성별, 지역 같은 변수에 따라 다르게 나타난다.

세계적 차원에서 한국을 포함해 많은 국가가 점점 불평등 사회로 변하고 있다는 증거가 나타나지만, 불평등이 모든 사람에게 동일하게 나타나지는 않는다. 불평등의 심화 때문에 저임금 노동자, 여성, 노인, 청년 들이 저소득층과 취약 계층이 되고 있으며 계급, 성별, 인종에 따른 불평등이 더욱 커지고 있다. 아리스토텔레스는 "폴리스에서 벗어난 사람은 신이 아니면 동물"이라 말했다. 밑바닥으로 떨어진 사람들은 사회에서 배제된다. (이 장에서 논의하지 않았지만 빈곤 아동, 장애인, 이주 노동자, 난민도 사회에서 배제되고 있다.) 가난한 사람들은 공동체가 없기 때문에 존중받지도 못한다.

소득 분배의 인구학적 불균형은 불평등의 구조적 원인에서 비롯된다. 노동시장에서 차별받고 배제되는 여성, 노인, 청년이 빈곤층으로 전락하는 사회현상은 불평등이 구조적으로 사회를 분열시킨다는 사실을 보여 준다. 이런 점에서 계층별 불평등은 단순히 고소득층을 고율의 세금으로 징벌하거나 저소득층에게 현금 급여를 확대하는 것으로 해결되지 않는다. 불평등은 여성 차별, 조기 퇴직, 청년 실업, 사회보험의 사각지대, 재분배의 실패가 복합적으로 작용한 결과다. 불평등을 만드는 원인은 다음 장에서 살펴보자.

2부

왜 한국은
불평등한
나라가 되었나

5

불평등이 심해지는 이유

서해의 항구도시 군산에 관한 묘사는 채만식의 〈탁류〉만 한 것이 없다.

> 이렇게 에두르고 휘돌아 멀리 흘러온 물이 마침내 황해 바다에다
> 가 깨어진 꿈이고 무엇이고 탁류째 얼러 좌르르 쏟아져 버리면서 강
> 은 다하고, 강이 다하는 남쪽 언덕으로 대처 하나가 올라앉았다. 이것
> 이 군산이라는 항구요. 이야기는 예서부터 실마리가 풀린다. 그러나
> 항구래서 하룻밤 맺은 정을 떼치고 간다는 마도로스의 정담이나, 정
> 든 사람을 태우고 멀리 떠나는 배 꽁무니에 물결만 남은 바다를 바라
> 보면서 갈매기로 더불어 운다는 여인네의 그런 슬퍼도 달코롬한 이야
> 기는 못 된다.[1]

일제강점기였던 1930년대 군산 사람들의 삶을 기록한 이 소설에서 아내와 4남매를 키우는 가장, 정 주사가 등장한다. 그는 서천 출신으로 "겨우 굶지나 않는 부모의 덕에" 서당에 다니고 보통학교도 졸업했다. 선산 한 필, 논 4000평, 달랑 집 한 채를 유산으로 받았지

만 모조리 팔아 빚을 갚고 군산에서 800원짜리 집 한 채를 장만하니 남은 돈은 200~300원밖에 안 됐다. 그래도 보통학교를 나온 덕에 스물세 살에 군청의 임시 직원이 되어 13년간 일했다. 그러다 졸지에 실직자가 되니 적은 월급으로 살림을 하다 얻은 빚만 남았다. "두루두루 생각했으나 별 수가 없고", 이때부터 미두에 손을 댔다.

쌀을 거래하는 미두장은 오늘날의 주식시장이라고 할 수 있지만, 실은 '군산미곡취인소'라고 써 붙인 공인 도박장과 다름없다. 실직후 미두로 돈을 모두 날린 정 주사는 결국 "월급 서민층에서나마 굴러 떨어지고", "그런 뒤로는 미두군으로, 미두군에서 다시 하바꾼으로" 전락했다. 하바꾼은 밑천도 없이 투기하는 사람이다. 먹고살길이 막막한 정 주사네 집은 가난하기 그지없다. 부인이 삯바느질로 돈을 버는데, 남편이 그 돈을 얻어 쓰는 신세가 되었다. 그는 죽고 싶다는 생각을 수도 없이 했지만, 막상 그러지는 못했다. 저녁은 "싸라기 한 되로 콩나물죽을 쑤어 먹고" 아침은 "판판 굶었다." 집에서 자신을 기다리는 자식이 있지만 쌀을 마련할 도리가 없다. 막노동을 해 보려고 했지만 몸이 약해 열흘이나 누워 있어야 했다. 그는 "입만 가졌지 손발이 없는 사람"이 되었다. 채만식은 정 주사 같은 사람을 '인간 기념물'이라고 불렀다.

빈곤과 불평등을 만든 사회구조

일제강점기 군산은 일본인에게는 천국이고 한국인에게는 지옥과 같았다. 월명산 아래 평지에 일본식 가옥이 들어선 월명동, 영화동은 일본인들의 거주지였다. 반면, 산동네에 움집과 토막집이 게딱지같이 다닥다닥 붙은 개복동·둔율동에는 한국인이 살았다.

> 방이라야 안방 하나, 건넌방 하나 단 두 개뿐인 것을 명님이네가 도통 오 원에 집주인한테서 세를 얻어 가지고, 건넌방은 따로 먹곰보네한테 이 원씩 받고 세를 내주었다. 대지가 일곱 평 네 홉이니, 안방 세 식구, 건넌방 세 식구, 도합 여섯 사람에 일곱 평 네 홉인 것이다.[2]

처절한 가난 속에 셋방살이로 힘겹게 살아가는 사람들을 채만식은 '내일이 없는 사람'이라고 불렀다. 일제강점기에 임시직 노동자에서 실업자가 되고 극빈층으로 전락한 정 주사가 살아가는 이야기가 오늘날 한국의 풍경과 크게 다르지 않다. 그가 절망에 빠져 쓸쓸히 바라보던 째보선창, 정 주사네 오막살이가 있던 개복동 너머 콩나물고개, 정 주사의 딸 초봉이 비정규직으로 일하던 정거장 근처 제중당약국, 초봉을 사랑하고 의사 시험을 준비하는 승재가 일하던 금호병원, 고태수가 정규직으로 다니던 조선은행 군산 지점 등 소설 속 장소만 남은 것이 아니다.

당시 대학을 나온 지식인도 취직할 곳이 없는 현실은 절망적이었다. 그런 상황이 1934년에 강경애의 소설 〈인간문제〉에 묘사되었다.[3] 주인공 신철은 대학을 다니다 집을 나오고 인천 부두에서 처음으로 노동을 경험한다. "점심 먹는 시간 사십 분 동안을 내놓고 아침 여섯 시부터 저녁 여덟 시까지 일을 마친 신철이는 전신에 맥이라고는 다 끊어진 듯하였다." 신철은 바로 하루 품삯을 타기 위해 거의 한 시간이나 기다린다. 전표와 돈을 바꾼 뒤 "비로소 돈 사십육 전을 쥔 신철이는 하루의 품삯이 오십 전임을 알았다. 그리고 사전은 돈 바꿔 주는 중간 착취배가 또 하나 나타나서 오십 전에 사전을 벗겨 먹는 것임을 알았다." 하루 열한 시간 넘게 일하는 부두노동자의 품삯이 겨우 50전이었다. 당시 노동자의 하루 품삯 평균이 약 90전인 점을 고려하면 매우 낮다.[4] 평균 소득도 생존 임금밖에 안 됐다.

당시 사람들은 왜 가난에서 벗어나지 못했을까? 식민지 조선은 세계 자본주의에 편입되고 제국주의의 수탈 대상이 된 현실의 모순을 안고 있었다. 자급자족하는 소농 경제가 무너지고 일본을 위한 쌀 수출 기지가 되어 버렸다. 식민지의 기능인을 양성하는 방편인 보통교육을 받아도 제대로 직장을 구하기는 매우 어려웠다. 농민, 노동자, 지식인이 모두 오갈 데 없는 신세가 되었다. 그들의 삶을 가난이 지배한 것은 게으름이 아니라 식민지라는 역사적 상황과 사회 경제적 차별 때문이었다.

능력주의라는 기준으로 보면 가난한 사람은 손가락질의 대상이 될 수 있다. 그러나 일본 기업이 사라지고 민족 기업이 등장했으며 대다수 청년들이 대학 졸업자인 지금도 여전히 가난은 존재한다. 좀 더 자세히 살펴보면 20세기 초 식민지 조선과 21세기 한국의 현실은 크게 다르지 않다. 무엇보다 부모의 재산이 자녀의 삶을 결정한다. 그리고 직업에 따른 소득이 사회적 지위를 좌우한다.

이 장에서는 현대사회에서 불평등이 심해지는 이유를 크게 세 가지로 나눠 분석하려고 한다. 세계화와 기술의 변화 같은 구조적 변화의 분석, 정부의 감세 정책과 노동조합의 약화와 같은 행위자 차원의 분석, 정치와 복지 체제 등 제도의 분석에 중요한 의미가 있다. 이런 분석은 단지 한국 사회만이 아니라 세계의 모든 선진 산업사회에도 그대로 적용할 수 있다. 세 가지 이유가 서로 복잡하게 얽혀 영향을 주고받기 때문이다.

세계화에 소외된 사람들

불평등은 세계적 현상이다. 불평등의 원인도 세계적 차원에서 발생한다. 1980년대에 많은 학자들이 세계화가 불평등을 심화했다고 주장했다. 기업의 경제활동은 점점 지구적 수준으로 확장되어 경쟁이 치열해졌다. 임금이 싼 노동자를 찾아 공장을 해외로 옮겨 유럽과 미국에서 제조업은 공동화되고 노동자들은 실업자가 되었다. 독일 저널리스트 한스 페터 마르틴Hans-Peter Martin과 하랄드 슈만Harald Schumann은《세계화의 덫Die Globalisierungsfalle》에서 세계화가 불평등을 심화해 '20:80 사회'를 만든다고 주장했다.[5] 이 책은 한국에서도 번역되어 1997년 외환위기 직후 큰 인기를 얻었다. 그 후 세계화가 노동시장에서의 불평등 심화에 영향을 미쳤다는 주장이 널리 퍼졌다.

　세계화를 가속한 주요 원인은 20세기 후반 운송 수단과 통신 기술의 발전이다. 미국 달러 중심의 국제통화 질서를 만든 브레턴우즈 체제와 워싱턴 합의를 거치면서 국제통화기금IMF, 세계은행IBRD, 세계무역기구WTO는 세계화를 촉진하는 핵심 제도가 되었다. GM과 코카콜라를 비롯한 미국의 대기업이 해외로 공장을 확장하면서 초국적기업이 되었다. 기업 엘리트의 임금은 높아졌지만 미국의 저숙련 노동자들은 자신들보다 훨씬 낮은 임금을 받는 다른 나라 노동자들과 경쟁해야 했다. 임금 인상을 요구하는 노동조합의 활동은 쇠퇴한 반면, 상시적 구조조정으로 고용의 불안정성은 커졌다. 이런 세계화의 결과에 대한 반발로 '반세계화' 시위대가 등장해 1999년 시애틀에서 열린 세계무역기구 총회를 반대했고, 이 회의는 결국 '최루탄 국제회의'가 되었다.

20년 전만 해도 많은 경제학자들이 세계화가 불평등을 심화하는 중요한 원인이라는 주장을 외면했다. 미국 심리학자 대니얼 카너먼Daniel Kahneman이 주장한 것처럼 인간은 자기가 믿고 싶은 사실만 보는 경향이 있다. 경제학자들도 마찬가지다. 많은 경제학자들이 데이비드 리카도David Ricardo의 비교우위론을 금과옥조처럼 신봉하며 자유무역이 모든 국가에서 이익을 주고 노동자에게도 더 나은 삶의 기회를 제공할 것이라고 주장했다. 노무현 정부가 한미 자유무역협정FTA을 추진할 때도 같은 논리를 강조했다. 실제로 국민경제의 무역 의존도가 높고 기업의 해외 투자가 많은 국가들의 불평등 수준이 반드시 높은 것은 아니다. 독일, 스웨덴 등은 무역 의존도가 높아도 불평등 수준은 상대적으로 낮은 편이다.

세계화가 많이 진행된 나라도 불평등의 증가는 대부분 비정규직 노동자의 증가와 이주 노동자의 낮은 임금에 따른 것이다. 비정규직 노동자의 증가는 모든 국가에 공통적이지만, 세계화의 직접적 결과라기보다는 제조업 약화와 노동시장 유연화의 영향이 더 크다. 이주 노동자의 낮은 임금이 분명히 불평등을 악화시켰지만, 이주 노동자가 경제성장에 도움이 되고 빈곤 가구의 생활비를 줄인다는 사실도 부정할 수 없다. 이런 점에서 세계 각국의 정부가 일시적으로 무역과 이민에 대한 규제를 강화할 수는 있어도 세계화를 전면적으로 반대하거나 멈추게 할 가능성은 거의 없어 보인다.

그러나 최근 세계화의 결과가 선진 산업국가에 사는 보통 사람들의 관심을 다시 끌었다. 세계화가 진행될수록 제조업 공장이 인건비가 적은 해외로 이전하면서 노동자의 일자리가 줄어든다는 불만이 증가하고 있다. 한편으로는 해외 노동자가 대거 국내로 진입하면서 저숙련 노동자의 임금이 낮아진다는 우려가 커졌다. 이주 노동자와 난민이 증가하면서 복지 혜택에 무임승차를 한다는 불만도 커졌다. 이런 대중적 불만을 정치적으로 이용하면서 유럽과 미국에서 극우 정당이 부상했다. 미국의 트럼프 현상과 영국의 유럽연합 탈퇴 국민투표가 그 대표적 예다. 세계화의 아웃사이더가 된 저학력 백인 노동자의 불만이 정치를 뒤흔드는 폭풍의 핵이 된 것이다. 특히 신자유주의적 세계화를 주도한 미국과 영국에서 반세계화 운동과 국수주의의 파도가 거세지는 것은 의미심장하다.

최근의 정치적 변화는 《뉴욕타임스The New York Times》 칼럼니스트 토머스 프리드먼Thomas Friedman이 말한 '평평한 세계화'가 허구라는 점을 보여 준다. 그는 세계를 공정한 경쟁의 장으로 설정하고 세계화가 발전적인 방향으로 진행될 것이라고 예측했지만, 자유무역의 타격을 직접 받은 노동 집약적 산업의 노동자와 농민의 피해는 매우 크다. 그래서 과거에 자유무역을 지지하던 경제학자들도 이제 세계화로 타격을 받는 계층이 바로 노동자이며 이들의 저항이 '합리적 근거'가 있다고 인정한다.[6] 세계화로 해를 입는 약자를 지원하는 사회안전망과 보상을 강화해야 한다는 주장이 더 설득력을 갖는다.

세계화가 진행될수록 각국 정부가 기업의 해외 이전을 막기 위해 경쟁적으로 법인세, 소득세를 인하하는 한편, 복지 지출을 줄일 것이라는 주장이 널리 퍼진 적이 있다. 이는 세계 자본의 자유로운 이동과 무역의 확대가 '바닥을 향한 질주'를 강제할 것이라는 예측에서 비롯되었다.[7] 실제로 1980년대 이후 미국과 영국에서 연금, 의료 등 가장 막대한 재원이 필요한 복지 제도가 재정 압박을 받으면서 실업보험, 공공부조 등 빈곤층을 위한 복지 재정은 집중적인 삭감 대상이 되었다. 복지 전달 체계에 경쟁과 선택의 원리가 도입되고 상품처럼 사회 서비스의 구매와 거래를 촉진하는 방향으로 복지 정책이 변하기 시작했다.

그러나 '복지국가 위기론'은 현실에 맞지 않았다. 지난 30년 동안 선진 산업국가의 국내총생산 대비 전체 복지 지출 비율은 거의 감소하지 않았다. 1980~1998년 OECD 회원국의 국내총생산 중 총사회 지출의 비율은 9% 정도 증가했다. 20년 동안 평균 두 배로 확대된 것이다. 영국은 1980년 10.2%에서 1998년 21.4%까지, 미국은 7.3%에서 14.6%, 스웨덴은 10.8%에서 31%, 독일은 18.1%에서 27.3%로 복지 지출이 증가했다.[8] OECD 회원국 가운데 두 나라만 복지 예산을 줄였다. 세계화가 복지 재정을 줄인다는 예측은 틀린 것이다. 스웨덴, 오스트리아, 핀란드, 노르웨이에서는 세계화가 본격화된 뒤에도 복지를 계속 확대했다. 우리가 심각하게 봐야 할 문제는 복지 재정의 증가에도 불구하고 불평등이 더 심해졌다는 점이다. 저소득 노동자와 실업 인구가 증가하면서 노동시장의 불평등이 더 빠른 속도로 커졌기 때문이다. 이런 변화는 주로 기술 변화 및 탈산업화와 관련된 것으로 알려졌다.

기술의 진보가 불평등을 확대하는가

1996년 미국 경제학자 제러미 리프킨Jeremy Rifkin은 《노동의 종말 End of Work》에서 기술의 변화 때문에 노동이 사라지고 있다고 주장했다.9) 실제로 1980년대 미국 은행에 컴퓨터가 도입되면서 직원의 3분의 1이 해고되었다. 그러나 리프킨이 예측한 대로 노동이 급격하게 사라지지는 않았다. 탈산업화가 진행되면서 제조업 일자리가 줄어드는 대신 서비스업 일자리의 비중이 커졌다. 그러나 서비스업의 생산성은 제조업보다 낮기 때문에 저임금 일자리가 빠르게 늘어났다.10) 서비스업 일자리의 질은 그전보다 심하게 양극화되는 경향을 보인다. 고숙련 대 저숙련, 정규직 대 비정규직, 대기업 대 중소기업 노동자들 간의 임금격차가 늘었다. 제조업과 서비스업 일자리 간 격차도 벌어지고, 같은 산업 분야에서도 임금 불평등이 계속 커졌다.

　기계를 통한 생산의 증대가 인간의 빈곤과 불평등을 확대하는 사실은 지독한 아이러니다. 오늘날 기계는 과거의 어느 누가 상상했던 것보다 많이 생산하고 있다. 그러나 더 많이 생산할수록 더 많은 실업자와 저임금 노동자가 증가하는 이유는 무엇일까? 산업구조의 변화를 강조하는 경제학자들은 기술의 변화와 교육의 효과에 주목한다. 임금 불평등의 원인이 될 수 있기 때문이다. 즉 정보기술의 발전이 노동시장의 양극화에 영향을 미쳤다고 보는 것이다.11) 금융 분석가와 소프트웨어 기술자 등 고숙련 노동자에 대한 수요는 증가하지만, 유통 판매직 노동자 같은 저숙련 노동자에 대한 수요는 감소했다. 하지만 산업혁명으로 19세기 영국에 등장한 러다이트 운동이 기계를 파괴한 것처럼 사람들이 로봇과 스마트폰을 부술 거라고 예상하기는 어렵다. 기술 진보를 통해 새로운 직업이 만들어지기도 하기 때문이다. 문제는 그 속도가 매우 느리다는 점이다. 또한 기능의 공급이 그에 대한 수요와 같은 속도로 증가하지 않으면 충분한 교육을 받지 못한 집단은 소득이 낮아지고, 저평가되는 직업으로 밀려나 불평등이 심화될 수 있다.[12]

매사추세츠공대MIT 슬론경영대학원 에릭 브린욜프슨Erik Brynjofsson 교수와 앤드류 맥아피Andrew McAfee 교수는 《제2의 기계시대The Second Machine Age》에서 '제2 기계시대'를 여는 디지털 기술은 풍요의 엔진이면서 격차의 엔진이라고 주장한다. 그들은 2000년 이후 급속하게 발전하는 디지털 기술이 경제성장과 풍요를 만드는 한편 소득 격차와 승자 독식 사회를 만든다고 분석했다.[13] 이들의 분석에 따르면, 1929년 대공황 이후 최초로 2012년 기준 미국 총소득의 절반 이상을 상위 10%가 차지했다. 현재 상위 0.01%의 소득은 총소득의 5.5%로 1927~1928년부터 2011~2012년 사이에 가장 큰 폭으로 증가했다. 0.01%는 대부분 디지털 기술의 혁신을 주도하는 개발자와 투자자다.

최근 정보 엘리트가 주도하는 승자 독식 경제의 탄생은 자본주의 경제나 재분배 시스템의 문제보다 디지털 기술의 발전이 더 큰 영향을 준다는 주장이 확산되고 있다. 구글이 준비하는 자율 주행 자동차가 상용화되면 수많은 운전기사가 실업자가 될 수 있다. 세법이 복잡한 미국에서 인기를 끌고 있는 납세 소프트웨어 '터보택스'가 세무사의 일자리를 뺏을 수 있다. 하지만 자율 주행 자동차와 터보택스를 만든 사람은 억만장자가 된다. 디지털 기술의 발전은 이런 식으로 소수의 개발자와 기술자가 수익을 독차지하게 만든다. 페이스북, 유튜브 같은 인기 웹사이트나 프로그램 개발자는 단번에 수백만 명의 수요를 충족시키고 지속적으로 재생산할 수 있다. 구글의 검색 엔진, 아마존의 도서 추천, 페이스북의 얼굴 인식 등 많은 영역에서 인공지능AI 기술이 응용되면 상위 1% 사람들만 더 많은 부를 축적할 기회를 얻을 수 있다.14)

오늘날 디지털 기술의 수익은 노동보다 자본 소유자에게 집중되는 구조다. 정보기술의 격차에 따라 경제적 불평등이 더 커질 수 있다. 2016년 다보스포럼도 '제4차 산업혁명'이 실업 증가와 극심한 빈부 격차를 가져올 수 있다고 경고했다. 19세기의 산업자본주의는 육체노동을 기계화했지만 중간계급의 일자리를 늘려 보충했다. 하지만 21세기 첨단 기술은 중간계급을 잉여 계급으로 만들었다. 기계를 통한 생산 증대가 인간의 빈곤과 불평등을 확대하는 사실은 지독한 역설이다.

이와 같은 기술의 변화로 경제 불평등이 커지고 숙련 노동자에 대한 요구가 상대적으로 상승했다는 설명이 주류 경제학의 논리다. 그러나 이런 기술 결정론은 자본 투자, 고용 관계, 노사 관계에 대한 설명을 무시한다. 1980년대 중반부터 2015년까지 자료를 보면, OECD 회원국 가운데 미국·영국·캐나다·독일의 불평등은 높아진 반면 벨기에·네덜란드·프랑스의 불평등은 낮아졌다. 만약 기술 변화가 소득 불평등의 주요 변수라면 경제 발전의 수준, 산업구조, 교육과정, 직업훈련이 비슷한 나라에서 비슷한 결과가 나타났어야 했다. 그러나 비슷한 산업구조와 교육 구조를 지닌 미국·캐나다·영국·호주·뉴질랜드의 불평등 수준도 상당히 다르다.

경제학의 인적 자본 이론은 저임금 일자리가 많아지는 것은 저숙련 일자리가 늘어나기 때문이라고 주장한다. 그러나 지난 수십년 동안 미국에서 저숙련 일자리가 전체 고용에서 차지하는 비중은 줄었는데도 저임금 일자리의 비중은 커지고 있다. 왜 그럴까? 1950~1960년대 미국은 기업 이익률이 높았고 노동자들에게 안정된 일자리와 고임금을 보장하며 계급 타협을 추구했다. 그러나 1980년대에 미국의 기업 이익률이 급감했다. 국제 경쟁이 치열해지고 기업 이익률이 감소하면서 기업이 계급 타협을 외면하기 시작했다. 노동자의 임금을 줄여서라도 이익을 확보해야 했기 때문이다.

기업의 대표적 공격은 노동조합 해체였다. 1981년에 로널드 레이건Ronald Reagan 대통령이 파업을 벌인 항공관제사 노동조합을 해산한 사건이 대표적이다. 그 뒤 기업의 감원과 고용의 외주화가 지배적 경영 기법이 되기 시작했고, 노동시장 유연화로 시간제 일자리와 임시직 고용이 확산됐다. 미국 국내총생산에서 노동자의 임금이 차지하는 비중은 낮아졌다. 기업 경영자는 노동자의 임금보다 기업 이익을 우선적으로 생각하며 어느 지역, 어느 산업에 투자할 것인가와 어떻게 고용 계약을 할 것인가를 결정하기 때문이다. 결국 소득 불평등의 확대는 계급 갈등의 결과로 볼 수 있다. 기술의 진보가 소득 불평등을 확대하는 주요 원인은 아니다.

대기업들은 장기적인 관점에서 부가가치를 높이는 기업 간 협력보다 외주 계약을 통한 생산비 절감을 추구했다. 따라서 대기업의 고용 비중이 급속하게 줄어들고 대기업과 중소기업의 임금 차이가 커지고 있다. 기계 도입과 고용 계약의 성격을 결정하는 기업에 특별한 지위를 부여할수록 빈곤과 불평등이 커지는 것이다.

한국에서도 제조업과 서비스산업의 임금격차가 지속적으로 커지고 있다. 1990년대 초반까지는 산업별 소득 차이가 심하지 않았으나 점차 확대되고 있다. 2012년을 기준으로 평균 소득이 높은 산업은 금융업·사회 서비스업·제조업 순이고, 낮은 산업은 개인 서비스업이다. 최근 들어 개인 서비스업의 소득은 농림 어업보다도 낮아졌다.[5] 개인 서비스나 사회 서비스업 등 소득 증가율이 낮은 산업의 비중이 상대적으로 빨리 확대된 반면, 금융업이나 제조업같이 소득 증가율이 높은 산업의 비중은 천천히 증가하거나 감소하는 추세가 있다. 하지만 아직까지 산업구조 간 불평등이 사회 전체의 불평등에 결정적 영향을 미친다고 보기는 어렵다. 오히려 같은 산업 안에서 소득 불평등이 더 커지는 경향이 뚜렷해지고 있다. 정규직 대 비정규직의 차이가 커지기 때문이다. 이는 시간제, 임시직 등 저임금 일자리가 증가하는 노동 유연화와 밀접한 관련이 있다.

그리고 기업은 비정규직을 창조했다

외환위기가 한국 경제를 뒤흔든 1997년 이후 자동차, 철강, 조선 등 핵심 산업을 제외한 대부분의 산업에서 노동자들은 지독한 고용 불안과 저임금에 시달리게 되었다. 외환위기 전에 10% 정도이던 비정규직의 비율이 최근 35% 수준에 달했다. 그리고 대기업 정규직과 비정규직의 근무 연수와 평균임금 격차가 점점 커졌다. 기업의 복지 혜택을 받는 정규직과 달리 비정규직은 사회보험의 사각지대에 있는 경우가 많다. 사회보험이 비정규직에게 가입 문턱이 높고 핵심 부문 노동자에게 유리하게 설계되어 있기 때문이다.

외환위기 전 평생 고용 시대에 설계된 연공급 임금체계가 정규직 노동자와 비정규직 노동자의 임금격차를 확대했다. 근속 연수에 따라 임금이 오르는 체계에서 계약 기간이 제한된 비정규직 노동자는 불이익을 받을 수밖에 없다. 비정규직 노동자는 상여금과 수당도 못 받는 경우가 많다. 기본급이 낮은 대신 상여금과 수당의 비율이 높은 한국의 임금 체계에서 불평등은 당연히 더욱 커진다. 외환위기 이후 능력주의 임금체계가 부분적으로 도입되면서 성과급의 비율이 높아지고 있지만, 비정규직은 배제되는 경우가 많다.[16)]

한국의 소득 불평등은 OECD 회원국 가운데 가장 높은 수준이다. 비정규직의 임금이 정규직의 절반 수준밖에 안 되는 데다 비정규직 중 절반은 저임금 노동자다. 저임금 노동자 비율이 OECD 회원국 중 가장 높다. 정규직의 국민연금과 고용보험 가입률은 각각 97%와 84%지만, 비정규직의 가입률은 각각 46%, 37%다. 또 대부분의 정규직은 퇴직금과 상여금을 받지만, 비정규직 중에서는 각각 31%, 38%만 받는다.[17)] 임금이 낮고 사회보험 혜택도 못 받는 '2등급 노동자'가 증가하면서 노동자가 두 계급으로 분열되었다. 특히 처음 일자리를 구하는 청년, 고졸 이하 노동자, 여성, 장애인이 가장 취약한 집단으로 일방적으로 희생을 당하고 있다.[18)]

노동시장의 불평등은 한국뿐 아니라 세계적인 현상이다. 1970년대 이후 OECD 회원국에서 지속된 현상이다. 노동시장의 불평등이 증가하는 원인 중에 고소득층의 소득이 상대적으로 많이 증가한 것이 있지만, 저임금과 불안정한 일자리가 급증한 것이 더 심

〈표 16〉 비정규직 비율과 지니계수의 추이

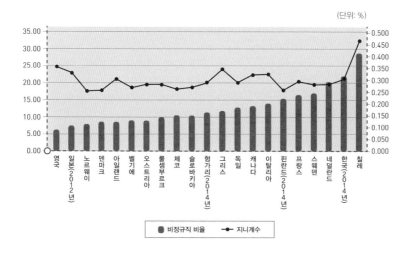

(단위: %)

주   1. 비정규직 비율은 2015년 기준이다. 2. 지니계수는 따로 연도를 표기한 자료를 빼면 2013년 기준이다.

자료   1. OECD 자료, Temporary Employment. https://data.oecd.org/emp/tem-porary-employment.htm, 2016년 10월 25일. 2. OECD 통계, Income Inequality. https://data.oecd.org/inequality/income-inequality.htm, 2016년 10월 25일.

각하다. 지속적인 경제성장 속에서도 최하층이 차지하는 근로소득의 비중은 줄어들었다. 19세기 이후 다시 '근로 빈곤층working poor'이 사회문제가 되었다.[19] 제조업의 안정적 일자리는 사라지고 서비스산업에서 불안정한 일자리가 급증해, 현재 유럽과 북미에서 제조업 노동자의 평균 비율은 약 15%로 줄었다. 1985년부터 2008년까지 제조업 노동자 비율이 미국에서는 19.5%에서 10.5%로, 영국에서는 25.0%에서 12.0%로 낮아졌다. 제조업 경쟁력이 강한 독일과 스웨덴에서도 제조업 노동자 비율은 각각 32.3%에서 22.1%로,

22.6%에서 14.3%로 낮아졌다. 한국에서도 제조업 노동자 비율은 23.4%에서 17.3%로 낮아지고, 서비스업 노동자 비율은 44.3%에서 67.3%로 크게 높아졌다.[20]

한국에서 탈산업화가 자동적으로 노동시장의 소득 불평등을 만든 것은 아니다. 제조업 노동자 가운데 비정규직 노동자가 증가하는 것이 더 심각하다. 이는 외환위기 이후 확산된 고용 계약의 탈규제, 유연화와 밀접한 관련이 있다. 2000년대 초반부터 기간제, 계약제, 시간제 고용 등 비정규직이 급증하면서 저임금 일자리가 크게 늘었다. 일시적 노동 계약을 하는 사람들이 일시적 노동을 하지는 않는다. 2년마다 재계약을 하는 경우가 허다하니 일을 계속 하는데도 늘 불안정하다. 이런 비정규직에는 주로 여성, 청년 등 사회적 약자가 흡수되었다.

영국 경제학자 가이 스탠딩Guy Standing은 비정규직 프롤레타리아인 '프레카리아트'가 전 세계적으로 급속하게 늘고 있다고 주장했다. 프레카리아트라는 말은 1980년대 프랑스 사회학자들이 임시직 노동자, 계절노동자를 가리키며 썼다. 일본에서는 자유롭게 아르바이트를 한다는 모순적인 의미가 결합된 '프리터'라는 젊은 노동자 집단이 등장했다. 이들은 전형적인 프롤레타리아와 다르다. 스탠딩은 프레카리아트가 '형성 중인 계급'이자 '새로운 위험한 계급'이라고 했다.[21] 엥겔스가 룸펜 프롤레타리아트를 '위험한 계급'이라고 표현한 데서 착안한 것이다. 프레카리아트 같은 불완전 고용이 증가하면서 불평등이 더 심해졌다. 이들은 고용 불안과 질병, 실업, 은퇴 등 사회적 위험에 그대로 노출되어 있다.

지난 20년간 대부분의 나라에서 노동 유연화는 시장 환경의 변화보다는 기업이 만든 정책의 결과다. 자유시장이라는 신이 아니라 기업의 인사관리 정책이 만든 것이다. 최근 다양한 연구가 발표되면서 노동시장의 내부자인 정규직과 외부자인 비정규직이라는 '이중화'는 세계화와 탈산업화라는 구조적 압력만이 아니라, 비정규직을 늘려 인건비를 절감하는 기업의 고용 전략을 인정한 정부 정책의 결과라는 사실이 드러났다.[22] 한국에서도 김대중 정부와 노무현 정부가 기업의 유연화를 허용한 후 저임금 서비스 노동자가 급속하게 증가했다. 특히 시간제와 임시직 등 비정규직이 급증해, 1998년에 20%이던 비정규직 비율이 현재는 50%에 육박했다. 노동시장에서 내부자와 외부자의 차별도 심각해졌다.[23] 한국 국민은 1등 국민과 2등 국민으로 분리되었다.

노동조합이 약화되면 불평등이 심해진다

불평등이 심해지는 직접적인 원인으로 노동조합의 약화를 주목해야 한다. 최근 30년 동안 대부분의 선진 산업국가에서 노동조합 조직률이 꾸준히 하락했다. 노동조합이 강한 북유럽 국가만 예외고 독일도 30% 수준으로 떨어졌다. 미국은 민간 부문의 노동조합 조직률이 1950년대 30% 선에서 현재 7~8%로 떨어졌다. 이렇게 노동조합 가입률이 낮아지면서 노동자의 단체교섭 역량이 약해지고 임금 상승의 동력은 사라졌다. 이런 점에서 노벨상 수상자인 미국 경제학자 폴 크루그먼Paul Krugman은 기술의 변화보다 노동조합의 약화와 보수적 정치 세력의 우경화 같은 정치적 변화가 불평등을

키웠다고 주장했다.[24]

많은 학자들이 노동조합의 약화가 소득 불평등에도 큰 영향을 미친다고 인정한다. 2015년 IMF에서 발표한《불평등과 노동시장 제도Inequality and Labor Market Institutions》를 보면, 주요 산업국가에서 경제정책과 기업의 의사 결정에 노동조합이 미치는 영향력이 작을수록 소득 불평등이 커지는 것으로 나타났다.[25] 1981~2010년 1분기 사이 주요 산업국가에서 소득 불평등과 노동조합 조직률은 강한 부정적 상관관계(-0.462)를 보였다. 노동조합 조직률은 10%p 하락했는데 소득 상위 10%의 소득은 5%p 정도 증가했고, 지니계수도 노동조합 조직률과 부정적 상관관계(-0.364)를 보였다.

피케티 교수와 이매뉴얼 사에즈Emmanuel Saez 버클리대학 경제학교수도 1980년대 이후 완화된 금융 규제, 부자 감세와 함께 노동조합의 약화를 소득 불평등의 원인으로 지적했다.[26] 노동조합이 약해지면서 중간 소득자의 임금은 정체된 반면, 소득 최상위층에 속하는 기업 임원들은 노동조합의 견제 없이 지갑을 불릴 수 있다. 노동조합이 강할 경우 기업은 노동자 대표와 임금 협상을 수용하는 경향이 강하고, 노동조합은 최고경영자의 보수 결정에 일정한 영향력을 행사할 수 있다.

주요 20개국의 노동조합 가입률과 소득 상위 10%가 전체 소득에서 차지하는 비율도 비슷한 양상을 보인다.[27] 노동조합 가입률이 50~70%나 되는 스웨덴, 덴마크, 노르웨이와 같은 북유럽 국가들은 상대적으로 소득 불평등 수준이 낮다. 프랑스가 예외적으로 노동조합 가입률이 낮고 불평등 수준도 낮은데, 이는 산별노동조합이 체결한 단체협약이 노동조합이 없는 사업장에 적용되는 비율이

〈표 17〉 주요 국가 노동조합 조직률과 지니계수의 추이

(단위: %)

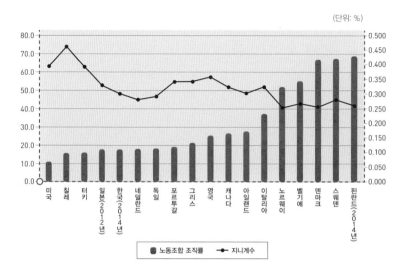

주　1. 노동조합 조직률에서 미국·터키·일본·한국·영국·아일랜드·스웨덴은 2014년, 그 이외의 국가는 2013년 기준이다. 2. 지니계수는 연도가 표기된 자료를 제외하면 2013년 기준이다.

자료　1. OECD Stat. Income inequality. https://data.oecd.org/inequality/income-inequality.htm, 2016년 10월 25일. 2. OECD Stat. trade union density. www.stats.oecd.org, 2016년 10월 25일.

95%에 이르기 때문이다. 네덜란드와 에스파냐도 이런 단체협약 적용률이 각각 82%, 80%다. 반면에 한국의 단체협약 적용률은 12%로 OECD 회원국 중 가장 낮다.

　한국은 노동조합 조직률이 1989년에 18.6%로 정점을 찍은 이후 꾸준히 떨어져 현재 10% 수준이며 OECD 회원국 가운데 터키, 에스토니아, 프랑스에 이어 네 번째로 낮다. 임금 인상을 위한 단체협약, 최저임금 인상, 노동시장 유연화 대응, 복지 제도의 도입과 발전에 중요한 역할을 할 수 있는 노동조합의 약화는 당연히 노동시장의 양극화에 큰 영향을 미쳤다. 한국의 노동운동은 아직도 기업별 노동조합 체제로 운영되며, 임금 인상 협상에 치중하는 경제적 조합주의에 머무르고 있다. 임금과 노동조건에 비해 조세와 복지에 대한 관심이 상대적으로 적은 것이다. 산별노동조합이 만들어졌지만 단체교섭은 기업별로 진행되는 경우가 많고, 기업별 노동조합 체제에서는 비정규직 노동자들이 배제된다. 사실상 비정규직은 대표가 없는데, 이는 노동시장의 임금격차를 확대하고 재분배적 사회정책을 약화해 사회경제적 차이를 더 크게 벌리는 요소로 작용한다.

조세정책과 사회정책이 불평등을 줄인다

앞에서 본 것처럼 세계화와 기술 변화로 각국 정부의 사회 지출 확대의 필요성이 더욱 커졌다. 실업자와 빈곤층이 증가하면서 실업급여와 공공부조의 수요가 급증했기 때문이다. 영국의 대처와 미국의 레이건이 이끈 보수 정부는 이념적으로 복지국가를 공격했지만 복지 예산을 대대적으로 삭감하지는 못했다. 대처와 레이건은 정부를 프랑켄슈타인과 같은 괴물로 여겼으나 그 괴물은 쉽게 죽지 않았다. 복지 프로그램 중 일부는 축소했지만 사회 지출 총액은 오히려 증가했다. 구조조정으로 실업자가 증가했다는 이유도 있지만 이미 제공된 복지에 대한 대중적 지지가 아주 높았기 때문이다. 미국에서는 하원의 다수당이던 민주당이 복지 축소에 반대했고, 영국에서는 보수당이 의회의 과반을 장악했지만 국민의 반대를 무릅쓰고 복지 축소를 추진하기는 어려웠다.

1997년 외환위기 직후 한국도 복지를 확대해야 한다는 커다란 압력이 있었다. 당시 김대중 정부는 기업 구조조정에 따른 대량 해고에 직면한 노동조합과 타협하기 위해 복지 정책 도입을 약속했다. IMF의 요구에 따라 자본시장 개방과 노동시장 유연화 등 신자유주의 개혁을 급진적으로 추진하면서 노동자와 빈곤층을 위한 사회보험과 공공부조의 도입도 추진해야 하는 상황이었다. 이렇게 경제 위기의 시기에 복지국가의 제도적 토대를 강화한 사실은 중요한 역사적 의미가 있다. 김대중 정부가 집권한 뒤 건강보험·국민연금·고용보험 등 사회보험이 확대되고, 국민의 최저 생활을 권리로 규정한 국민기초생활보장 제도가 도입되었다. 복지 예산이 김영삼 정부에 비해 두 배였던 김대중 정부의 사회정책은 단순한 예산의 증액뿐만 아니라 보편적 사회보험과 국가 복지의 확대를 강조했다. 하지만 정부의 재정 부담을 최소 수준으로 제한하고 국민연금과 고용보험의 혜택을 못 받는 사람이 절반에 이르는 등 사회보험의 사각지대가 많아 복지국가로 충분히 발전하지 못했다.

2003년 등장한 노무현 정부는 취임 직후 '2만 달러 시대'를 선언하고 성장 중심 모델로 기울었다. 정부의 복지재정은 지속적으로 증가했지만 커지는 불평등을 막기에는 역부족이었다. 보육 예산은 급속하게 늘렸지만 저출산 문제를 해결하지 못했다. 건강보험의 보장성 비율을 높이고 중대 질병의 자기부담 비율을 낮췄지만, 민간의료보험 활성화 조치는 건강보험의 공공성을 악화시켰다. 공공 병원 30% 확대 공약도 지키지 못했다. 재벌 대기업의 실손보험을 허용하면서 암보험, 다이렉트 보험이 쏟아졌다. 실손보험은 돈을 내

〈표 18〉 주요 국가의 조세 부담률과 사회 지출 수준

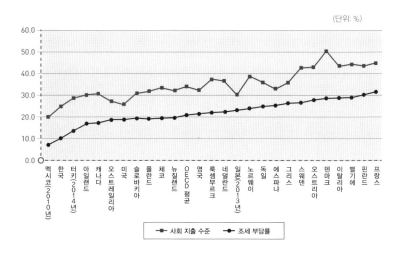

(단위: %)

주 1. 사회 지출 수준 중 연도가 따로 표기된 자료를 제외하면 2015년 기준이다. 2. 조세 부담률에서 오스트레일리아·체코·그리스·독일·룩셈부르크·덴마크는 2013년, 그 밖의 국가는 2014년 기준이다.
자료 1. OECD 통계. Social Expenditure statistics. aggregated data. www.stats.oecd.org, 2016년 10월 25일. 2. OECD 통계. Revegue statistics. comparative table. www.stats.oecd.org, 2016년 10월 25일.

야 불을 꺼 주겠다는 것과 같다. 이는 노무현 정부의 가장 큰 실정으로 꼽힌다.

여러 한계가 있지만 김대중·노무현 정부의 시기에 한국이 복지국가 시대로 진입한 것은 사실이다. 두 대통령이 복지국가의 기틀을 만들었다. 1997년 외환위기 직후에는 급속한 실업률 증가로 정부의 사회정책이 불평등 완화에 거의 영향을 못 미쳤지만, 2000년대 중반 이후부터 공공부조와 공적연금의 소득 불평등 완화 효과가 조금씩 나타났다.[28] 공공부조의 노인 빈곤의 감소 효과가 큰 편이지만, 이른바 '차상위' 사각지대에 대한 공적 이전이 약하다. 더욱이 국민연금의 지급이 본격화되지 않아 노인 빈곤의 완화 효과도 크지 않다.[29] 고용보험도 국민 두 명 중 한 명은 제외돼, 불평등 완화 효과가 적다. 외환위기 이후 도입된 사회정책이 빈곤 감소 면에서 효과를 얻고 있지만, 아직 소득 불평등을 줄이기에는 크게 역부족인 것이다. 한국의 국내총생산 대비 사회지출 예산의 비율은 9% 수준으로 OECD 회원국의 평균인 20%에 비해 한참 뒤처진다. 스웨덴, 노르웨이, 덴마크에 비하면 3분의 1 수준이고 멕시코 다음으로 가장 낮다.

　한국은 낮은 조세 부담률과 사회 지출 비율 때문에 재분배 효과가 매우 낮다. 1980년에 70%던 소득세 최고 세율이 절반 수준으로 인하되었고, 김대중 정부 이후 사회 지출이 빠르게 증가했지만 아직도 OECD 회원국 가운데 최하위권이다. 사회정책을 통한 불평등 개선 효과는 시장 소득과 가처분소득 기준 지니계수를 비교해 파악할 수 있다. OECD 36개국 자료를 보면, 국내총생산의 20~30%를 복지에 지출하는 북유럽과 서유럽 국가에서 대체로 지니계수 개선 정도가 양호하다.[30] 반면, 한국은 공적 이전과 조세가 지니계수를 거의 낮추지 못하고 있다. 노동시장의 소득 불평등이 커진 데 비해 사회 지출이 미약하고, 조기 퇴직의 확대와 자영업자의 생활 조건 악화 속에서 사교육비와 주거비는 계속 증가했다. 따라서 주관적 계층 의식이 중산층에서 저소득층으로 떨어진 사람들이 늘어나고 소외감이 커졌다.

대통령제와 소선거구제가 불평등을 키운다

이 책은 불평등이 심해지는 가장 큰 원인으로 세계화와 기술의 변화 같은 외적 환경보다 사회를 분열시키는 제도와 정책을 강조한다. 1980년대 이후 많은 선진 산업국가의 정부들이 탈규제, 민영화, 작은 정부, 감세, 무역 자유화를 추구하는 신자본주의 이데올로기를 채택하면서 분열적 사회제도가 확대되었다. 결국 신자유주의 시대에 부유층의 수입과 권력이 급속하게 강화되었다. 미국 경제학자 로버트 프랭크는 기업이 만드는 소득 불평등 때문에 승자 독식 사회winner takes all society가 등장했다고 지적했다. 정부가 감세와 긴축을 주장하면서 부자의 세금을 대폭 인하해 부자는 이득을 보았지만, 가난한 사람을 위한 공공부조와 실업부조의 급여 수준은 더 낮아졌다. 정규직 일자리는 감소하고 저임금 비정규직만 증가해 결과적으로 대부분의 선진 산업국가에서 소득 불평등이 심화되었다.[31]

노동시장 불평등의 증가는 1980년대 이후 등장한 영국의 대처 총리와 미국의 레이건 대통령이 이끄는 보수 정부의 등장과 밀접한 관련이 있다. 대처와 레이건은 감세, 탈규제, 민영화를 지지하는 신자유주의 이데올로기를 신봉하는 대기업의 막대한 후원을 받았다. 세계화와 탈산업화와 같은 구조적 변화와 신자유주의라는 국가 전략이 결합되면서 수많은 사람들이 무자비한 시장 경쟁에 내몰렸다.[32] 그러나 불평등을 완화하거나 감소하는 통합적 제도의 효과는 줄어들었다. 부유한 민주주의 국가에서도 노동시장의 소득 불평등이 커진 데 비해 재분배를 위한 사회정책의 효과는 약해졌다.

자유시장 만능주의를 추종하는 정부의 분열적 제도와 정책은 조세에서 가장 극명하게 나타난다. 2차세계대전 이후 많은 국가에서 누진세율이 감소하기 시작했다. 1960년대에 70%로 하락하고, 1980년대 레이건 행정부의 시기에 28%로 크게 낮아졌다. 자본 소득세율은 이보다 낮아, 1960년대 25%였던 최고 자본소득세율이 2010년에는 15%가 되었다.

피케티는 21세기의 경제성장률이 1.5%를 넘기 어려울 것이며, 경제성장률보다 자본 수익률이 높아질 수밖에 없다고 보았다.[33] 따라서 시간이 갈수록 불평등이 심해질 수밖에 없다고 주장하며 이에 대한 처방으로 '누진적 자본세'를 제안한다. 불평등이 지나치게 커지면 국가의 시장 개입이 필요하다면서. 소득 수준별로 누진적인 자본세를 매김으로써 새로운 자본의 축적을 촉진하고 불평등의 악순환을 피할 수 있다는 것이다. 그러나 세금을 올리기는 매우 어렵다. 보수 정당뿐만 아니라 노동자를 대변하는 진보 정당도 세금을 인상하는 정책에 소극적이기 때문이다.

부자 감세와 같은 분열적 사회제도는 사회정책의 효과에도 타격을 준다. 시장에서 발생하는 빈곤의 정도가 비슷해도 사회보험이나 공공부조 등 복지 제도의 영향으로 개인이 체감하는 불평등의 정도는 국가마다 다르다. 일반적으로 복지 제도가 빈곤을 줄이는 효과는 시장 소득과 가처분소득을 기준으로 측정된 빈곤율을 통해 비교할 수 있다. 예를 들어, 가처분소득 빈곤율이 가장 낮은 스웨덴의 경우 시장 소득 빈곤율이 미국보다 높다. 보편적 교육과 의료 서비스의 부재도 불평등을 심화하는 원인 중 하나로 지목된다. 2007년 공식적 빈곤선을 기준으로 한 미국의 빈곤율은 12.5%였지만 의료비를 소득에서 빼면 15.3%까지 상승한다. 미국에서는 가처분소득이 전혀 없는 사람이 수백만 명에 이른다. 그러니 세계에서 최고로 부유하지만 빈곤층이 가장 많은 국가다.

그럼 왜 유럽에서는 빈곤 완화 효과가 큰 정책을 선택하고 미국에서는 그 반대의 정책을 선택하는가? 유럽과 미국의 정치 제도가 큰 차이를 만든다고 주장하는 학자들이 많다. 먼저, 최다 득표자를 당선자로 정하는 미국의 '다수제 민주주의'는 분열적 제도와 선택적 친화성이 있다. 다수제 민주주의는 대개 유력한 양당제를 만들고, 선거에서 승리한 정당이 정부를 장악하고 권력을 독점한다. 반면 선거에서 패한 정당과 지지자들은 정치 과정에서 배제된다. 결국 정권 교체기마다 경쟁이 치열해지고 정당 양극화가 발생한다.

'승자 독식 정치winner-take-all politics'를 만드는 양당제하에서 사회적 약자를 대표하는 정당이 영향력을 행사할 가능성은 낮다. 미국과 영국이 대표적 사례다. 한국도 다수제 민주주의를 유지하며 분열적 제도의 형성을 촉진한다. 소선거구제를 통해 지역주의 정치 구조가 재생산되며 선거에서 사회복지보다 지역개발이 관심을 끈다. 한국 국회 예결위원회의 협상도 복지 예산보다 지역 예산의 확보가 첨예한 쟁점이다. 결과적으로 한국과 미국 등 양당제 국가에서 재분배 정치가 발전할 가능성은 낮고, 노동조합과 빈곤층 등 사회적 약자를 무시하는 '배제의 정치'가 강화된다.

반면에 유럽 국가들은 '합의제 민주주의'의 특성을 보인다. 합의제 민주주의는 대부분 의회제, 비례대표제, 대선거구제, 다당제의 특성이 있다. 독일, 오스트리아, 스웨덴, 덴마크, 네덜란드 등 주요 유럽 국가에서는 다수당이 집권하는 경우가 드물고 대부분 연정을 구성하면서 정당의 정치적 타협이 수시로 발생한다. 독일처럼 좌우 대연정이 성사되기도 한다.

합의 민주주의에서는 정치적 결정 과정에 거대 정당뿐 아니라 다양한 소수 정당이 참여한다. 의회 외부의 사회적 협의 제도가 발전해 노사정의 대화와 동반자 관계가 형성된다. 노동조합을 비롯해 사회적 약자를 지원하는 복지 제도가 발전하고 빈곤과 불평등을 줄이는 통합적 사회제도가 확대된다. 선거에서도 지역과 개발보다 조세와 복지가 주요 쟁점이 되며 재분배 정치가 강화된다. 결국 합의 민주주의에서는 사회적 결속력을 높이고 사회를 통합하는 '포용의 정치'가 발전한다.

미국 정치학자 토빈 아이버센Torben Iversen 교수와 영국 정치학자 데이비드 사스키스David Soskice 교수는 단순 다수제 선거제도를 선택한 국가에서 중도 우파 정부가 주로 등장하는 이유는 중위 투표자들이 중도 좌파 정당의 '집권 후 좌경화'를 우려하기 때문이라고 지적한다.[34] 중간계급은 복지국가가 점진적이고 단계적으로 확대되기를 바란다. 대기업과 고소득층에 대한 증세부터 실행한 다음, 중간계급에 대한 과세가 점차 커지는 방식을 선호한다. 그러나 이념이 양극화된 양당제에서는 자신들의 바람대로 되기 어렵다고 생각한다. 또 중도 좌파 정부는 조세 부담을 급격히 늘릴 가능성이 크고 중도 우파 정부는 복지국가에 관심을 갖지 않을 가능성이 크기 때문에, 중위 투표자들은 당장 조세 부담을 피하기 위해 보수정당을 선택한다. 결국 단순 다수제 선거제도에서는 복지 공약을 내건 중도 좌파 정당이 집권하기 어렵고, 집권해도 권력을 유지하기가 힘들다. 그래서 미국, 영국 등 단순 다수제 선거제도를 선택한 국가에서는 중도 우파 정부가 집권한 시기가 3분의 2를 차지한다.

그럼 중간계급이 중도 우파 정부를 선택하고 세금 감면과 복지 축소를 지지한 결과는 어떨까? 지난 30년 동안 미국과 영국에서 우파 정부를 지지하면서 중간계급이 급속하게 줄었다. 세금 감면으로 부유층의 소득은 증가한 반면, 중간계급의 소득은 별로 늘지 않았기 때문이다. 오히려 급속한 탈산업화로 제조업의 고용률이 낮아지고 저임금 서비스 노동자가 증가하면서 중간계급이 추락했다. 노동조합의 약화가 중간계급의 몰락을 부채질했다. 노동조합이 약화되면서 숙련 정규직 노동자들은 임금이 정체되고 고용도 보호받지 못했다. 의료비와 교육비가 급증하면서 중간계급의 부담이 커진 데다 정부의 복지 축소로 모든 비용이 중간계급의 지갑에 의존했다. 중간계급은 피할 길 없는 승자 독식 정치의 희생양이 되었다.

위기에 직면한 민주주의

앞에서 본 것처럼 불평등이 증가하는 원인은 다양하다. 어떤 학자는 불평등의 원인으로 세계화와 기술 변화를 강조하고, 다른 학자는 정부의 재분배 정책 후퇴와 노동조합의 약화에 주목한다. 또는 배제의 정치를 강화하는 다수제 민주주의의 제도적 제약을 강조한다. 이런 거대한 변화의 동력이 모두 인간 외부의 강력한 힘에 의해 이루어진다고 생각할 수 있다.

그러나 세계적 차원이나 국내의 경제와 정치체제의 변화도 모두 사람이 결정하는 것이다. 세계화는 각국 정부, 국제기구, 초국적기업이 주도하는 사회변동이다. 기술의 변화도 각국 정부, 기업, 연구개발자의 결정에 따른 것이다. 노동조합의 약화도, 다수제 민주주의도 모두 우리가 만든 결과다. 변화의 원인을 자세히 살펴보면 부자와 가난한 사람 간 힘의 균형이 깨지면서 만들어진 결과라는 것을 알 수 있다. 이때 가장 극명하게 나타나는 것은 바로 정부의 정책결정 과정이다.

이 장에서 나는 불평등을 심화하는 구조적 변화보다 정부와 노동조합의 권력 관계, 그리고 재분배 장치와 사회·정치제도의 효과를 강조했다. 노동조합이 약해지고 노동자를 대변하는 정당의 영향력이 작아지면서 정치권에서 기업과 부자를 옹호하는 힘이 커졌다. 기업의 지지를 받는 보수 정부가 주도하는 노동시장 유연화와 재분배 장치의 약화가 사회를 분열시킨다. 천문학적인 부의 집중으로 승자 독식 정치가 공고화되고 있다. 2014년 옥스팜 보고서가 지적한 것처럼 전 세계적으로 불평등이 커지는 이유는 부자에게 편향된 정책, 조세 회피, 가난한 사람을 위한 복지를 삭감하는 긴축 정책 등이다.[35] 특히 최고 부유층이 경제 제도를 지배하고 정부 정책을 좌우하면서 민주주의를 훼손하고 있다는 경고에 귀를 기울여야 한다. 한국에서도 승자 독식 정치가 민주주의를 위협하고, 정부는 보통 사람에게 해를 끼치면서 소수 경제 엘리트의 이익만 보장한다. 재벌 대기업의 이익을 옹호하는 경제 관료들이 퇴임 후 줄지어 재벌 대기업, 대형 법률 회사, 대형 회계 법인에 자리 잡는 것은 우연이 아니다.

이제 부유층과 기업인이 모이는 세계경제포럼에서도 세계의 가장 심각한 위험으로 '소득 불평등'을 지적한다. 2012년에 국제노동기구ILO가 발표한 〈임금 주도 성장론〉 보고서는 보수적인 IMF와 세계은행에도 영향을 주면서 국제사회에서 소득 불평등을 줄이는 정책이 장기적으로 경제성장에 도움이 된다는 주장을 담아 호응을 얻고 있다. 임금 주도 성장론은 저성장의 원인을 소득 불평등에서 찾는다. 지난 30년 동안 전 세계적으로 노동 소득 분배율(국내총생산에서 노동 소득이 차지하는 비율)이 감소하는 추세다. 소득 주도 성장론자들은 2008년 금융 위기 이후 경제성장률보다 낮은 임금 상승률이 내수 경기의 회복을 막고 있다고 지적한다.[36] 이들은 노동자의 임금을 올려 가계소득을 늘리고 소비를 증가하면 경제 회복의 선순환을 이룰 수 있다고 주장한다. 이러한 생각은 1929년 대공황을 타개하기 위해 존 메이너드 케인스John Maynard Keynes가 유효수요 이론으로 제시한 바 있다. 이는 신자유주의 이론의 낙수 경제학과 달리 '분수trickle-up' 효과로도 불린다. 1933년 루스벨트 대통령의 '뉴딜' 정책이 대표적이다.

　임금 주도 성장론은 대다수 인구를 차지하는 중산층과 노동자의 총수요가 공급을 창출해 경제성장을 촉진한다는 주장이다. 이 주장을 받아들여 최근 미국·일본·독일 정부는 잇달아 임금 인상을 추진하고 있다. 오바마 미국 대통령은 2009년 최저임금 인상을 추진하면서 8000억 달러 이상의 재정 부양책을 제안했다. 아베 신조 일본 총리도 사상 최대 규모의 재정 부양책을 추진하면서 대기업에 임금 인상을 요구했다. 불평등을 줄이기 위해 소득을 올리는 일이 정부의 역할이라는 인식의 전환이 이루어진 것이다. 만약 정부가 불평등이 심해지도록 내버려 둔다면 불평등은 경제 회복을 지연시키고 사회통합에도 커다란 위협이 될 것이다.

노벨경제학상을 받은 미국 경제학자 조지프 스티글리츠Joseph Sti-
glitz는《불평등의 대가The Price of Inequality》에서 미국 경제가 불평등
의 심화 때문에 장기적으로 생산성과 효율성이 감소하고 경제성장
이 둔화되는 값비싼 대가를 치르고 있다고 비판했다.37) 그는 성장
과 분배가 대립하지 않고 보완적 기능을 수행한다고 강조했다. 하
위층과 중위층의 소득이 늘면 모든 계층이, 심지어 상위층도 그 혜
택을 얻을 수 있다는 것이다. 그러면서 지금이라도 경제 회복을 위
해 부유층 세금을 늘리고 교육과 직업훈련, 환경 친화적 기술, 연구
개발 등에 정부가 더 과감하게 투자해야 한다고 역설한다. 이런 정
책 변화를 위해서는 국가의 적극적 역할과 사회 구성원들의 정치적
합의가 꼭 필요하다. 한국의 정치인과 정책 결정자가 귀담아들어야
할 말이다.

6

불평등을 합리화하는 이데올로기

한국은 평등주의 열망이 강렬한 사회로 알려져 있다. 조선 건국을 설계한 정도전도 토지개혁으로 평등한 자작농의 이상향을 추구했다. 하지만 조선 후기의 극심한 불평등을 보면 그의 꿈은 성공을 거두지 못했다. 서양의 봉건제 사회에 비하면 조선은 소농 사회라고 할 수 있지만, 시간이 지날수록 토지가 소수의 지주에게 집중되어 토지를 못 가진 소작농이 늘어났다. 지금 보기에는 조선의 양반이 비교적 검소하게 생활한 것 같지만 당시 지주와 소작농의 생활은 하늘과 땅만큼 차이가 컸다.

소작농은 말 그대로 초근목피로 연명하거나 기아에 허덕이며 살아야 했다. 가난은 나랏님도 어쩔 수 없다는 생각이 널리 퍼졌다. 이와 같은 숙명론이 지배하는 사회에서 평등과 정의는 존재할 수 없다. 조선 후기에 증가한 상업자본이나 '경영형 부농'을 현대적 의미의 신흥 부르주아지나 중산층으로 보기는 어렵다. 이런 사회에서 평등은 존재하지 않고 그야말로 절대적 빈곤을 향한 하향식 평준화만 존재했다.

평등주의를 평등을 향한 인간의 열망으로 정의한다면, 한국 사회에서 평등주의의 폭발은 매우 현대적인 현상이다. 1945년 해방 직후 한국 사회에서 소수의 인구만 지주였고, 거의 80%가 넘는 인구가 영세한 소농이나 소작농이었다. 인구 중 대부분이 토지개혁을 열렬히 원했지만, 이는 평등에 대한 열망보다는 생존을 위한 욕구로 보는 것이 더 적절하다. 이승만 정부는 사유재산권과 시장경제를 지지하면서도 토지 재분배를 원하는 농민의 엄청난 열망과 토지개혁을 이미 실시한 북한 공산 정권의 위협을 무시할 수 없었다. 당시 미 군정의 여론조사에 따르면, 해방 직후 국민의 80%가 토지 재분배를 지지했다고 한다. 이는 당시에 가장 큰 정치적 쟁점이었다. 결국 이승만 정부는 강제적으로 농지개혁을 추진했고, 한국전쟁 전후로 모든 농경지의 90% 이상이 다양한 방법을 통해 자작농들의 소유가 되었다. 1950년에 탱크를 앞세우고 등장한 인민군을 자작농이 환영하지 않은 현상은 그들이 공산주의라는 이념보다 자신 소유의 토지를 더 원했다는 사실을 극명하게 보여 준다.

농지개혁과 평등주의의 등장

채만식의 〈논 이야기〉는 해방 후 농지개혁을 둘러싼 사회적 풍경을 묘사한다. 일본인 요시카와에게 땅을 판 한 생원은 토지를 돌려받을 것이라는 기대에 부풀지만, '일인의 재산을 조선 사람에게 판다'는 소문을 듣고 불같이 화를 낸다. "나라가 무어 말라비틀어진 거야? 왜 일인이 내놓고 간 땅을 저희가 팔어먹으려고 들어?" 구장의 설명을 듣고도 납득할 수 없던 그는 마침내 결론을 내린다. "독립됐다고 했을 제, 내 만세 안 부르기를 잘했지!"

당시 돈 없는 소작농이 땅을 사기는 어려웠다. 이런 점에서 한국의 농지개혁을 비판하는 견해도 있으나, 농지개혁은 공산주의 혁명을 예방하는 역할을 했다. 농지개혁으로 소규모의 토지 소유자와 자작농이 등장하면서 평등주의 사회가 되었기 때문이다. 농지개혁 때문에 전통적인 지주는 원천적으로 다시 등장할 수 없게 되었다. 정부는 3정보 이상의 토지 소유를 금지하는 한편 유상매수 유상분배 방식으로 지주가 산업자본가가 될 기회를 열었다.[1] 정치적인 의미에서 이승만 정권은 이를 통해 지주와 그 대변자인 한민당의 영향력을 효과적으로 축소시켰다. 좌익의 정치적 기반이 되었던 농촌이 이승만과 자유당의 기반으로 변하면서 선거에서 농촌은 여당을 지지하고 도시는 야당을 지지하는 '여촌야도_{與村野都}' 현상이 생겼다. 프랑스혁명 이후 소농들이 열렬한 나폴레옹 지지자가 된 것처럼 자작농이 이승만의 강력한 지지자가 된 것이다. 평등한 소농과 독재자의 결합은 한국의 가부장적인 성격을 보여 준다.

이승만 정부에서 농림부 장관으로 농지개혁을 주도한 조봉암은 일제강점기에 투옥 전력이 있는 조선공산당의 핵심 지도자였고 나중에는 북한 공산정권과 내통했다는 혐의로 처형되었다. 하지만 그의 농지개혁을 위한 노력을 통해 대한민국은 정치적 안정을 이루고 북한에 맞서는 체제 경쟁에서 이길 토대를 만들었다. 공산주의 정당인 남로당의 농촌 기반을 약화하고 인민군의 지배를 무력화한 조봉암이 용공 혐의와 간첩죄로 사형당한 것은 역사의 아이러니다.[2]

농지개혁을 통해 등장한 자작농은 계층 상승과 자녀 교육에 대한 열의가 엄청났다. 만약 농지개혁이 없었다면 광범한 교육 열풍이 불지 않았을 것이고, 설사 열의가 있었다고 해도 물적 토대가 없는 그들의 희망 사항에 그쳤을 것이다. 그러나 새로운 자작농은 땅을 팔고 소를 팔아 가며 자녀의 대학 교육을 지원했다. 오죽하면 대학을 '상아탑' 대신 '우골탑'이라고 불렀겠는가? '개천에서 용 난다'는 말은 농민 대부분의 계층 상승 열망을 대변했다.

4·19혁명으로 등장한 민주당 정부를 쿠데타로 무너뜨리고 집권한 박정희는 농가 부채를 덜어 주겠다고 약속하고 가난한 농민 출신이라는 사실을 내세웠다. 논두렁에 앉아 막걸리를 마시고 자신이 창당한 공화당의 상징을 황소로 정했다. 그 후 박정희 정부가 내건 구호, '잘살아 보세'는 전 국민을 사로잡은 주술이 되었다. 신분이나 가문과 상관없이 누구나 성공할 수 있다는 평등주의 신념은 역사에서 보기 드물다. 영국과 독일 등 보편교육을 실행하는 부유한 나라에서도 노동계급 자녀들이 대학에 가는 비율은 매우 낮다. 그런데 한국에서는 자식이 성공하면 가족 모두가 성공한다는 강력한 가족주의가 작동해, 자녀 교육이 국민적 강박관념이 되었다.

그러나 지위 성취를 향한 강력한 열망이 평등주의 사회를 출현시키기보다는 개인주의와 능력주의의 가치를 강화했다. 자유, 재산, 지위 획득의 열망이 공동체를 존중하는 공정한 경쟁보다 개인과 가족의 이기주의에 기댄 무한 경쟁 사회를 만들었다. 그 사회적 결과는 '나만 잘살면 된다'고 믿는 '교양 없는 중산층'의 탄생이었다.[3] 엄청난 교육 열풍은 '의도하지 않은 결과'를 만들었다. 사실상 국가는 초등교육만 제공했는데, 중산층과 농민은 자녀 교육을 위해 스스로 모든 재산을 바쳤다. 그 덕에 국가는 많은 돈을 들이지 않고 문맹을 없애는 한편 효과적으로 산업예비군을 생산할 수 있었다. 이들은 1970년대 이후 중화학공업의 숙련 노동자로 성장해 경제 발전에 이바지했다.

1960년대 아시아에서 일본 다음으로 부유했던 필리핀은 지금 가장 가난한 나라로 몰락했다. 한때 박정희가 "우리도 필리핀처럼 잘 사는 나라가 되었으면 좋겠다"고 말한 사실이 놀라울 것이다. 이처럼 농지개혁을 실행한 한국과 그렇지 않은 필리핀의 차이는 컸다. 만약 농지개혁과 교육 열풍이 없었다면, 노동력 외에 자원이 없는 한국의 경제성장은 훨씬 더 시간이 걸리거나, 아예 실현되지 않았을지도 모른다.

교육 열풍 속에서 농민의 자식은 점차 농촌을 떠났다. 도시로 이주한 이들은 중산층이 되었으며 부모 세대에 비해 높은 소득을 얻었다. 바로 이때 한국 사회에서 '세대 간 상향 이동'이 가장 뚜렷했다. 지금 기준으로는 당시 물질적 수준이 매우 낮아 보이지만, 전쟁 직후 황폐했던 상황과 비교하면 엄청난 발전이다. 4·19혁명 때 학생들의 저항운동을 지지한 중산층이 1970년대 박정희의 유신 쿠데타 상황에서는 시민의 자유 대신 물질적 안정을 선택했다. 5·16 쿠데타 직후 제대로 저항하지 못한 지식인의 모습을 담은 김수영의 시가 보여 주듯 소시민은 현실과 타협했다. "왜 나는 왜 나는 조그마한 일에만 분개하는가 / 저 왕궁 대신에 왕궁의 음탕 대신에 / 50원짜리 갈비가 기름덩어리만 나왔다고 분개하고 / 옹졸하게 분개하고 설렁탕집 돼지 같은 주인년한테 욕을 하고 / 옹졸하게 욕을 하고…."[4]

1970년대에 박정희의 유신 체제가 등장하고 정치적 폭압이 커졌지만 중산층은 군사정부에 순응하는 태도를 보였다. 박정희 정부의 장기 집권이 가능했던 큰 이유는 경제성장뿐만 아니라 평등주의적 소득 분배도 있다고 볼 수 있다. 농지개혁 덕분에 한국은 빠른 경제 성장 속에서도 남미와 동남아에 비해 불평등 수준이 낮았다. 산업화 과정에서 국가가 소수의 재벌에게 엄청난 특혜를 주었지만, 높은 성장률 덕에 중산층의 소득수준도 지속적으로 상승했다. 그래서 중산층은 자유를 희생한 대가로 물질적 성장을 얻을 수 있다고 기대했다. 게다가 국가 안보에 대한 위기감과 공포감도 중산층을 정치적으로 무력화하는 원인으로 작용했기 때문에, 박정희 군사정부에 대한 야당의 저항이 중산층의 지지를 얻는 데는 오랜 시간이 걸렸다. 그러나 정치적 민주화를 요구하는 야당과 학생운동의 지속적 저항이 없었다면 한국의 민주주의는 결코 성공하지 못했을 것이다.

정치적 민주화 이후 증가한 불평등

1960년대 이후 급속한 산업화 과정에서 증가한 노동자는 낮은 임금을 받으면서 하루 10시간 내지 12시간의 고된 노동, 잦은 밤샘 작업과 일요일조차 쉬지 못하는 무휴일의 공장 생활을 견뎌야 했다.[5] 공장은 사실상 거대한 수용소와 같았다. 조세희는 《난장이가 쏘아 올린 작은 공》에서 산업화에서 소외된 사람들의 목소리를 전했다. "우리 삼남매는 죽어라 공장 일을 했다. 우리는 우리의 생산 공헌도에 못 미치는 돈을 받았다. 네 명의 가족을 둔 그해도 근로자의 최저 생계비는 팔만삼천사백팔십원이었다. 어머니가 확인한 삼남매의 수입 총액은 팔만이백삼십일원이었다."[6] 사실상 고도성장은 노동자가 '인간다운 삶'을 희생하면서 이루어 냈다. 고도성장 속에서 중산층이 자라났지만 노동자와 하층민의 삶은 상대적으로 낙후되고 사회의 불평등은 커지기 시작했다.

1987년 정치적 민주화 이후에 노동조합이 새롭게 결성되면서 노동운동이 폭발했다. 단체협약을 통해 노동자의 실질임금이 상승하면서 한국의 소득분배가 평등주의 경향을 보였다. 노동조합은 임금인상을 요구하면서도 기업의 사유화를 제한하려는 어떤 시도도 하지는 않았다. 이런 점은 노동운동이 정치체제를 위협하지 않고 오히려 기존 체제를 유지하는 데 기여할 수 있다는 사실을 보여 준다. 정치적 민주화 이후 국가는 약해지고 재벌 대기업이 지배하는 자본주의적 집중이 본격적으로 이루어졌다.[7] 재벌 대기업은 다각화된 사업 분야에 투자를 확대했고, 경제력 집중이 더욱 심해졌다. 재벌이 거대한 자본을 활용해 언론, 대학, 문화에 커다란 영향을 미치기 시작했다.

마침내 1990년대는 재벌이 사회를 지배하는 새로운 시대가 되었다. 김영삼 정부 이후 국가는 노골적으로 탈규제와 민영화를 외치며 스스로 권력을 포기했다. '세계화'를 내세운 김영삼 정부는 재벌의 해외투자를 지원하고 해외 자본의 무분별한 유입도 허용했다. 재벌은 증권사, 종합금융회사, 카드회사를 통해 돈벌이에 나섰다. '문민정부'를 내건 김영삼 정부는 정부의 경제 개입을 권위주의의 유산으로 간주하면서 경제기획원을 폐지하고 정부가 주도하는 산업 정책을 포기했다. 권력은 국가에서 재벌로 서서히 이동하기 시작했다. 1988년에 전국경제인연합회(전경련)의 구자경 회장은 "자유경제체제를 수호하는 정당에만 정치자금을 헌금하겠다"고 말하는가 하면 정주영 현대그룹 회장은 '반값 아파트' 공약을 내걸며

1992년 대통령선거에 직접 후보로 출마했다. 국가와 재벌의 주도권 변화는 한국 사회가 국가주의와 권위주의에서 점차 시장주의, 소비주의, 개인주의, 능력주의 쪽으로 가는 현실과 깊이 관련된다.

풍요로운 1990년대를 맞이하면서 신흥 중산층은 평등주의보다 더 많은 경쟁을 통한 부를 열망했다. 생산과 분배보다 소비가 개인의 성공을 보여 주는 새로운 '지위 상징'이 되었다. 백화점의 사치품과 해외여행, 해외 유학은 과소비를 부추기고 중산층의 물질주의를 고착화했다. 사교육 경쟁과 특목고, 명문대 입학 경쟁은 학벌주의와 성공주의 신화의 토대가 되었다. 반면에 노동운동이 퇴조하고 지역주의 정당이 사회경제적 쟁점에 무관심하면서 불평등이 심화되고 평등주의 열망은 사라졌다. 특히 이념적 기반이 협소한 정당체제는 사회경제적 민주화를 정치적 의제로 설정하지 못했고, 평등전략을 추구하는 정치는 점점 힘을 잃었다.

1997년에 외환위기가 강타한 뒤 급속하게 진행된 경제적 구조조정은 한국 사회를 근본적으로 바꿨다. 사실 외환위기는 재벌의 성공이 만든 결과였지만, 외환위기를 통해 재벌은 더욱 성공할 수 있었다. 김대중 정부와 노무현 정부의 경제정책 방향이 자유시장의 역할을 강조하는 신자유주의를 지향했기 때문이다.[8] 이는 진보주의의 전통적 관심사인 평등 및 사회정의와는 아무 관련도 없다. 김대중 정부의 진념 기획예산위원장은 한국 경제에 '(1997년 외환)위기가 우리에게 영국을 재구성한 대처와 같은 변화의 기회를 주었다'고 말했다.[9] 대처라고? 공기업 사유화와 복지국가의 해체를 주장한 대처 영국 총리가 한국 경제개혁의 모델이 된 것이다. 당시 비상경제대책위원회 위원장이던 김용환은 박정희 정부에서 재무부

장관을 할 때 금융정책과장이던 이헌재를 금융감독위원장으로 앉혔다. 이 자리에서 외환은행의 매각을 비롯해 은행 사유화를 주도한 이헌재가 노무현 정부에서는 재경부 장관이 되어 경제자유구역 내 영리병원을 허용했다. 김대중 정부와 노무현 정부에서 권력을 잡은 관료와 정치인들이 경제 자유화와 노동 유연화를 추진한 것이다. 재벌 대기업을 위해 세금이 줄고 규제가 완화되었다. 이렇게 자유시장경제의 전도사가 된 경제 관료들은 퇴임하자마자 재벌 대기업, 대형 로펌, 회계 법인으로 자리를 옮겼다. 진념은 삼정KPMG 고문과 LG전자 사외이사를, 이헌재는 김앤장과 언스트앤영의 고문을 지냈다.

민주주의를 구한다고 자부한 김대중·노무현 정부에서 빈부 격차가 커졌다는 사실은 뼈아픈 역사로 평가할 수 있다. "과거를 기억하지 못하는 사람들은 과거를 반복할 수밖에 없다"[10]는 미국 철학자 조지 산타야나George Santayana의 말은 너무 평범하면서도 섬뜩하다. 민주 정부 10년 동안 무슨 일이 일어났는지 되돌아보는 일은 어렵지 않지만, 우리가 너무 빨리 잊는 것이 문제다. 민주 정부 시대에 소득세와 법인세가 낮아지면서 부유층과 기업의 소득과 재산은 더욱 증가했다. 대기업 임원의 연봉은 급속하게 상승했지만, 노동자의 평균 소득은 제자리걸음이었다. 구조조정의 희생자가 된 노동자는 영세 자영업자로 내몰렸다. 과잉 공급된 자영업은 도산에 직면했고 실질소득은 계속 하락했다.

한국은 OECD에서 비정규직 비율이 가장 높은 나라가 되었다. 비정규직의 증가와 청년 실업 때문에 한국 사회는 두 계급으로 분열되었다. 새로 등장한 계급사회는 평등한 시민권을 강조하는 민주주의와 충돌할 수밖에 없었다. 최장집 고려대 교수가 말한 대로 '민주화 이후 민주주의'는 더욱 위기에 봉착했다.[11] 1997년 외환위기 이후 한국의 불평등은 더욱 심각해져서 OECD 회원국 중 가장 심한 수준에 도달했다. 장하준 케임브리지대 교수도 한 신문에서 '외환위기 이후 우리나라의 소득분배는 눈에 띄게 악화됐다'고 지적했다.[12] 왜 이런 일이 생겼을까?

김대중 정부는 신자유주의 세계화의 긍정적 영향은 과대평가하고 부정적 영향은 과소평가하며 월 가와 재벌 대기업의 요구대로 경제 자유화, 공기업의 민영화, 노동시장의 유연화를 주도했다. 자유화는 해외 투기 자본의 적대적 인수 합병과 '먹튀'를 허용하는 것이고, 민영화는 국내외 독점기업의 공기업 인수를 통한 사유화를 의미하고, 유연화는 기업이 노동자를 마음대로 정리해고하는 것이었다.

김대중 정부에 이어 노무현 정부도 자유시장의 부정적 효과를 과소평가했다. 대통령의 측근들이 삼성경제연구소SERI의 보고서를 들고 청와대에 들어갔고, 얼마 후 정부는 '2만 달러 시대'를 목표로 내걸었다. 여당 국회의원은 '시장경제를 배우자'고 다짐하며 연구 모임을 만들고, 경제 관료들은 법인세와 소득세 인하를 주장했다. 청와대에서 재벌 개혁·소득분배·노사 협력을 강조한 이정우 정책실장이 물러나고, 조윤제 경제보좌관은 한미 자유무역협정FTA 추진단을 맡아 "정부는 (동북아) 금융 중심지가 되기 위해 금융 관련 규제를 대폭 수정하고 있다"고 공개적으로 말했다. 그 뒤 일사천리로 자유무역협정과 서비스산업 개방을 밀어붙였다. 선별적 개방과 산업 정책으로 고성장을 이룬 한국이 미국 같은 저성장 체제

를 선택할 필요가 있는지 스티글리츠 교수가 묻기도 했지만 소용
없었다.

　노무현 정부는 한미 자유무역협정과 함께 비정규직을 보호하지
못하는 '비정규직 보호법'도 도입했다. 그리고 재벌 대기업의 요구
대로 실손 보험을 허용하는 의료 영리화를 수용했다. 한명숙 총리,
유시민 복지부 장관, 김용익 청와대 사회정책수석이 재임하던 시
기다. 결국 "모든 권력이 시장으로 넘어갔다"고 공개적으로 선언한
노무현 대통령이 퇴임 후에는 노동 유연화에 대해 손을 놔 버린 것
이 진보주의의 제일 아픈 점이라고 말하기도 했다. "어떻든 진보주
의도 '그거 우리도 할 수 있어.' 하면서 규제 혁파 많이 했어요. 그런
데 '노동의 유연화, 그것도 우린 할 수 있어.' 하고 놔 버린 게 진보
주의의 제일 아픈 데죠. 가장 아팠던 것이 이 대목입니다."[13]

　2008년에 역사상 첫 번째 기업인 출신 대통령으로 취임한 이명
박 대통령은 '비즈니스 프랜들리', 즉 '친기업'을 외치면서 전면적
으로 탈규제와 사유화를 강조하고 부자 감세도 밀어붙였다. '중도
실용'을 내세웠지만, 재벌 대기업을 위해 금융자본과 산업자본의
분리 완화와 금융 국제화를 추진했다. 300만 일자리 창출이 공약이
었지만 비정규직 일자리만 대거 늘어났다. 그나마 집권 중반기에는
'친서민'을 국정 목표로 내걸었지만 복지 예산을 삭감하고 4대강
사업에 22조 원을 쏟아부었다. 김경한, 박재완 등 이명박 정부의 고
위 관료도 퇴임 후에는 로펌과 대기업으로 발길을 돌렸다.

　2012년 대선에서 '경제민주화'를 공약한 박근혜 대통령은 집권
하자마자 '경제 활성화'와 '규제 개혁'으로 말을 바꿨다. 철도에 경
쟁을 도입하고 영리 병원 설립을 허용하며 집값과 전세가를 폭등시

키는 부동산 활성화 정책을 시행했다. 경제민주화가 실종되면서 중소기업, 비정규직 노동자, 저소득층을 위한 정책은 뒤로 밀려났다. 국가의 역할은 사라지고 시장 경쟁만 찬양받았다. 이명박 대통령이 참호전으로 은폐물 뒤에서 총을 쏘아 댔다면, 박근혜 대통령은 전면전으로 전후방을 가리지 않고 폭탄을 쏟아부었다. 2014년에는 '쓸데없는 규제는 우리가 처부술 원수이자 암 덩어리'라는 노골적인 표현을 썼고, 규제 개혁 장관 회의를 일곱 시간 생중계로 보여 주었다. 같은 해 4월 16일에 터진 세월호 참사의 원인으로 노후 선박의 선령 연장 같은 무분별한 규제 완화가 지적됐지만 박근혜 정부는 철저히 외면했다. 오히려 전경련이 규제 개혁 종합 건의를 제출해 파견근로, 기간제 사용 기간 연장, 저성과자 해고 등을 포함한 '노동 개혁'을 밀어붙였다. 재벌 대기업에 대한 법인세 인상을 반대하는 한편 미르와 K스포츠 재단 설립의 지원을 요구했다. 세금을 올리지 않고 뒷돈을 받는 거래가 이루어졌다. 대통령의 지시로 청와대 안종범 정책조정수석은 이틀 만에 800억 원을 모금했다. 최순실이라는 박 대통령 비선 실세의 농간으로 벌어진 정경 유착의 추악한 민낯이 전 국민에게 드러났다.

이제 사회 불평등을 만든 정부의 책임과 민주주의의 가치가 모두 희미해졌다. 불평등에 대한 비판은 좌파의 상투적 주장이나 비현실적 공상으로 폄하되고, 오히려 불평등이 자연스럽고 바람직하다는 주장까지 퍼지고 있다. 불평등을 합리화하는 논리가 널리 퍼지는 데는 언론의 역할이 크다. 일찍이 독일 사회학자 테오도르 아도르노Theodor Adorno와 프랑크푸르트학파는 라디오, 신문 같은 '대중 산업'이 오락 수단이 되어 사회에 대한 비판 의식을 마비시킨다고 말했다. 한국의 대중 산업도 즉각적인 오락과 순간적 쾌락을 제공하면서 더 많은 광고비를 위한 시청률 경쟁에 몰두한다. 방송은 유명인들이 식당과 거리에서 온갖 음식을 먹는 장면과 거의 포르노그래피 수준으로 노출한 여성의 몸을 지속적으로 보여 준다. 교양이나 사회문제를 다루는 프로그램은 심야방송으로 밀려난다. 언론이 사회의 '공기公器'가 아니라 음식과 섹스의 신전이 되었다.

언론의 문화적 퇴행은 소수 부자들이 언론을 지배하고 있기 때문이다. 진시황의 분서갱유처럼 현대 부자들은 대중매체에서 맘에 들지 않은 주장을 다 없애 버린다. 부자를 대변하는 정부가 등장하면서 KBS, MBC 등 공영방송의 입에는 재갈이 물리고 청와대가 원하지 않는 기사를 쓰는 기자들은 쫓겨났다. 조선일보, 동아일보, 중앙일보 등 거대 보수 언론은 엄청난 광고비를 주는 대기업의 편을 드느라 여념이 없다. 여기에 종편까지 나서서 기업과 부자의 생각을 전파한다. 세금이 오르면 경제가 나빠지고 복지가 많으면 게으른 사람이 늘어난다는 것은 보도라기보다 프로파간다(선전)에 가깝다. 재벌의 혼외 자식, 이혼 소송, 사생활은 시시콜콜 보도하면서 노동자와 저소득층의 고통스러운 현실에 관한 탐사 보도는 없다. 종편에서 정당의 계파, 정쟁, 대선 주자의 근황은 상세하게 소개해도 정치인들이 청년 실업, 비정규직, 빈부 격차가 커지는 이유에 대해 진지하게 토론하는 경우는 거의 없다. 국민의 목소리를 대변해야 할 언론에서 심각한 사회문제를 다루지 않는 황당한 일이 왜 일어났을까?

불평등 이데올로기의 성공

1926년 이탈리아 사회당 국회의원이던 안토니오 그람시Antonio Gramsci가 무솔리니 정부의 경찰에 체포되었다. 당시 이탈리아 검찰은 '우리는 이 두뇌의 활동을 20년 동안 중지시켜야 한다'고 말했고, 그람시는 결국 1937년에 감옥에서 목숨을 잃었다. 이탈리아 사회당은 궤멸적 타격을 받았고 무솔리니는 히틀러와 손잡으며 2차 세계대전에 뛰어들었다.

그런데 그람시의 두뇌는 멈추지 않았다. 감옥에서 《옥중수고 Quaderni del Carcere》를 남긴 그람시는 "왜 이탈리아에서 가난한 노동자와 농민이 무솔리니의 파시스트 독재를 더 지지하는가?"에 대한 답을 찾기 위해 노력했다. 그리고 고안한 개념이 바로 헤게모니다. 그는 권력관계를 분석하는 개념으로 헤게모니를 사용했다. 지배와 정치에 '강제와 동의가 동시에 존재한다'고 주장한 그는 자본주의 시대에 강제를 담당하는 정치사회와 동의를 담당하는 시민사회가 있다고 주장했다. 지배계급이 직접적으로 지배하는 정치사회는 경찰·군대·법률제도 등으로 구성되고, 피지배계급이 자발적으로 형성한 시민사회에는 가족·교회·학교·언론·기업·노동조합 등이 있다. 자본주의는 사회의 동의를 만들고 개인의 사고와 판단을 규정하며 대안적 전망과 담론을 제시하는데, 그 대표적인 담론이 경제적 효율성, 자유시장의 우월성, 개인주의, 능력주의, 성과주의, 소비주의 등이다.

이 장에서는 한국 사회에서 불평등에 관한 지배적 담론이 되고 있는 이데올로기와 문화의 효과를 분석한다. 한국에서는 왜 불평등이 커지는지, 불평등에 어떻게 대응해야 하는지를 두고 지식인과 그 외 사람들의 인식 차이가 매우 크다. 불평등의 원인에 대해 전혀 다르게 분석하는 만큼 처방도 다르다. 그래서 불평등은 늘 학계, 언론계, 정치권에 뜨거운 논쟁을 불러일으킨다. 그만큼 불평등은 학문적 주제이자 정치적 주제다.

오늘날 보수적 학자들이 18세기 영국의 중상주의자들처럼 빈곤을 사회의 '필요악'으로 강변하지는 않지만, 교묘한 논리로 불평등을 합리화한다. 보수주의, 신자유주의, 자유지상주의는 불평등이 사회의 '자연적' 특징이기 때문에 피할 수 없다고 말한다. 심지어 바람직하다는 학자들도 있다. 이들은 불평등이 열린 시장에 재화와 서비스뿐만 아니라 근면과 혁신의 인센티브를 제공한다고 주장한다. 이런 논리는 경제학, 사회학, 정치학 등 여러 학문의 세계에 널리 퍼져 있으며 정치인, 언론인, 대학교수 등을 통해 널리 전파된다.

1930년대에 영국 경제학자 케인스는《고용, 이자, 화폐의 일반이론The General Theory of Employment, Interest and Money》에서 이렇게 말했다. "경제학자와 정치철학자의 사상은 옳건 그르건 일반적으로 생각하는 것보다 훨씬 강력하다. 사실상 세계를 지배하는 것은 그 외에 별로 없다. 어떤 지적 영향력에도 무관하다고 확신하는 실무자도 대개는 오래전에 죽은 어떤 경제학자의 노예들이다. 하늘의 목소리가 들린다고 하는 권좌의 광인들은 몇 년 전 졸렬한 글을 써댄 어떤 학자로부터 자신의 광기를 뽑아내고 있는 것이다."[14] 불평등에 관해 실무자와 권력자의 광인들이 하는 생각도 다르지 않다. 한국 사회에서 불평등을 유지하는 담론에는 크게 네 가지 논리가 작동하고 있다. 첫째, 부모의 배경과 상관없이 개인이 노력하면 성공할 수 있다는 능력주의의 논리다. 이런 논리는 열심히 노력하지 않아서 가난하다는 편견을 강화한다. 둘째, 불평등이 자연의 질서이며 모든 사회를 우월한 엘리트가 지배한다는 논리다. 이 논리에 따르면 정부의 노력이 불필요하고, 지나친 재분배는 오히려 경제에 해악을 끼친다. 셋째, 경제가 성장하면 불평등 문제가 저절로 해결된다는 논리다. 주류 경제학의 '낙수 효과' 이론과 밀접한 이 논리를 주장하는 이들은 기업이 성공하고 부자가 많아지면 부의 혜택이 사회 전체에 확산될 것이라고 본다. 넷째, 사회의 불평등을 없애는 노력보다 개인의 기대 수준을 낮춰야 한다는 논리다. 이를 대표하는 '긍정 심리학'은 물질주의가 불행감의 가장 큰 원인이라면서 물질주의적 가치를 바꾸자고 주장한다. 불평등을 비판하는 것이 부자들에 대한 선망, 질투일 뿐이라는 편견을 강화하는 주장이다. 이제 이 네 가지 주장이 모두 틀렸다는 점을 밝혀 보자.

순수한 능력주의

능력주의를 뜻하는 영어 메리토크라시meritocracy는 원래 긍정적 의미로 탄생하지 않았다. 영국의 사회학자이자 정치가인 마이클 영 Michael Young은 《능력주의의 등장The Rise of the Meritocracy 1870-2033》이라는 풍자소설에서 이 말을 처음 쓰면서[15] 평생 IQ 시험을 반복하며 능력에 따라 엄격하게 직업이 할당되는 미래 사회를 보여 주었다. 2차세계대전 직후 영국의 학교에서 실력에 따라 학생을 구분한 현실을 우려했기 때문이다. 그에 따르면, 교육을 향한 극단적 경쟁은 '학위 병diploma disease'을 만든다. 능력주의가 지나치게 확산되면 업적이 있는 사람들이 상위층에 몰리고 하위층을 대변하는 사람들은 사라진다. 보수당에든 진보당에든 성공한 사람들만 가득 찬다. 그런데 세습이 아니라 업적을 통해 성공한 상류층은 정당성이 있기 때문에 과욕을 부려도 제제할 수단이 없다. 대기업 최고경영자의 연봉이 천정부지로 올라도 노동조합은 아무 말도 못 한다. 결국 양극화가 심해지고 노동계급의 자녀는 다시 노동계급이 되는 상황이 고착한다. 업적 있는 사람들이 만든 승자 독식의 논리는 또 다른 불평등을 만들고 세대를 이어 고착하는 것이다.

세월이 흘러 능력주의는 영의 의도와 달리 좋은 의미로 둔갑했다. 오늘날 능력주의는 개인의 능력에 따라 정당한 보상을 받는다는 사고방식을 표현한다. 20세기 후반에 낙관적인 사회학자들은 부모의 신분에 따른 세습주의와 달리 개인의 실력과 업적으로 평가받는 능력주의가 등장하고 있다고 주장했다. 냉전 시대에 미국에서 능력주의는 소련의 엄격한 평등주의와 다른 대안으로 관심을 끌었다. 당시에는 균등한 기회가 진정한 능력주의를 이끌고, 궁극적으로 순수한 평등주의가 가능하다고 가정했다. 누구나 능력이 있으면 성공할 수 있다는 기대가 커졌다. 그러나 오늘날 능력주의의 가정은 사회의 현실과 매우 다르다. 미국 사회학자 스티븐 J. 맥나미Stephen J. McNamee와 로버트 K. 밀러Robert K. Miller Jr.는, 능력주의를 주장하는 사람들이 개인의 능력이 성공의 토대가 될 수 있다고 주장하지만 지금 세상에서는 능력 외의 원인이 훨씬 큰 영향을 미친다고 비판한다.[16] '아메리칸 드림'을 강조하는 미국 사회에서 개인의 능력이 삶에 미치는 영향은 과대평가한 반면, 비능력적 요인이 미치는 영향은 과소평가했다. 실제로 타고난 재능, 능력, 근면 등 개인의 능력과 연결되는 원인보다 계층에 따른 교육 기회의 불평등, 부와 특권·특혜의 대물림이 기회의 불평등을 야기했다.

주류 경제학은 대개 개인의 능력에 따른 시장의 차등적 분배를 당연하게 여긴다. 그중 대표적인 '인적 자본human capital' 이론은 개인의 교육과 기술 수준에 따라 소득 격차를 분석한다. 이런 관점은 불평등의 원인을 개인에게 떠넘긴다. 반면에 대기업 임원들이 엄청난 연봉과 상여금에 스톡옵션까지 받는 것은 재능과 노력을 보상해야 한다는 능력주의에 따라 정당화된다. 1990년대에 이건희 삼성 회장은 '천재 한 명이 수만 명을 먹여 살리는 시대'라고 말했다. 이 '천재 경영론'이 고액 연봉을 정당화하고 거액의 스톡옵션을 유행시켰다. 오히려 평등주의는 뛰어난 인재의 육성을 방해하는 장애물로 보았다.

능력주의자들은 비범한 최고경영자가 성공적인 기업을 만들어 더 많은 일자리를 제공하도록 최고의 보수를 줘야 한다고 주장한다. 안 그러면 그 재능을 쓸 수 없고, 기업과 일자리도 만들어지지 않기 때문에 모두가 손해를 본다는 것이다. 심지어 최고경영자에 따라 주가가 급등할 수도 있기 때문에 보상을 주저하지 않아야 한다고 강변한다. 최고경영자가 성공하든 실패하든 항상 최고의 보상을 받아야 한다고 항변한다.[17] 그런데 큰 보상을 받으면서도 회사가 도산할 경우 최고경영자의 재산은 아무 위험에 처하지 않는다. 경제 위기로 돈을 잃거나 직장을 잃거나 빈곤층으로 전락하는 사람들은 그 위기에 아무 책임도 없는 평범한 사람들이다.

오늘날 한국에서 능력주의의 가정은 신뢰를 잃은 지 오래다. 배경이 아니라 능력에 따라 부를 얻을 수 있다는 믿음은 점차 사라지고 있다. 초등학생들은 성공의 가장 중요한 요소로 부모의 배경을 꼽는다. 과거에 많은 한국인들은 교육을 통해 사회이동이 가능하다고 믿었다. 이런 개인주의, 능력주의, 교육 지상주의가 85%에 이르는 세계 최고 수준의 대학 진학률 신화를 만들었다. 그러나 이제 계층 상승의 통로가 되는 교육이 부모의 경제력에 따라 결정되면서 균등한 기회라는 민주주의의 가치가 약화되었다.[18]

대학 입학이 성적에 따라 결정되면 공정하다고 생각하는 사람이 많지만, 실제로 성적은 부모의 경제력과 밀접한 관계에 있다. '개천에서 용 난다'는 옛말이 되었다. 아이를 잘 키우려면 '할아버지의 재력, 아빠의 무관심, 엄마의 정보력'이 필요하다는 말이 퍼지고 있다. 상위층을 향한 사회이동의 기회는 20세기 후반 한국 사회의 일시적 현상이었을지도 모른다. 명문대 입학생의 지역 차이가 점점 커지고 있다. 출생에 따라 결정되는 경직된 계급 구조가 출현하고 있다. 불평등이 사회의 영구적 제도가 되는 것이다.

2016년 한국을 흔든 최순실의 딸 정유라가 페이스북에 "능력 없으면 니네 부모 원망해… 돈도 실력이야"라는 글을 남겨 전국의 중고생을 격노하게 만들었다. 돈만 있으면 불법 비리를 저질러도 상관없다는 금전 만능주의의 민낯을 그대로 보여 주었다. 오늘날 심각한 문제는 순수한 능력주의가 부의 세습을 정당화할 수 있다는 점이다. 부유한 최상위층 가정의 자제는 엄청난 재산을 상속받고, 중산층 자녀는 사교육 혜택을 받고 취업 기회를 얻는 경우가 많다. 그러나 저소득층 자녀는 좋은 성적을 내고 좋은 대학에 입학하기가 상대적으로 어렵다. 좋은 인턴 경력도 취업 기회도 얻지 못한 채 다른 출발선에서 사회에 진출한다. 학비는 물론이고 주택자금과 결혼 비용도 스스로 해결해야 하는 저소득층 자녀는 상대적으로 불리한 인생을 산다.

이처럼 부모 세대의 부와 소득에 따라 자녀들이 상이한 기회를 가지면서 사회적 대물림이 제도화된다. 순수한 능력주의의 외피를 쓰고서 세습주의의 현실을 가리고 있는 것이다. 자유시장의 힘으로 사회의 평등이 충분히 보장되기는 어렵다. 순수한 능력주의로 성공한 개인이 축적한 부가 재분배되지 않고 다음 세대에 고스란히 상속되어 신분 세습이 일어난다면 불평등은 더욱 커질 것이다.[19] 재벌 2세, 3세가 명문 대학을 나온 뒤 아버지의 회사에서 경영 수업을 받아 능력이 뛰어난 것이 공정한 경쟁의 결과라고 할 수 있겠는가? 학벌과 경력이 만든 능력주의는 부자의 세습을 정당화할 뿐이다. 영의 책이 출간되고 50년이 지난 뒤 토니 블레어Tony Blair 영국 총리가 영국을 완전히 능력주의로 탈바꿈하자는 연설을 하자, 86세인 영이 '능력주의를 타도하자'는 글을 써 블레어를 공개적으로 비판했다. 그는 능력주의가 사회의 불평등을 정당화하는 도구가 되고 있다고 개탄했다.[20] 능력주의를 외치는 사람들의 주장과 달리 개인의 부는 다른 사람들과 공동체의 기여를 통해 만들어진다는 사실을 인정해야 한다.

자연적 엘리트주의

19세기 이탈리아 사회학자 빌프레도 파레토Vilfredo Pareto는 '엘리트의 지배'가 불가피하다고 주장한 것으로 유명하다. 그는 유럽에 혁명이 일어나던 1848년에 파리에서 귀족 신분으로 태어났다. 로잔대학의 정치경제학과 학과장이 되었으나 매우 반사교적이던 그는 공공연하게 대중을 업신여겼다. "모든 종교적, 도덕적 신념은 과학의 특징인 논리적, 실험적 방법 밖에 있는 비논리적 정서다. 하지만 대중은 무언가 믿을 것이 없으면 미개한 상태로 돌아가기 때문에 믿을 것을 주기 위해서라도 이런 신념을 유지시키고 가르쳐야 한다." 이렇게 말하기도 한 그는 뛰어난 수학 실력 덕분인지 유럽 도시들의 세금 자료를 이용해 통계적 규칙을 발견했다. 상위 20%의 사람이 소득의 80%를 차지한다는 점이다. 그는 '20 대 80의 사회'가 출현하는 것이 필연적이라고 주장했다. 한편 벌을 연구하는 생물학자들이 꿀벌 중 80%는 열심히 일하고 20%는 빈둥거리는 현상을 발견했다. 그리고 빈둥거리는 20%를 없앴더니 모두가 일하는 것이 아니라 다시 20%가 놀았다. 우리는 꿀벌 세계에 어떤 비밀 법칙이 작용하는지 확실히 알지 못한다. 하지만 현대 통계학자들은 대부분의 사회에서 상위 20% 인구가 전체 사회의 부 가운데 80%를 차지한다고 주장한다.

파레토는 아무리 평등을 외쳐도 엘리트가 등장하는 것을 피할 수는 없으며 사회의 급격한 변동도 지배 세력의 교체를 통한 '엘리트의 순환'일 뿐이라고 믿었다. 이것은 무계급사회를 만들겠다는 사회주의 혁명가를 반박한 파레토의 핵심 주장이었다. 그는 '인류 역사는 계급투쟁의 역사'라는 마르크스의 말을 비꼬아 '인류 역사는 귀족 계승의 역사'라고 주장했다. 그는 당시에 인기 있던 평등을 추구하는 사회주의운동을 반대했다. 새 정부가 등장해도 그 전 정부보다 평등해지는 법은 없을 것이라고 보았다.

시칠리아의 귀족 람페두사Giuseppe Tomasi di Lampedusa는 《표범Il Gattopardo》에서 19세기 이탈리아 통일 전쟁의 시대에 명문 귀족 살리나 가문을 대표하는 파브리치오의 입을 통해 지배계급의 순환에 대해 이렇게 적었다.

> 이것이 전부인가, 언제까지나 이럴 수는 없다. 그렇지 영원히 계속될 것이다. 물론 인간의 척도에서 영원이다. 백 년 그리고 이백 년…. 그리고 그 뒤에는 바뀔지 모르지. 그러나 나쁜 쪽으로 바뀔 것이 분명하다. 우리는 '표범'이고 '사자'였다. 우리를 대신하는 것은 자칼이나 하이에나일 것이다. 그러나 모든 '표범'족은, 그것이 자칼이든 양이든, 끝내 자신은 세상의 '다른 소금'이라는 것을 믿어야 한다.[21]

표범은 살리나 가문의 상징이었다. 통일 이후 귀족을 대체할 새로운 계급은 자신의 조카 탄크레디와 결혼한 신흥 부르주아지 세다라 가문이었다. 살리나에서 세다라로 교체될 뿐 지배계급은 여전하다는 생각은 역사에 대한 냉소적 회의주의를 보여 준다.

현대 자본주의에서 지배계급은 바뀌지 않는다. 정신을 차릴 수 없을 만큼 빠르게 돌아가는 주식시장에서 뚱뚱한 고양이와 굶주린 개는 언제나 존재한다. 2008년 미국에 닥친 금융 위기를 다룬 영화 〈마진 콜Margin Call〉에서 월 가의 투자은행 회장 존 털드(제레미 아이

언스 분)는 곧 닥칠 주식 폭락을 예측하고 샘 로저스(케빈 스페이시 분)에게 주식을 팔라고 명령한다. "헛된 일이라는 건가? 자네가 지난 40년간 매일같이 해 온 일이야. … 계속 반복되는 거야. 우리도 어쩔 수 없어. 자네나 내가 통제하거나 멈추거나 늦출 수도 없어. 아주 조금도 바꿀 수 없지. 그냥 대응할 뿐이야. 제대로 하면 떼돈 버는 거고 제대로 못 하면 길거리에 나앉아야 하는 거지. 승자와 패자의 비율은 언제나 같았고 앞으로도 같을 거야. 이 세상에 행복한 놈과 슬픈 놈, 뚱뚱한 고양이와 굶주린 개가 있지. 물론 전보다 사람 숫자가 늘긴 했지. 그러나 비율은 절대 안 변해." 그에 따르면 최첨단 주식시장에서 승자가 되기 위해서는 "1등을 해야 하고 남들보다 더 똑똑해야 한다. 또는 다른 사람을 속여야 한다."

엘리트의 지배를 강조하는 관점은 사회정의라는 추상적 개념보다 '자연적 정의'라는 생각을 정당화하는 보수주의에 가깝다. 자연적 정의는 자유시장 자본주의를 옹호하는 존 로크John Locke·에드먼드 버크Edmund Burke·로버트 노직Robert Nozick의 사고와 가까운데, 특히 버크는 시장 질서를 '자연의 법칙'이나 '신의 법률'로 보았다. 그는 정부의 시장 개입이 효율성을 떨어뜨릴 것이라는 애덤 스미스의 생각을 수용하는 한편, 정부가 가난한 사람을 돕는 행위도 신의 섭리에 대한 간섭이라고 비판했다. 또한 영국 경제학자 맬서스는 인구 증가를 억제하기 위해서는 전쟁·기아·질병이 필요하다고 보고, 빈곤을 줄이려는 노력의 의도가 아무리 좋아도 결국 사회적 재난을 가져올 것이라고 주장했다.[22]

이런 관점은 19세기 영국의 사회학자 허버트 스펜서가 제창한 '적자생존'처럼 개인의 '자연적' 재능에 따라 물질적 보상이 결정된다고 전제한다. 이렇게 찰스 다윈의 진화론을 악용해 우생학을 만든 사람들의 종착역은 인종주의다. 보통 사회진화론의 최종판으로 나치의 인종주의를 떠올리지만, 신자유주의는 사회진화론의 최신판을 제시한다. 신우익 싱크탱크로 꼽히는 미국기업연구소AEI의 사회학자 찰스 머레이Charles Murray는 흑인이 일할 생각을 하지 않고 교육도 안 받으며 복지에 의존해 사는 하층계급이라고 비판했다. 흑인에게 복지를 제공하면 자립 의지를 약화할 뿐이라고 주장한 그는 의무교육을 도입했어도 흑인의 지능지수는 백인과 동아시아인보다 낮다고 주장했다. 그의 연구에 따르면, 현존하는 불평등이 아무리 심각해도 그것이 자연의 법칙이기 때문에 정당하다. 그러나 인간의 통제를 넘어선 자연적 질서가 불가피하다는 주장은 현대사회에서 널리 수용되기 어렵다. 우리는 버크, 스펜서, 맬서스가 자연적 질서라고 부른 빈곤·기아·실업의 문제를 해결하는 인간의 노력을 대부분의 문명사회에서 발견할 수 있기 때문이다.

낙수 경제학

오늘날 자유시장 경제학을 정당화하는 대표적 논리는 사익의 추구가 공익을 위한 최상의 사회시스템을 제공한다는 주장이다. 대처 영국 총리는 "우리는 불평등을 기쁘게 생각하고, 우리 모두의 이익을 위해 재능과 능력에 따라 통로와 표현이 주어진 것이라고 보아야 한다"고 말하기도 했다. 신자유주의는 불평등이 사람들을 열심히 일하게 만들고 위험을 감수하게 만들고, 그리하여 효율성을 높인다고 주장했다. 21세기 한국에서도 보수적 학자들은 복지국가가 노동의 동기를 약화하고 경제성장을 가로막는다는 비판을 반복한다. 보수 언론도 복지를 확대하려면 재정이 필요하고 세금을 올려야 되는데, 이것이 경제에 큰 부담이 된다는 논리를 전파하느라 바쁘다. 그리고 부자의 세금을 줄여야 기업의 투자가 늘고 가난한 사람에게도 물이 흐르듯 자연스럽게 혜택이 돌아간다는 낙수 효과 trickle down effect를 주장한다. 즉 부자가 돈을 많이 벌면 가난한 사람도 혜택을 누리게 된다는 것이다.

1974년에 미국 경제학자 아서 래퍼Arthur Laffer가 정치인들 앞에서 휴지에 그림을 그려 가며 세율이 세입에 미치는 영향을 설명했다. 1980년에 레이건 대통령은 세금 삭감을 공약으로 내세웠다. 그 뒤 미국의 공급주의 경제학자들은 래퍼 곡선을 내세우며 세금이 오르면 경제성장이 저하된다고 주장했다. 이런 논리를 한국의 보수적 학자들과 언론도 앵무새처럼 따라 외쳤다. 그러나 이들은 레이건 이후 조지 부시George H. W. Bush 정부까지 부자 감세 정책을 폈어도 투자가 늘지 않은 미국의 경제 침체를 외면했다. 낙수 효과는 거짓 주장으로 드러나고, 지난 30년간 대부분의 부유한 국가에 낙수 경제학이 퍼지면서 오히려 불평등만 심해졌다. 민주주의가 발전한 국가들에서 상위 10%의 실질 가구 소득이 하위 10%의 실질 가구 소득보다 훨씬 더 빠르게 증가했다. 지난 20년 동안 소득세와 법인세를 낮춘 한국에서 불평등은 세계 최고 수준이 되었다.

주류 경제학자가 가득한 IMF는 2015년에 출간한 보고서에서 150여 개국의 사례를 분석하고 '낙수 효과가 존재하지 않는다'고 발표했다.[23] 이 보고서에 따르면, 상위 20%의 소득이 1%p 증가하면 그 뒤 5년의 성장이 연평균 0.08%p 감소한다. 반면, 하위 20%의 소득이 1%p 증가하면 같은 기간에 연평균 0.38%p 성장한다. 전체 소득의 증가보다 누가 소득 증가의 혜택을 받느냐가 중요한 문제다. 저소득층의 소득 증가는 지속적인 성장에도 중요한 요소다.

불평등이 경제성장에 도움이 되기는커녕 경제를 악화한다고 보여 주는 증거가 속속 나오고 있다. 노벨 경제학상을 수상한 미국 경제학자 스티글리츠는《불평등의 대가》에서 낙수 경제학이 사실상 파산했다고 선언했다.[24] 그는 소득 불균형의 확대가 성장과 거시경제의 안정에 심각한 충격을 줄 수 있다고 우려하면서 불평등이야말로 '이 시대의 결정적 도전'이라고 경고했다. 부자와 기업에 대한 감세에 따른 낙수 효과보다 중산층과 서민의 소득을 올리는 '소득 주도 성장'이 필요하다고 했다.

그런데 아직도 한국의 주류 경제학자들은 부자와 기업에 대한 감세가 투자와 고용의 확대로 이어질 것이라는 낙수 경제학을 강조한다. 이미 미국에서 파산한 이론이지만 한국에서는 '기업이 살아야 경제가 잘 된다'는 논리가 여전히 강력한 힘을 발휘하고 있는 것이다. 7% 경제성장으로 국민소득 4만 달러 시대를 열어 7대 강국이 된다는 '747 공약'을 내세운 이명박 정부가 파산한 다음 박근혜 정부도 잠재성장률 4%, 고용률 70%, 국민소득 4만 달러를 뜻하는 '474 공약'을 내세웠지만 아무 성과가 없었다. 박근혜 정부의 경제 활성화도 결국 낙수 경제 논리의 반복으로 재벌 대기업의 특혜를 합리화하는 데 이용되었다. 이정우 경북대 교수가 지적한 대로 "다른 나라에서는 찾아보기 힘든 시장 맹신주의와 성장 만능주의라는 극단적 사고방식"이 한국 사회를 지배하고 있다.[25]

개인주의적 심리학

불평등을 합리화하는 학자들은 모든 사회문제를 개인의 문제로 설명한다. 불평등이 다른 사람에 대한 부러움, 시기, 질투와 같은 감정의 문제라고 분석한다. 실제로 많은 사람이 불행을 자기 탓으로 돌린다. 미국 사회학자 리처드 세넷은 '구조적' 이유로 해고된 사람들이 그 책임을 자신에게서 찾는다는 사실을 발견했다.[26] 한국에서도 가난한 사람들 가운데 많은 사람이 가난을 자신의 탓으로 돌린다.

오늘날 많은 심리학자와 상담사 들이 개인의 일상적 만족과 즐거움을 느끼는 긍정적 정서가 클수록 행복감도 크다고 주장한다. 대표적으로 미국에서 수입한 '긍정 심리학'은 긍정적 태도가 행복감을 높일 수 있다고 조언한다. 그러면서 물질주의의 가치와 문화를 버리라고 제안한다. 이들 중 일부는 한국에서 불행감을 키우는 가장 큰 원인이 물질주의라고 강조하면서 사회의 불평등을 줄이거나 없애는 노력보다 내면의 평안을 추구해야 한다고 설득한다.

불평등을 개인의 문제로 보는 견해가 학문적 논리로 포장되기도 한다. 일부 심리학자들이 돈 걱정에서 비롯한 심한 불안증에 '돈 걱정 증후군'이라는 이름을 붙이는 것이다. 이들은 궁핍하다는 생각이 심리적 빈곤으로 이어진다고 주장하고, 돈 걱정 증후군을 없애는 방법으로 '생각 중지 훈련'을 제안한다. 어떤 학자는 장시간 돈 걱정에 빠지면 머릿속으로 '멈춰, 괜찮아' 하는 식으로 생각을 멈추는 게 좋다고 권하고, 다른 학자는 '지금 갖고 있는 생활비에서 소비 예산을 짜고 작은 돈 안에서 해결하려고 노력'하라고 조언한다.[27] 이렇게 사람들이 돈 걱정에 빠지는 구조적 원인을 외면하는 긍정 심리학은 다른 사람들과 비교하지 말고, 물질적 소유를 통한 일시적 만족감에 탐닉하지 말고, 경쟁하지 말고 협력하는 것을 배우라고 말한다. 그러나 왜 우리가 다른 사람과 비교하고, 물질적 소유에 집착하며 경쟁에 몰입하는지에 대해 근본적으로 설명하지는 않는다. 모든 문제의 원인은 개인에게 있다면서.

긍정 심리학의 논리는 웰빙, 힐링의 외피를 쓰고 사회 곳곳에 침투한다. 행복이 새로운 종교가 되어 공기처럼 우리를 휘감고 행복을 강요한다. 행복이 산업이 되어 사적인 감정까지 상업화하고 통제한다.[28] 광고에서 '그냥 하자Just do it'고 말하는 나이키 같은 기업은 매일 사고를 중단하고 쾌락을 추구하라면서 행복을 강요하며 우리의 일상을 지배한다. 자본주의가 인간 내면으로 파고들면서 외부 세계에 대한 인간의 관심은 소리 없이 사라진다. 기업은 불우이웃 돕기에 기부하고, 결식아동에게 도시락을 선물하고, 다문화 가정을 위한 복지 서비스를 베풀면서 선량한 이미지를 만든다. 기업의 사회적 책임이 '전략'이 되어, 임원의 거액 연봉에 비하면 아주 작은 돈이 가난한 사람들에게 뿌려진다. 긍정 심리학은 기부와 자선은 개인을 행복하게 만들고, 고마움을 느끼는 감정은 정신적으로 긍정적 혜택을 준다고 말한다. 하지만 취업, 승진, 임금, 근로조건을 둘러싼 골치 아픈 문제는 부드럽게 개인에게 떠넘긴다.

불평등이 사회의 문제가 아니라 개인의 문제라는 논리는 현실적으로 사람들을 설득하는 데 한계가 많다. 실제로 사회의 불평등은 개인의 행복감을 약화하고 파괴한다. 영국의 사회역학자 윌킨슨과 케이트 피킷Kate Pickett은 부유한 23개국을 비교한 연구에서 불평등이 건강 악화, 정신 질환, 자살과 살인과 범죄의 증가, 사회적 신뢰의 저하 등 사회문제를 일으킨다고 주장했다.[29] 소득 격차가 가장 큰 미국은 의학적, 사회심리적, 정서적 장애가 많고 살인율과 수감률이 높은 쪽으로 으뜸이다. 평등하지 않은 사회가 치러야 할 비용은 매우 크다. 윌킨슨과 피킷은 선진국이 직면한 사회문제를 분석해 보면 평등한 사회가 불평등한 사회보다 훨씬 나은 결과를 만들었다고 지적했다. 모든 사회문제의 원인은 불평등이었다. 사회문제를 개인의 문제로 돌리고 축소하려는 끈질긴 노력은 지속적으로 현실로부터 배신당한다.

체제에 순응하는 경제적 인간

날카로운 안목을 지닌 사회학자 오찬호는 《우리는 차별에 찬성합니다》에서 승자 독식 사회의 피해자이면서 가해자가 되는 20대의 의식을 설명한다.[30] 그는 차별에 찬성하는 청년들이 있지만, 그들이 다른 한편으로는 불평등에 고통받는 세대라고 본다. 그리고 정규직화를 위해 투쟁한 코레일 여승무원에 대해 '날로 정규직이 되려고 하면 안 된다'면서 '비정규직이 된 것은 자기 계발을 안 한 탓'이라고 말하는 대학생들의 사고방식을 세밀하게 보여 준다. 그에 따르면, 20대는 직장의 차별과 해고도 정당하다고 생각한다. 인생의 출발점부터 기회가 불평등했다거나 경쟁 과정이 불공정했다는 인식은 없다. 청년 세대는 차별이 있는 사회가 당연하다고 생각한다.

　내가 만난 한 외국계 기업 사장은 한국 신입 사원 면접을 하고 놀랐다면서 왜 모든 사람의 장래 희망이 최고경영자인지 모르겠다고 했다. 많은 한국 부모들이 자녀의 장래 직업으로 의사나 변호사를 바라면서 유치원 교사, 간호사, 정원사, 배관공, 농부가 없으면 우리가 살 수 없다는 사실은 가르치지 않는다. 노동자가 사람답게 살 수 있는 임금을 받아야 한다고 생각하기보다는 내가 남보다 더 많은 임금을 받아야 한다고 생각한다. 다양한 직업이 필요하고 사람들이 서로 협력해야 한다는 사실을 망각한다. 결국 청년 세대가 경쟁과 불평등 사회에 적응하는 생존 전략은 '자기 계발'이다.

자기 계발은 인적 자본 이론의 심리학적 변형으로 사람들을 사로잡는다. 일자리를 만드는 국가의 책임 대신 개인의 책임을 강조한다. 사회보장을 제공하는 국가의 의무 대신 개인의 노력을 중시한다. 자기 계발은 복잡한 사회문제를 외면하고 각자 도생의 길을 부드럽게 설득한다. 사회를 바꿀 필요가 없고, 있는 그대로 받아들이며, 오로지 무한경쟁만 삶의 목표가 된다. 수능 점수가 경쟁 사회를 대표하는 척도다. 대학 서열화에 민감하고 지역균형선발제를 거부하며 지방대를 무시한다. 대학에서는 취업이 잘되는 경영학과가 가장 인기 있고, 경영학을 복수전공, 이중전공으로 선택해야 취업 경쟁에서 생존할 수 있다고 믿는다. 학교 성적, 영어 점수, 어학연수, 교환학생, 심지어 사회봉사도 대학생의 '스펙 쌓기'가 된 지 오래다. 이제는 인문학도 경쟁력의 수단으로 간주한다.

자기 계발을 강조하는 관점은 사회구조적 조건을 다 배제한 채 긍정적 태도만 찬양한다. 괜히 사회를 비판해야 개인에게 아무런 이익이 없으니 긍정적 태도를 가지고 자기 계발을 위해 노력해야 한다는 것이다. 자기 계발은 개인을 '구원'하는 동시에 기업의 지속적 성장에 기여한다. 미국의 사회 비평가 바버라 에런라이크Barbara Ehrenreich는 긍정적 태도가 '더 나은 것'을 '더 많이' 추구하는 태도로 이어진다고 주장한다.[31] 무한한 긍정이 무한한 소비와 연결돼 자본주의경제를 유지하는 것이다. 개인은 소비하는 사람이 되기 위해 자기의 상품 가치를 더욱 개발해야 한다.

오늘날 많은 사람들이 빠져드는 자기 계발의 이면에는 프랑스 철학자 미셸 푸코Michel Foucault가 말한 대로 영원한 '자기 관리'의 시스템이 존재한다. 푸코는 모든 사회에서 사람의 '몸'을 권력이 통제하고 조절하며 장려한다고 했다. 감옥을 비롯해 군대, 학교, 병원, 공장, 회사 등 모든 장소에서 몸을 효과적으로 통제하기 위해 일련의 기술이 활용된다. 푸코는 이 기술을 '규율'이라고 불렀다. 규율적 권력이 동원하는 주요 기법인 '관찰, 규범적 판단, 검사' 등은 모세혈관처럼 전 사회 영역을 관통하면서 사회 구성원들의 모든 것을 감시하고 규율하는 사회를 만든다.[32] 푸코는 신자유주의가 '경제적 인간'을 만들고, 끊임없이 자유를 생산하고 조직화하며, 그 속에서 벌어지는 이해관계를 조정하는 메커니즘을 생성해 '자유주의 통치성'을 실현한다고 주장한다.[33] 신자유주의는 인간의 집단 결정을 무시하고 상호 협력의 가능성을 거부하며 극단적 개인주의와 무한 경쟁을 강조해 사회의 해체를 조장했다. 모든 개인이 무제한적인 만족을 추구하게 했다. 자유주의 통치성은 시장 영역뿐만 아니라 일상적인 삶의 논리도 경쟁과 수익성 위주로 재편한다. 인간의 모든 행위가 투자로 여겨지며 각 개인의 삶 자체가 바뀐다. 신자유주의 경제체제에서 나는 효율성을 최대한 높여야 하고, 성공은 나의 의무다.

발터 벤야민은 "자본주의에서 일종의 종교를 볼 수 있다"고 말했다. 자본주의는 "종교가 해답을 주었던 것과 똑같이 걱정, 고통, 불안을 잠재우는 데 핵심적으로 기여한다."[34] 자본주의가 종교를 이용하는 것이 아니라, 자본주의 자체가 종교가 되었다. 우리의 모든 삶은 스펙으로 표현되는 상품의 특성과 동일시된다. 개인은 인적 자원이 되고 우수한 질을 가져야 한다. 따라서 언제나 자신의 성과와 경쟁력에 충실해야 하는 개인은 대학 신입생 시절부터 졸업 후 취업 경쟁에서 이기기 위해 성적과 스펙 관리에 매진한다. 취직한 뒤에는 승진 경쟁에서 이기기 위해 야근도 마다하지 않고 자기를 혹사하면서 노후를 준비한다. 자기 계발은 이렇게 '자기 착취'를 정당화한다.

사람들은 끝없는 경쟁에서 탈락하지 않기 위해 타인의 고통에 무감각해지고, 모든 사물과 인간의 상하 질서를 확립하면서 약자에 대한 편견을 확대재생산한다. 임대아파트에 사는 사람을 '휴거', 즉 휴먼시아 거지라고 놀리고 임대아파트 주변 학교를 기피해 정원 미달로 만든다. 강수돌 고려대 교수는 높은 사회적 지위를 차지하기 위한 무한 경쟁이 벌어지는 한국 사회를 '팔꿈치 사회'라고 불렀다.[35] 팔꿈치로 남을 밀치면서 앞서가려고 하는 팔꿈치 사회에서는 냉전 시대의 소련이나 일촉즉발의 전운이 감도는 한반도 상황보다 자기 옆자리에 앉아 있는 동료가 더 무섭다. 오늘날 무한 경쟁 사회는 자신을 고통스럽게 하는 불평등을 더 많은 불평등으로 해결하려고 하는 악순환을 키운다.

신자유주의 시대의 자기 계발이 기대한 결과를 얻지 못할 때 필요한 심리적 장치가 바로 '힐링'과 '멘토링'이다. 《아프니까 청춘이다》가 많이 팔릴수록 젊은이들의 마음은 더 아팠다. 자신이 겪는 고통의 뿌리는 보지 않은 채《멈추면, 비로소 보이는 것들》을 읽었다. 힐링과 멘토링을 파는 저자는 부자가 됐지만 독자들은 더 가난해졌다. 힐링을 내세우는 책이 쏟아져 나와도 사람들의 고통은 커졌다. 긍정 심리학이 유행할수록 개인의 문제를 사회문제로 보려는 사람들은 줄어든다. 사회에 대한 체계적 분석과 비판적 논쟁은 사라지고 개인적 차원의 위로와 처방을 말하는 사람들이 인기 강사가 되었다. 힐링은 거대한 산업이 되고 헬조선으로 변하는 사회를 그대로 체념한 채 받아들이는 또 다른 '순응' 이데올로기로 변한다.[36] 지옥으로 가는 길은 항상 최선의 의도로 포장되는 법이다.

3부

불평등한
한국의
새판 짜기

7

평등의 사상을 찾아서

2010년대 초부터 전 세계적으로 경제적 불평등에 대한 관심이 커졌다. 북아프리카의 재스민 혁명을 비롯해 남유럽과 미국 월 가의 시위에서 불평등에 대한 불만이 터져 나왔다. 부와 권력의 불균형이 커지면서 전 세계가 불평등의 소용돌이에 빠진 것이다. 양극화가 심화되면서 경제적 불안정뿐만 아니라 사회의 분열과 민주주의의 위기가 심화되고 있다는 우려의 목소리가 커졌다. 불평등이 완전히 없어질 수도 없고, 어느 정도의 불평등은 사회에서 필요할 수 있지만, 지금처럼 지나치게 커진 불평등은 위험한 수준이다. 그러나 불평등에 대한 경고는 전혀 새로운 것이 아니다. 지난 수십 년 동안 인류는 극심한 경제적 불평등이 사회를 파괴할 것이라는 역사적 교훈을 잊었던 것이다. 오랜 세월 동안 역사의 위대한 사상가들은 불평등의 위험을 지적했다.

불평등을 자연의 법칙처럼 당연하게 생각하는 사람들은 평등이 획일화를 추구하며 개인의 다양성을 무시한다고 주장한다. 하지만 모든 차원에서 절대적 평등을 주장한 사상가는 인류사에 없다. 공산주의의 원조로 알려진 플라톤은 《국가》에서 도시국가 아테네를 위해 평등주의적 방안을 제시했는데, 개인의 재산을 가난한 사람 재산의 네 배 이내로 제한하자는 것이었다. 그러나 사유재산을 아예 없애고 모두 똑같이 갖자는 주장은 아니었다. 그의 제자 아리스토텔레스는 정의를 평등의 한 형태로 보았다.[1] 그에 따르면, 플루트 연주에 재능 있는 사람에게는 플루트를 주어야 한다. 타고난 신분이나 외모에 따라 정의가 정해지면 부당하다. 그러나 아테네에서 평등은 자유로운 성인 남성만 누릴 수 있었으며, 여성과 노예는 제외되었다.

고대 로마 시대에는 자연법의 영향을 받아 모든 인간이 이성의 소유자로서 동등하다는 관념이 퍼졌다. 로마 시대의 '아이콰빌리타스aequabilitas'는 동일, 공평, 공정, 정의를 뜻했다. 로마 철학자 키케로가 재능과 재산의 불평등은 존재해도 법률적 권리는 평등해야 한다고 주장했다. 그러나 로마도 노예제 사회이기 때문에 로마 시민 사이의 평등이었지 만인의 평등은 아니었다. 기독교가 유럽에 전파되면서 모든 인간이 '신 앞에 평등하다'는 관념이 확산되었지만, 중세를 거치면서 신분 불평등이 심해졌다. 평등의 관념이 현실적으로 힘을 갖기까지는 오랜 세월이 흘러야 했다.

평등과 불평등

인간이 평등하다는 관념은 18세기에 미국 혁명과 프랑스혁명이 발생하면서 본격적으로 등장했다. 1776년 미국독립선언은 "모든 사람이 평등하게 창조되었다"고 주장했으며, 1789년 프랑스 인권선언은 "사람이 평등한 권리를 가지고 자유롭게 태어났으며 그런 상태로 존재한다"고 천명했다. 자유와 함께 평등이 핵심 가치로 등장했다. 하지만 구체적으로 어떤 평등인지는 분명하지 않았다. 로크는 "모든 사람은 평등하게 창조되었다"고 말했지만, 부의 불평등과 여성의 배제에는 큰 관심을 갖지 않았다. 반면에 장 자크 루소Jean Jacques Rousseau는 사유재산이야말로 불평등과 불행의 원천이라고 주장했다. 그는 "어린애가 노인에게 명령하고 바보가 현명한 사람을 이끌면서 대부분의 사람들이 굶주리고 살아가는 데 꼭 필요한 최소한의 것마저 갖추지 못하는 판국인데 한 줌의 사람들에게서는 사치품이 넘쳐 난다는 것은 명백히 자연의 법칙에 위배된다"고 비판했다.

모든 인간이 평등하다는 생각은 자연법의 영향을 받았으며, 마르틴 루터Martin Luther의 종교개혁 이후 확산된 개신교도 모든 개인이 신 앞에 평등하다는 관념을 퍼트렸다. 가톨릭 교회가 사제의 권위와 고해성사를 중시한 데 비해 개신교 교회는 신에 대한 개인의 신앙과 기도를 강조했다. 모든 사람이 신으로부터 자연적 권리를 부여받았으며 평등한 권리를 소유한다는 인식은 형식적 평등의 토대가 되었다. 프랑스혁명 이후 군주제가 무너지고 의회 정부가 등장하면서 법률적 평등과 보통선거권이 민주주의의 핵심 요소로 여겨졌다. 루소를 열렬하게 지지한 로베스피에르Maximilien de Robespierre는 재산권의 제한을 주장했지만, 그의 생각이 1793년 헌법에는 반영되지 않았다.

모든 사람이 갖는 선거권 같은 형식적 평등은 소극적이다. 특권과 차별을 폐지하는 것은 사회경제적 불평등을 없애는 것과 다르다. 부자의 특권을 없앤다고 해서 가난한 사람이 불리함을 극복하는 것은 아니다. 형식적 평등은 법률적 시각에서 세상을 바라보며 인생의 기회에는 큰 관심을 기울이지 않는다. 그러나 부자와 가난한 사람은 인생의 출발점이 다르다. 인생이라는 경기에서 태어날 때부터 '기울어진 운동장'에서 시작한다. 그래서 19세기에 마르크스는 유대인에게 시민의 자유와 권리를 부여해 '정치적 해방'을 실현하자는 주장을 비판하는 한편, 모든 사람을 계급 억압의 폭정에서 벗어나게 하는 '인간 해방'을 주장했다. 루소를 숭배한 마르크스와 그의 지지자들은 법률적 평등이 경제적 착취와 불평등을 교묘하게 은폐한다고 비판했다. 마르크스의 예언대로 19세기 말부터 빈부 격차가 커지면서 사회주의 노동운동이 확산되었다. 계급 평등에 관한 논쟁도 들불처럼 번졌다.

20세기 이후 서양에서 발전한 평등이라는 관념이 동양에 전파되었다. 평등을 구성한 한자 '평平'은 '평평하고 고르다', '등等'은 '무리'나 '등급'을 뜻한다. 그래서 평등은 '높고 낮은 등급이 없는 상태'를 가리킨다. 이 한자어는 일본 학자들이 서양의 개념을 수용하면서 번역해 만들었는데, 동양에서도 평등의 가치는 오랜 역사가 있다. 고대 인도의 불교 사상은 힌두교의 신분제인 카스트를 거부했다는 점에서 평등주의적이었다. 고대 중국의 공자孔子는 《예기禮記》에서 천하를 공유하는 '대동大同'을 이상향으로 제시했다. 그는 《논어論語》에서 '위정자는 백성이 부족한 것을 걱정하지 말고 고르지 않은 것을 걱정하며, 백성이 가난한 것을 걱정하지 말고 불안해하는 것을 걱정하라'고 말했다. 같은 시대에 묵자墨子가 제시한 '겸애설'도 무차별적 사랑과 평등 사회를 지지했다. 20세기에 서양의 사회주의가 중국, 인도, 일본에 전파되면서 널리 받아들여진 것은 평등의 가치가 상당히 유사했기 때문이다. 비록 동양과 서양의 문화적 차이가 있지만 많은 사람들은 평등의 개념에 공감했다.

불교와 유교의 영향을 받은 한국에서도 평등사상은 오랜 역사가 있다. 17세기 조선에서 허균이 《홍길동전》을 통해 적서 차별, 관리의 횡포, 승려의 부패, 정부의 무능을 통렬히 비판했다. 홍길동은 관리가 백성에게서 착취한 재물을 빼앗고 가난한 사람을 구제하는 활빈당을 만들었다.[2] 비록 홍길동은 다른 나라를 침략하고 스스로 왕이 되었지만 허균은 '중국을 섬기지 아니하고' '태평하고 넉넉한' '율도국'이라는 이상향을 꿈꾸었다.

평등은 실학사상에서도 보인다. 실학자들은 신분과 출생지 차별을 반대하고 재산의 평등한 소유도 주장했다. 이익이 《성호사설星湖僿說》에서 국토를 사실상 국유재산으로 여기면서 경작자에게 고루 분배하고 세금 10%를 징수하는 정전제를 제안했다. 하지만 실학자들의 평등은 하층민과 여성을 제외하는 한계가 있었다.

평등사상은 혁명적 상황에 다시 힘을 얻었다. 1884년에 김옥균이 갑신정변을 주도한 뒤 '갑신 정령' 2조에 '문벌을 폐지하여 평등의 권리를 세울 것'을 천명한 것이다. 하지만 토지 소유의 개혁에 관한 주장이 없었다. 평등사상에 더 적극적인 세력은 동학 교도였다. 이들은 '사람이 곧 하늘'이라는 인내천人乃天 사상에 따라 남녀노소, 빈부귀천을 가리지 않고 서로를 평등하게 대우하며 하늘처럼 섬겼다. 당연히 전봉준이 주도한 동학 농민군은 12개조 폐정 개혁안에서 '노비 문서를 불태울 것'과 '토지를 평균으로 분작할 것'을 주장했다.

인류 역사에서 평등의 분위기가 가장 높았던 시기는 1917년 러시아혁명 이후 1920~1930년대다. 1929년 대공황 이후 자본주의의 위기가 전 세계로 확산되고 빈부 격차가 커지자 평등에 대한 기대도 커졌다. 영국 작가 조지 오웰은 에스파냐 내전에 참가해 진정한 공동체를 보고 감명받아 《카탈로니아 찬가Homage to Catalonia》에 이렇게 적었다. "보통 사람들이 사회주의에 매력을 느끼고 사회주의를 위해 목숨을 거는 이유, 즉 사회주의의 비결은 평등사상에 있다. 대다수 사람들에게 사회주의란 계급 없는 사회일 뿐이다. 그것 말고는 아무런 의미가 없다."3) 당시 공화파가 장악한 바르셀로나에서 식당 종업원은 옷을 잘 차려입은 신사에게 더는 "세뇨르(나으리)!"라고 하지 않았다. 계급과 지위와 상관없이 모두 평등하다는 의식이 그들을 하나로 묶었다.

하지만 1930년대의 혁명적 분위기와 달리 스칸디나비아 국가들을 제외한 유럽 국가들은 대공황에 대해 아무런 해결책도 내놓지 못한 채 혼란에 빠졌다. 당시 소련은 대공황의 영향을 거의 받지 않았다고 강조하면서 사회주의 국유화를 주장했다. 대공황을 극복하기 위한 대안은 영국의 자유주의자 케인스가 제시했다. 국민의 최저 생활을 보장하려고 하는 복지국가도 자유당의 윌리엄 베버리지William Henry Beveridge가 제안했다. 히틀러가 유럽을 휩쓰는 동안에도 좌파는 반파시즘 통일전선 이외에 대안을 제시하지 못했다. 1945년 영국 총선에서 노동당이 압승을 거둔 것은 사회주의 국유화 공약 때문이 아니라, 그들이 보편주의 원칙에 따른 국민보험을 강조한 〈베버리지 보고서〉를 뒤늦게나마 지지한 덕분이었다. 그 뒤 평등사상은 자유주의와 사회주의의 품을 거쳐 인권이라는 거대한 바다로 흘러들어 갔다. 1948년에 유엔이 채택한 세계인권선언의 1조는 "모든 사람은 태어날 때부터 자유롭고, 존엄성과 권리에 있어 평등하다"고 규정했다.

20세기 이후 전 세계에서 평등이라는 말이 널리 쓰이지만, 평등은 단순한 개념이 아니다. 영국의 경제사학자 리처드 토니R. H. Tawney도 "평등의 개념은 한 가지 의미만이 아니라 수많은 의미가 있다"고 주장했다.[4] 모든 사람이 합의하는 평등의 정의는 존재하지 않는다. 시대에 따라 평등은 다양한 개념으로 쓰였다. 법률, 정치, 경제, 사회 등 다양한 차원에서 평등의 담론이 등장했다. 상이한 차원의 평등은 서로 보완적이면서 때로는 갈등을 만들 수 있다. 법률적 평등이 없다면 정치적 평등이 보장되기 어렵고, 경제적 평등을 추구하지 않고 사회적 평등을 이루기는 어렵다. 법률적 평등은 경제적 평등과 충돌할 수 있으며 정치적 평등과 사회적 평등은 양립하기 어려운 경우가 생긴다. 평등의 차원이 다양하고 인간의 특성이 이질적이기 때문에 한 가지 기준으로 평등을 말할 수는 없다.

한편 평등을 차별에 반대하는 개념으로 생각하는 사람들도 있다. 영국 사회학자 브라이언 터너Bryan Turner는 평등을 "모든 사람을 차별 없이 동등하게 존중하거나 대우하는 상태"로 정의했다.[5] 세계인권선언 7조는 "모든 사람은 이 선언을 위반하는 어떤 차별로부터도, 또한 그러한 차별을 부추기는 어떤 행위로부터도 평등한 보호를 받을 권리를 가진다"고 명시했다. 대한민국 헌법 11조도 "누구든지 성별·종교 또는 사회적 신분에 의하여 정치적·경제적·사회적·문화적 생활의 모든 영역에 있어서 차별을 받지 아니한다"고 명시한다. 또한 같은 조 2항은 "사회적 특수 계급제도는 인정되지 아니하며, 어떠한 형태로도 이를 창설할 수 없다"고 했다. 하지만 모든 사람을 차별하지 않고 동등하게 대우하는 '평등'이 가능한지를 설명하는 이론은 단순하지 않다.

평등에 관한 이론에는 크게 보아 두 가지 관점이 있다. 어떤 사람들은 모든 인간이 평등하다고 주장하는 절대적 관점을 지지한다. 이 관점을 대표하는 것이 법률적 평등이다. 반면에 다른 사람들은 개인의 재능과 능력에 따라 다른 보상을 받는 것이 평등하다고 주장하는 상대적 관점을 지지한다. 아리스토텔레스가 말한 정의의 원칙이 이에 해당된다. 하지만 절대적 관점과 상대적 관점이 반드시 서로 배타적인 것은 아니다.

먼저 우리는 정치에 관심이 많든 적든 모두 정치적 평등에 따라 '1인 1표'라는 원칙이 있어야 한다고 가정한다. 이렇게 투표권을 부여하는 민주주의의 원리는 개인의 절대적 평등을 전제한다. 만약 부자가 두 표를 갖고 가난한 사람은 한 표만 갖는다면 아무도 동의하지 않을 것이다. 하지만 영국에서는 1688년 명예혁명 이후 재산세를 납부하는 신사들만 투표권을 가질 수 있었다. 전체 인구의 15% 정도만 투표권을 가졌고, 인구의 대부분을 차지하는 노동자와 여자는 투표권이 없었다. 투표권은 1840년대에 노동자들이 보통선거권을 요구하는 정치운동을 벌이면서 점차 확대되었는데, 여성의 투표권은 그보다도 훨씬 뒤인 1928년에야 실현되었다. 오늘날에는 보통선거권이 상식이지만, 정치적 평등은 아직도 제한적이다. 선출된 엘리트와 대중의 정치적 권리가 동등하지 않다. 형식적 평등 이면에 있는 엘리트의 정치적 지배가 가려지는 것이다. 우리는 평등을 담은 법률의 문구와 달리 '유전무죄, 무전유죄'라는 현실이 있다는 것을 잘 안다. 정치적 평등도 그렇다. 실제로 부유한 사람들이 가난한 사람보다 정부와 정당에 미치는 정치적 영향력을 더 많이 갖는 경우가 많다.

한편 우리는 시장에서 개인의 자격과 능력에 따라 다른 보수를 받는 것을 당연하게 생각한다. 기업에서 임원이 신입 직원보다 훨씬 많은 월급을 받는다. 직급이 높거나 경력이 많을수록 더 많은 임금을 받는다. 신입 직원이 3000만 원을 받아도 임원이 7억 원 이상을 받는 것처럼 20배 이상 차이가 나기도 한다. 그러나 우리는 사장, 임원, 직원이 동일한 금액의 연봉을 받아야 한다고 주장하지는 않는다. 우리가 살고 있는 세계의 민주주의는 절대적 평등의 원리를 지지하지만, 자본주의는 상대적 불평등을 당연하게 여긴다. 자본주의경제에서 능력에 따른 소득의 불평등을 당연하게 여기는 것이 상식이 되고 있다. 심지어 능력에 따라 다르게 보상해야 열심히 일하려는 근로 동기가 강해진다는 생각도 널리 퍼져 있다.

그런데 자본주의의 필연적 속성으로 여겨지는 불평등은 많은 문제를 일으킨다. 소득에 따라 밥상의 음식이 크게 달라지지는 않을 수도 있다. 아무리 부자라고 해도 매일 송로버섯, 캐비어, 상어지느러미 등 최고급의 비싼 음식을 먹는 것은 아니다. 하지만 부자들이 아프면 최고로 좋은 병원을 이용한다. 반면에 소득이 낮은 사람이 최고급 병원을 이용하기는 어려울 것이다. 가난한 사람이 고액 학원과 등록금이 비싼 사립대학에 자녀를 보내기도 어려울 것이다. 과연 부유한 사람의 자녀와 가난한 사람의 자녀가 수준이 다른 병원과 학교에 다니는 것이 당연할까? 또는 돈이 없어서 대학에 못 가고 병원에서 치료를 받지 못해도 어쩔 수 없는 것일까? 왜 어떤 사람은 더 좋은 삶의 기회를 누리고, 다른 사람은 그러지 못할까?

형식적 평등, 기회의 평등, 결과의 평등

인간의 삶이 다양한 만큼 평등의 종류도 다양하다. 법률, 정치, 사회, 성별, 인종, 지역에 기초한 평등이 모두 제기될 수 있다. 여기서는 형식적 평등, 기회의 평등, 결과의 평등 등 크게 세 가지 범주로 나누어 살펴보자. 기회의 평등과 결과의 평등은 형식적 평등에서 비롯했어도 아주 다른 특성이 있다. 특권과 차별을 반대하는 법률적 평등이 때로는 기회의 평등 및 결과의 평등과 충돌할 수 있다. 미국독립선언과 프랑스의 인권선언은 전통 사회의 특권과 차별에 반대했지만 도덕적 가치의 선언에 가깝다. 현대사회에서 세 가지 평등을 어떻게 이해하는지 하나씩 구체적으로 살펴보자.

첫째, 형식적 평등은 종교적 전통에서 비롯했으며 특히 서양의 자연법과 관련이 깊다. 인간은 모두 신에게 받은 동등한 가치를 갖기 때문에 평등하다는 보는 자연권 사상이 계몽주의와 민주주의의 발전에 큰 영향을 주었다. 형식적 평등은 주로 법률적 평등을 가리키며 시민의 자유, 재판받을 권리, 언론의 자유를 포함한다. 이런 면에서 형식적 평등은 현대사회에서 '법의 지배'를 가능하게 하는 기본 원칙이다.

그러나 형식적 평등은 기본적으로 소극적이라서 대개 특권의 근절에서 멈춘다. 전통 사회의 신분 질서를 해체하는 형식적 평등을 현대사회의 구성원 가운데 반대할 사람은 거의 없다. 그래서 자유주의자와 사회주의자뿐 아니라 보수주의자들도 형식적 평등에 동의한다. 그러나 형식적 평등은 사회의 평등을 확대할 능력이 거의 없다. 부자와 가난한 사람 모두에게 빵을 훔치는 것을 금지한다고 해서 그들이 평등하다고 말할 수 있겠는가?

둘째, 기회의 평등은 모든 사람이 부모의 재산과 지위 같은 세습적 지위가 아니라 자기 역량을 발휘할 기회를 평등하게 가져야 한다고 강조한다. 모든 시민이 동등하게 의무교육을 받을 권리가 대표적 사례다. 가난한 사람이나 부자나 도서관에서 무료로 책을 빌려 보는 것도 어느 정도 기회의 평등에 기여한다. 자유주의자와 사회민주주의자도 이를 지지했으며, 기회의 평등이야말로 사회정의의 토대라는 평가를 받았다.

그러나 부모의 재산에 따라 기회의 평등이 제한되는 조건은 '기울어진 운동장'이라고 할 수 있다. 인생의 '동등한 출발'을 위해 '평평한 운동장'을 만들어야 한다. 물론 인생의 동등한 출발선에서 시작해도 모두 동시에 결승선에 들어가는 것은 아니다. 이런 점에서 기회의 평등은 사람들의 잠재력을 실현할 수 있는 평등한 기회를 가리킨다. 하지만 개인의 능력, 기술, 노력에 따라 불평등한 결과를 가질 수 있다는 점도 인정한다. 사람들은 '불평등할 권리'가 있다.

한편 부모의 배경은 기회의 평등을 방해할 수 있다. 부의 상속과 높은 수준의 자녀 교육, 물질적 부의 제공은 인생의 평등한 출발을 불가능하게 만든다. 기회의 평등을 위해서는 빈곤한 가정의 자녀에게 긍정적 차별 또는 긍정적 우대를 제공해 인생의 출발선을 평등하게 만든다. 대학 입시에서 지역균형할당제과 사회적 배려 입학이 사례가 될 수 있다. 이런 점에서 기회의 평등은 형식적 평등과 충돌할 수 있다. 또한 기회의 평등이 반드시 결과의 평등을 보장하는 것은 아니라는 문제가 있다.

셋째, 결과의 평등은 개인의 재능과 능력의 차이에 따른 보상이 만든 불평등한 상태를 조정해 평등한 결과를 만들어야 한다는 관점이다. 결과의 평등은 가장 급진적이고 논쟁적이다. 주로 사회주의 국가들이 결과의 평등을 강조하면서 국영기업의 경영인과 노동자의 평균 급여 격차가 일정 수준을 넘지 못하도록 제한했다. 자본주의국가에서 빈곤층의 최저생활을 보장하기 위해 공공부조를 제공하는 것도 결과의 평등에 도움이 된다. 노인에게 기초연금과 지하철 무료 이용권을 제공하는 것도 마찬가지다. 사회주의사회에서는 사유재산 제도의 철폐를 주장하지만, 자본주의사회에서는 부유층에게 높은 세율을 부담하도록 강제하는 방법을 주로 선택한다. 누진세가 결과의 평등에 기여하기 때문이다.

그러나 결과의 평등을 비판하는 사람들은 지나친 평등주의가 근로 동기를 줄이고 경제 침체를 유발한다고 주장한다. 또한 부유한 사람이 소유한 것에 대한 질투와 원한이 도덕적으로 정당하지 않고, 부자의 재산을 강제로 재분배하는 것이 부당하다고 강조한다.

이와 같이 누진세와 결과의 평등을 둘러싼 논쟁은 오늘날 보수주의, 자유주의, 사회주의 등 주요 정치 이데올로기에 커다란 영향을 미친다.

평등과 정치의 이데올로기

어떻게 평등이 가능한지 결정하는 것은 매우 복잡한 문제다. 학자들도 평등에 대해 아주 다른 태도를 보인다. 급진적 자유주의자, 사회주의자, 마르크스주의자 들은 경제적 평등을 강조한다. 이러한 생각을 최초로 제기한 18세기 프랑스 사상가 루소는《인간 불평등 기원론Discours sur l'origine et les Fondements de l'inegalite》에서 불평등이 사유재산에서 비롯되었다고 주장했다. 그는 재산이 사회 이전에 형성되었다고 믿는 로크의 생각을 비판했다. 루소는 개인의 재산을 옹호하면서도 "어떤 시민도 다른 사람을 살 수 있을 정도로 부유해서는 안 되며, 어떤 시민도 자기 자신을 팔아야 할 정도로 가난해서는 안 된다"고 강조했다.

19세기에 등장한 사회주의와 마르크스주의도 경제적 불평등에 주목하며, 자본주의사회에서는 소수의 부자만 자유를 누리고 다수의 노동자는 자유가 없다고 했다. 특히 마르크스는 노동자가 '일할 자유'와 '굶어 죽을 자유'만 가진다고 했다.[6] 시민적 자유, 보통선거권 등은 형식적 평등일 뿐이고 사회경제적 권리야말로 실질적 평등을 보장한다. 따라서 불평등을 만드는 개인 재산을 없애고 무계급사회를 만들어야 한다. 하지만 마르크스는 미래에 대한 구상을 '능력에 따라 일하고 필요에 따라 분배하는 사회'로 막연하게 표현했을 뿐이다. 훗날 마르크스주의자들은 시장 대신 계획을 통해 자원을 생산하고 평등하게 분배하는 체제로 공산주의를 고안했다. 공산주의는 평등의 유토피아로 큰 영향력을 미쳤다.

그러나 공산주의 사회에서도 정치적 특권을 가진 공산당 간부가 등장하면서 새로운 불평등이 커졌다. 조지 오웰이 《동물농장》에서 "모든 동물은 평등하다. 그러나 어떤 동물은 다른 동물보다 더 평등하다"고 묘사한 사회가 출현한 것이다.[7] 경제적 불평등이 거의 사라졌지만, 정치적 불평등이 특권층을 만들어 사실상 더 불평등한 사회가 되었다. 공산당 간부는 좋은 집, 차, 별장 등 다양한 혜택을 받을 수 있다. 하지만 공산당이 정한 직책을 잃으면 모든 것을 잃기 때문에 공산당을 비판하는 목소리는 낼 수 없다. 사유재산을 없애기 때문에 공산당을 떠나 독립적으로 사는 것이 불가능하기 때문이다. 결국 사유재산이 없어진 사회에서 가장 끔찍한 전체주의가 등장한 것이다. 사회주의의 근본적 가치인 평등을 실현하기 위해 자유를 억누르는 체제가 정당한가? 역사의 대답은 부정적이다.

프랑스 공산당 당원이던 작가 앙드레 지드Andre Gide가 《소련 방문기Retour de l'URSS》에 쓴 것처럼 자유가 사라진 땅에 대한 우려가 현실로 나타났다. 모든 사람이 웃고 있어도 작가의 눈에는 진정한 웃음으로 보이지 않았다. 소비에트의 '우월감 콤플렉스'는 다른 나라와 비교할 수 없어서 생긴 무지일 뿐이었고, 소련 사람들은 주체적으로 사고하지 못하고 정부의 사고를 따르는 '순응주의'에 빠져 있었다. 1947년에 《소련 기행》을 출간한 이태준은 소련에서 '인간성의 최고의 것'을 보았다고 했지만, 소비에트는 다른 나라의 인간성을 존중하지 않았다. 베를린 봉기(1953)와 프라하의 봄(1968)을 진압한 소련의 탱크는 국제주의를 얻는 대신 형제애를 짓밟았다. 결국 '세계를 뒤흔든 열흘'은 군부 쿠데타와 탱크 위에 올라간 보리스 옐친Boris Yeltsin에 의해 허무하게 막을 내렸다. 소련의 역사는 우리에게 중요한 교훈을 준다. 독일 소설가 토머스 만Thomas Mann이 말한 대로 논리 면에서 자유와 평등은 모순적이다. 하지만 자유와 평등이 양립할 수 없는 것은 아니다. 오히려 자유가 없다면 평등이 없고, 평등이 없다면 자유도 없다. 평등은 자유와 뗄 수 없는 관계에 있기 때문이다.[8]

둘째, 19세기 후반 등장한 사회적 자유주의와 사회민주주의는 경제적 불평등을 인정하는 한편, 이를 완화하는 사회적 평등을 강조했다. 영국 사회학자 레너드 홉하우스Leonard T. Hobhouse는 사회가 이익을 추구하는 개인들의 단순한 집합이 아니라 상호작용하고 상호 의존하는 부분들의 '유기체'라고 보았다. 그리고 '완전한 자유는 완전한 평등을 포함한다'면서, 불평등에 기초한 자유는 특권과 권위의 불평등한 분배에서 비롯되기 때문에 특권에 상응하는 책임과 의무를 부여하는 강제 조치가 필요하다고 했다. 그는 완전고용, 여성참정권, 의무교육, 노약자 보호시설 확대 등 사회 개선 프로그램과 자유로운 복지국가를 지지했다.[9]

2차세계대전이 일어나자 영국 시인 오든W. H. Auden이 이렇게 썼다. "국가란 없다. 그렇다고 홀로 존재할 수도 없다. 배고프면 시민이고 경찰이고 별수가 없다. 서로 사랑하지 못하면 죽어야 한다."[10] 전쟁은 강력한 국민적 정체성과 연대감을 키웠다. 물자가 부족한 전시에는 부자와 가난한 사람이 모두 국가로부터 같은 양의 식료품을 받아야 했고 같은 병실의 침대를 썼다. 전쟁이 끝나자 영국 정부는 기간산업을 국유화하고 의무교육을 도입하고 공공 의료보험을 확대했다. 그리고 유럽 국가들은 사회보장제도를 통해 인간다운 삶을 제공하는 복지국가를 지지했다. 사회보장제도는 경제적 불평등을 강제로 조정하지 못해도 교육과 의료 등 사회적 불평등을 줄이기 위한 노력이다. 이는 모든 사람이 시민으로서 동등한 권리를 가지며, 국가라는 정치적 공동체는 이 권리를 실현시킬 의무가 있다는 사고에서 비롯되었다.

복지국가는 소득 분배의 평등보다 사회적 평등에 더 관심을 기울인다. 사회적 평등에 관한 이론적 작업을 시도한 학자는 런던정경대학 사회학 교수였던 토머스 마셜T. H. Marshall이다. 1950년에 출간한 《시민권과 사회계급Citizenship and Social Class》이 대표적인데, 이 책은 마셜의 관점에 따라 현대적 의미의 평등을 주로 '사회적 평등'의 관점에서 사용한다. 왜냐하면 평등이란 사회적 구조 및 제도와 긴밀한 관련이 있기 때문이다. 마셜은 민주주의에서는 모든 사람이 평등하다고 전제하지만 자본주의는 불가피하게 불평등을 만든다고 보았다. '1인 1표'의 민주주의와 '1원 1표'의 자본주의 원리는 전혀 다르기 때문이다. 마셜에 따르면, 20세기 유럽 사회는 사실상 '계급전쟁의 상태'에 빠졌으며 민주주의와 자본주의가 공존할 수 없는 것처럼 보였다. 마셜은 이 시기에 등장한 '시민권citizenship'의 개념에 주목했다. 시민권은 '모든 사람이 동등하게 가지는 지위'를 의미하며 공민권, 정치권, 사회권으로 구분할 수 있다. 마셜은 사회권이 '절대적 평등을 추구하는 것이 아니'라고 말하며 '그 위에 불평등의 구조가 만들 수 있는 평등의 토대를 제공했다'고 주장했다. 그는 사회권이 확대되는 추세 속에서도 불평등이 지속할 가능성에 대해 인정했다. 그러나 사회적 평등을 보장하는 '사회권이야말로 복지국가의 핵심 요소'라고 강조했다.

1940년대 이후 유럽의 복지국가는 모든 사람에게 최저생활을 보장하는 동시에 누진적 조세를 통해 부의 재분배를 추구했다. 그 뒤

30년 동안 유럽은 역사상 가장 평등한 사회를 만들어 삶의 질을 높이고 번영을 구가했다. 캔터베리 주교였던 윌리엄 템플Wiliam Temple이 만든 '복지국가'라는 말은 유럽이 만든 인류 최고의 발명품을 표현하는 일반명사가 되었다. 역사의 격랑 속에서 영국 복지국가의 탄생을 지켜본 마셜은 복지국가를 민주주의와 자본주의의 특수한 결합으로 여겼다.[11] 이런 점에서 그는 베버리지, 케인스와 어깨를 나란히 한다. 마셜은 복지국가가 기회의 평등과 결과의 평등을 동시에 추구한다고 보았다. 보육·교육·의료는 '기회의 평등'을 강조하는 데 비해, 연금·실업보험·공공부조는 '결과의 평등'을 강조하는 경향이 강하다. 복지국가는 자본주의 시장에서 발생한 불평등을 보완하는 동시에 재분배를 통한 사회적 평등을 추구한다. 이런 복지국가의 기능은 영원히 멈추지 않을 것처럼 보였던 자본주의와 민주주의의 갈등을 줄였고, 1930년대 대공황 이후 유럽과 미국을 위협한 계급 전쟁 상태를 종식했다. 이런 점에 기초해 마셜은 복지국가를 사회통합의 필수 요소로 보았다.

그러나 미국 경제학자 존 갤브레이스John K. Galbraith는 전쟁과 결핍의 시대가 끝나고 1960년대 이후 '풍요로운 사회'가 등장하면서 사람들의 생각이 바뀌었다고 주장했다.[12] 그의 분석에 따르면, 새로 등장한 '만족하는 다수파'는 보편적 사회권보다 개인의 이익을 추구하고 복지국가는 불필요한 것으로 보았다. 심지어 자신의 무한한 욕망을 실현하는 데 방해가 되는 것으로 보기 시작했다. 가난한 사람을 돕는 데 쓰는 돈은 낭비로 여겼다. 갤브레이스 자신은 원하지 않았지만, 그의 선견지명은 10년 후 등장하는 신자유주의 철학의 서막이 되었다.

셋째, 1970년대 후반 미국과 영국에서 등장해 전 세계에 확산된 신자유주의neoliberalism와 자유지상주의libertarianism는 사유재산권과 자유시장을 강조하고 모든 평등을 적대시한다. 평등은 개인의 자유를 억압하거나 말살하기 때문에 거부해야 한다고 본다. 대처와 레이건이 바로 이런 사상에 기초해 공기업의 사유화, 부자 감세, 복지 축소 같은 정책을 적극적으로 추진했다. 소련의 붕괴 이후 신자유주의를 향한 전환이 뚜렷해졌다. 신자유주의는 IMF, IBRD, WTO에서도 매우 큰 영향력이 있다. 신자유주의는 담론 양식에서 헤게모니를 장악했다.[13]

자유주의라는 이름을 가진 이데올로기의 역사는 뿌리가 깊다. 2차세계대전이 벌어지던 1944년에 오스트리아 경제학자 프리드리히 폰 하이에크Friedrich A. von Hayek는 영국에서《노예의 길The Road to Serfdom》을 출간하고 소련의 계획경제를 통렬하게 비판했다. 당시 런던정경대학 교수였던 하이에크는 노동당이 집권하고 국유화를 단행하고 사회복지 서비스를 확대하면 결국 파시즘이 등장할 것이라고 주장했다. 그는 물질적 평등을 주장하는 정부는 전체주의 정부가 될 거라고 경고하며 "분배의 정의란 존재하지 않는다"고 주장했다.[14] 왜냐하면 "특정한 집단에 대한 보장은 다른 집단들에 대한 비보장"이기 때문이다. 달리 말하면, 빈곤이 발생할 때 시장 질서를 교란해 지원하려고 하면 생산성이 떨어져 모두가 피해를 보게 된다는 주장이다. 이런 시각에 따르면 당연히 세금을 낮춰야 한다. 누진세도 '동일한 노동에 대한 동일한 대가'라는 경제적 정의를 침해하는 것으로 간주된다.[15] 그러나 하이에크의 우려와 달리 노동당이 집권한 영국은 파시즘의 지배 대신 민주적이고 안정적인 사회를 건설했다. 누진세를 통한 부의 재분배와 복지국가는 빈부 격차와 계급 갈등을 줄이는 데 크게 기여했기 때문이다.

　조세를 통한 재분배에 반대하는 주장은 경제학에서 '로빈 후드 효과'로 알려진 논리와 비슷하다. 이는 경제적 불평등을 해소하려 부를 재분배할 경우 오히려 사회 전체의 부가 축소된다는 주장이다. 영국의 전설적 의적 로빈 후드의 이야기에서 비롯되었는데, 주로 보수적 정치인들이 부유층에 대한 누진세와 복지를 통한 재분배 등을 비판하는 논리로 이용했다. 1970년대 케인스 경제학을 통렬하게 비판한 통화주의 학파의 밀턴 프리드먼Milton Friedman 교수는 "공짜 점심은 없다"는 말로 유명했다. 프리드먼은 사유재산이 '자유'의 가장 중요한 수단이라고 믿었다. 프리드먼은 최저임금제와 같은 정부의 인위적 개입은 오히려 더 많은 실업자를 양산할 뿐이라고 주장했다.[16] (흥미롭게도 그는 복지 제도를 모두 없애는 대신 미국의 전 국민에게 '기본소득'을 제공하자고 제안했다.) 프리드먼은 하이에크의 《노예의 길》에 서문을 쓰고 다시 출간했으며, 하이에크를 따라 자유시장을 강조하고 모든 종류의 정부 개입에 반대했다.

　프리드먼이 미국 레이건 행정부의 정책 자문을 맡은 1980년대 이후 그를 추종하는 통화주의자들이 국제기구를 장악하고 세계 경제를 근본적으로 바꿨다. 케인스 경제학에 반대해 통화량을 억제하고, 복지를 줄이고, 공기업의 사유화와 자유무역을 주창했다. 통화주의자들은 금융 서비스산업에 대한 규제 완화를 적극적으로 주장했고, 세계 금융시장의 자유로운 자본 이동을 지지했다. 이에 따라 영국, 아일랜드, 아이슬란드는 금융시장을 개방하고 약탈적 금융업에 너도나도 뛰어들었다. 그러나 통화주의 경제학이 지배한 지난 30년간 세계적으로 불평등이 크게 증가하고 빈곤은 심화되었다. 결국 2008년 금융 위기가 발생하면서 자유시장의 능력에 대한 의문이 커지고 통화주의 경제학의 인기는 급격히 떨어졌다.

20세기를 풍미했던 공산주의와 신자유주의는 수명을 다했다. 공산주의가 주장한 기계적 평등주의는 자신들의 유토피아적 선전과 달리 불평등을 줄이는 데 실패했다.[17] 공산주의 사회는 자유를 박탈한 전체주의 사회로 변질되었으며 사유재산 대신 정치권력에 따른 새로운 불평등을 만들었다. 한편 지난 30년간 세계를 지배한 신자유주의와 자유지상주의는 사회의 통합을 크게 저하시키고 사람들의 행복감을 약화했을 뿐 아니라 오히려 개인의 자유까지 약화했다. 사유재산권의 극단적 옹호가 기회의 평등을 제약하면서 사람들이 개인의 역량을 최대한 발휘할 자유를 박탈했기 때문이다.

이 책은 불평등을 줄이기 위해 취약 계층을 우선적으로 돕는 한편 개인의 다양성을 고려하며 역량을 키우는 정책을 지지한다. 이를 위해서는 최저임금을 통해 노동시장의 소득 불평등을 줄이는 방법과 조세를 통한 재분배, 사회보장, 공교육을 확대하는 방법이 동시에 필요하다. 미국과 스웨덴의 임금격차는 크지 않지만, 스웨덴에서는 보편적 교육, 보건, 사회보험 등과 같은 사회보장 체계를 통해 빈부 격차가 많이 줄었다. 결국 불평등을 해소하는 사회제도가 중요한 역할을 수행한다.

사회란 수많은 개인이 원자처럼 흩어져 존재하는 것이 아니다. 사회는 단일한 국가에 종속되는 개체도 아니다. 사회는 수많은 사람이 서로 연결되고 의존하며 협력하는 공동체다. 사회는 모든 사람이 공동으로 소유하는 '사회적 공공재'를 가진다. 이는 단순히 국방, 경찰, 소방, 도로, 공원과 같은 순수한 또는 전통적 공공재만 가리키는 것이 아니다. 사회적 공공재는 한 사회에서 살아가는 사람들이 인간다운 생활을 하고 자신의 능력을 키우며 사회의 지속가능성을 만들게 하는 다양한 사회적 장치를 포함한다. 모든 사람에게 사회적 공공재를 제공하기 위해 교육, 보건, 환경 등 다양한 사회적 영역의 공적 제도가 필요하다. 도시의 건축과 농촌의 자연뿐 아니라 사회의 청렴, 정직, 신뢰도 넓은 의미의 사회적 공공재다. 사회적 공공재는 단지 정부의 역할에 의존하는 것이 아니라 다양한 사회집단과 공공기관의 협력을 통해 만들어질 수 있다. 교육과 보건의 공공성을 높이기 위해 정부와 국회뿐 아니라 다양한 사회적 협의 기구가 운영될 수 있다.

인간의 사회생활은 사유화를 무분별하게 허용해서는 안 되고 통합적 제도로 관리해야 한다. 교육, 의료, 환경은 상품으로 취급해서는 안 된다. 초등학교 교육뿐 아니라 대부분의 학생이 다니는 고등학교 교육도 의무교육이 되어야 한다. 대부분의 학생이 내는 사교육비도 공동으로 관리해야 한다. 85% 이상의 학생이 대학을 가는 현실에서 대학 교육도 의무교육이 되어야 한다. 국민건강보험도 전면 확대해야 하며 의료의 영리화는 중단되어야 한다. 한편 기후변화를 해결하기 위해 2016년 파리기후협약에 참여한 우리 정부는 재생에너지 개발을 위해 실제적인 노력을 기울여야 한다. 이는 최근에 유엔에서 제창한 '글로벌 공공재'의 문제이기도 하다(유엔은 환경, 보건, 지식, 평화, 안보 이슈를 포함한다). 이처럼 한 사회 또는 세계적 차원에서 사회적 공공재를 유지하고 강화하는 것은 제도화 과정을 거친다.

통합적 제도인가, 분열적 제도인가

불평등에 영향을 미치는 제도institution의 효과에 주목해야 한다. 미국 사회학자 찰스 라이트 밀즈C. W. Mills가 빈곤이 개인의 문제가 아니라고 말한 것처럼 불평등도 개인의 문제가 아니다. 불평등은 사회가 만든 문제다. 경쟁에서 실패하거나 낙오하는 것은 개인의 문제가 아니다. 공정한 경쟁의 규칙이 중요하고 불공정, 부정의를 고칠 수 있는 사회제도가 필요하다. 최저임금 인상, 노동시간 단축, 유급휴가 등이 한 기업의 선의로만 해결될 수는 없다.

분열적 사회제도는 경쟁을 찬양하고 능력주의를 강조하지만 결국 모든 사람을 무한경쟁으로 내몰고 사회를 해체한다. 신자유주의에 따른 경제 자유화, 공기업의 사유화, 부자 감세, 복지 축소의 제도화는 사회를 분열시킨다. 분열적 제도는 원래 시장이 형성되지 않은 교육, 의료, 환경, 안전 분야에도 시장 논리를 도입한다. 결국 모든 사회 분야에서 기업의 이익을 가장 중시한다. 한국에서는 100여 개의 특수목적고와 200여 개의 자율형 사립고로 대표되는 교육의 사교육화, 실손보험의 도입 같은 의료 민영화, 대기업의 돈벌이 수단으로 전락한 4대강 개발, 세월호 참사와 구의역 사고에서 드러난 안전 관리 외주화가 대표적인 분열적 사회제도다.

이와 달리 통합적 사회제도는 개인의 협력과 이타주의를 촉진하고 사회를 통합한다. 보편적 사회보험, 국민건강보험, 보편 교육과 평생교육의 제도화는 사회가 운명 공동체라는 인식을 확산시키고 사회적 결속을 강화한다. 복지국가가 운영하는 사회보장과 능력에 따른 조세 부담 원칙은 사회 보호 장치를 강화하고 사회정의를 실현한다. 통합적 사회제도는 당연히 불평등을 축소한다.

어떤 제도를 만드는가에 따라 사회의 평등 정도가 달라진다. 제도를 만드는 것은 자연적 질서나 보이지 않는 손이 아니라 바로 우리 인간이다. 인간의 모든 삶을 시장에 맡기는 결정은 사회의 분열을 촉진한다. 사회의 시장화는 필연적으로 사회를 분열시킨다. 사회를 유지하고 통합하기 위해서 인간은 개인들이 서로 협력하는 통합적 제도를 만들어야 한다. 리처드 토니는 "사회제도는… 인간을 분열시키는 차이보다 인간을 통합하는 공통의 인간성을 가능한 한 강조하고 강화하도록… 설계되어야 한다"고 주장했다.[18] 이런 사회제도를 만드는 과정에서 정부뿐 아니라 기업, 노동조합, 시민사회 조직 등 사회적 동반자의 적극적인 참여가 중요하다. 한 나라가 어떤 제도를 갖는지 결정하는 것은 바로 정치와 정치제도이기 때문이다. 제도와 정치의 상호작용이 한 사회의 불평등을 결정한다.

19세기 영국의 산업혁명 시대에 화재는 개인의 책임이었다. 보험회사에 가입한 사람만 소방서의 도움을 받을 수 있었다. 당연히 소방서는 개인 회사로 운영되었다. 기차역도 개인이 운영했다. 런던에는 지금도 중앙역이 없다. 기차역이 여덟 곳이나 되고 독자 노선이 있기 때문이다. 1945년 이후에야 국가가 소방서와 철도를 운영하기 시작했다. 규제라면 몸서리를 치는 사람들은 노예제의 금지, 소년노동의 금지, 8시간 노동제, 노동조합의 단결권, 단체교섭, 파업권, 투표권, 남녀고용평등법이 왜 필요하냐고 말할지 모른다. 그러나 이런 제도가 없었다면 사회는 제대로 작동하지 않을 것이다. 시장의 작동을 위해서라도 우리는 오늘날 사회에 발생한 문제를 해결하기 위해 새로운 제도를 창조하는 지혜를 배워야 한다.

불평등을 완화하는 통합적 제도의 실행을 위해 노동시장의 소득 분배와 조세를 통한 재분배를 강조하고 싶다. 무엇보다 소득 불평등을 줄이기 위해 저소득층의 임금 인상이 중요하다. 최저임금 인상과 생활임금의 확대가 필요하며 노동조합의 단체협상과 노동자의 경영 참가를 확대해야 한다. 이를 통해 노동자들이 인간다운 삶을 영위할 수 있는 수준으로 임금이 인상되고 노동조건이 개선되어야 한다. 또한 정규직과 비정규직의 차별을 없애기 위해 '동일 노동, 동일 임금' 원칙을 적용해야 한다. 한편으로는 누진적 조세를 강화하고 조세 정의를 실현해 사회적 약자를 돕는 사회 안전망과 사회의 통합을 촉진하는 사회보장제도를 강화해야 한다. 공정하고 효과적인 재분배 제도가 없다면 사회통합을 이루기 어렵다.

인간의 역사를 보면 마태 효과보다 로빈 후드 효과가 정의로운 사회를 만드는 더 유용한 수단이라는 사실은 분명하다. 하지만 무조건적인 재분배를 지지하려는 것은 아니다. 통합적 제도에서 불평등을 사후에 완화하는 정책보다는 예방하는 정책이 필요하다. 영국 복지국가의 설계에 커다란 영향을 미친 런던정경대학 사회학자 리처드 티트머스Richard Titmuss는 보편주의의 토대를 전제로 사회적 약자와 취약 계층을 대상으로 지원을 추가하는 '긍정적 차별'을 강조했다.[19] 국가는 빈곤하지 않은 사람이 저임금, 실업, 질병 때문에 빈곤으로 추락하는 것을 예방하는 한편 이미 빈곤에 빠진 사람들이 일을 통해 빈곤에서 벗어날 수 있게 해야 한다. 다만 노동 능력을 갖지 못한 아동, 노인, 장애인 등 취약 계층에게 노동의무를 요구하는 것은 타당하지 않기 때문에 '긍정적 차별'로 다른 사람보다 많이 지원해야 한다. 사회적 취약 집단을 위한 지원의 범위와 수준은 사회적 합의를 통해 정해야 한다.

20세기 후반 영미권의 최고의 정치철학자로 평가를 받는 존 롤스John Rawls는 평등을 절대적, 기계적 평등이 아니라 '공정성fairness'으로 파악했다. 그는 공정한 절차에 의해 합의된 규범을 '정의'의 기본적 토대라고 보았다.[20] 공정한 정의를 위한 보장하기 위해서는 먼저 균등한 시민적 자유권이 필요하다(자유의 원칙). 또한 모든 사람이 균등한 직위와 직책을 가질 기회의 평등이 필요하고(차이의 원칙), 사회의 최대 취약 계층에게 최대의 이익을 제공해야 한다(최소 극대화의 원칙). 최대 취약 계층에게 최대한 기회를 제공하는 경우에만 불평등이 정당화될 수 있다. 이런 주장은 티트머스의 '긍정적 차별' 원칙과 닮았다. 모든 사람이 능력대로 보상받을 수 있다는 고전적 자유주의의 원칙과 사회의 전체적 효용을 중시한 공리주의 철학의 견해와는 사뭇 다르다. 만약 '최소 극대화'의 원칙이 지켜지지 못한다면 모든 사람에게 평등한 분배를 제공하는 것만 못할 수 있다. 롤스는 공정한 정의를 통해 '자유롭고 평등한 시민들로 이루어진 안정되고 정의로운 사회'를 오랜 기간 유지하는 방도를 찾아야 한다고 주장했다.

노벨상 수상자인 인도 경제학자 센도 '분배적 정의'를 강조했다. 그는 아홉 살이던 1943년에 인도 벵골 지역에서 대기근으로 약 300만 명의 아사자가 발생한 참상을 목격했다. 훗날 케임브리지대학에서 경제학을 공부한 센은 농업 수확량의 부족이 아니라 분배의 실패가 벵골의 기아를 초래했다고 결론 내렸다.[21] 당시 영국이 통치하던 벵골의 식량 생산량은 모든 사람이 먹기에 충분했다. 그러나 많은 농촌 노동자들이 실직하고 식량을 사지 못해 가족까지 굶주릴 수밖에 없었다. 결국 풍족한 자원은 빈곤을 해소할 수 있다는 가능성만 보여 주는 것이고, 실제로 빈곤을 결정하는 핵심 요소는 권리다. 센은 이를 '인타이틀먼트entitlement'라고 불렀으며, 개인이나 집단이 갖는 권리 또는 자격으로 정의했다. 빈곤·기근·아사는 자연재해 탓이 아니라 공동체의 성원이 민주적 권리를 갖지 못한 결과다. 즉 일할 권리와 노동시장에 참여할 권리를 박탈당하면 인간다운 삶을 누릴 수 없다.

센은 낮은 소득이 빈곤의 한 원인이고, 사회의 불평등을 만들 수 있다는 점을 인정했다. 그뿐만 아니라 나이, 성별, 장애, 거주 지역 등 개인이 통제할 수 없는 조건도 빈곤과 불평등을 만들 수 있다. 이런 점에서 센은 모든 개인이 각자의 조건 속에서 능력을 자유롭게 발휘할 수 있도록 하는 '적극적 자유'가 중요하다고 강조했다.[22] 정부의 간섭을 받지 않는 소극적 자유만으로는 빈곤과 불평등을 줄이기에 충분하지 않기 때문이다. 이렇게 적극적 자유를 중시하는 것은 롤스의 주장과 차이가 있다. 센은 빈곤층을 지원하는 데 현금 급여만으로는 충분하지 않으며 일자리를 포함해 사회에 참여할 수 있는 '역량'을 강화하는 것이 중요하다고 강조했다. 이런 주장은 불평등에 대한 사회적 관심의 지평을 넓혀, 1990년대 이후 소득뿐만 아니라 교육과 기대여명을 조사하는 유엔의 인간개발지수에 영향을 미쳤다. 소득은 다양한 불평등 가운데 한 가지일 뿐이고, 소득 격차는 특정한 환경과 그에 따른 기회의 차이가 만든 결과라고 이해해야 한다.

나는 기계적 평등주의와 자유지상주의 대신 롤스와 센이 주창한 '분배의 정의'를 지지한다. 국유화와 민영화 논쟁보다 경제 정의가 더 중요하다. 어떻게 하면 좋은 사회를 만들 수 있느냐는 사회적 질문이 필요하다. 국가의 정책은 롤스의 주장처럼 취약 계층을 우선적으로 지원하는 '최소 극대화' 원칙과 센이 강조한 교육과 훈련을 통한 '역량 중심적' 사회정책을 중시해야 한다. 경제학의 아버지라고 불리는 애덤 스미스가 말한 대로 "자비심이 없어도 사회가 존속할 수 있지만, 정의가 없으면 사회가 붕괴한다."23) 분배의 정의가 제대로 작동하지 않으면 노동시장뿐 아니라 교육, 보건, 사회보장의 영역에서 분열적 제도가 확대되고 사회의 분열이 심해질 것이다. 불평등이 지나치게 커진 사회는 모래 위에 지은 집과 같다. 불평등은 지나친 경쟁, 상품 물신화, 인간 소외, 정치 갈등을 일으키며 개인의 자존감과 잠재력을 파괴할 수 있다. 불평등은 심리적, 정치적 문제이면서 도덕적인 문제다. 또한 경제적 문제이며 사회적 문제다.

8

인간의 얼굴을 한 자본주의

해마다 1월 스위스 휴양지 다보스에서 열리는 세계경제포럼World Economic Forum은 각국 정치 지도자, 기업인, 기술 혁신의 선두 주자, 유명 인사로 가득하다. 그동안 세계 최고의 엘리트들이 모여 자유시장과 세계화를 선도하는 자본주의경제를 지지했다. 그런데 놀랍게도 2012년 세계경제포럼의 주제는 '자본주의의 위기'였다. 2008년에 세계 금융 위기가 발생하고 4년 만이다. 첫 번째 토론 주제는 '20세기 자본주의는 21세기에서 실패하고 있는가'였는데, 세계경제포럼을 창설한 클라우스 슈바프Klaus Schwab가 "나는 자유시장경제의 신봉자지만 우리는 죄를 지었다"는 참회의 발언으로 주목을 끌었다. 다보스포럼에 참여한 많은 사람들은 세계경제를 위협하는 가장 큰 원인이 '소득 격차'라고 지적했다. 2012년 1월《블룸버그Bloomberg》의 보도에 따르면, 다보스포럼에 참석한 국제 투자자, 투자 분석가, 투자 중개인 등 참석자들 중 70%가 현행 자본주의 체제를 바꿔야 한다고 응답했다.

자유시장경제가 유일한 자본주의 모델인가

오스트리아 경제학자 칼 폴라니Karl Polanyi가《거대한 전환The Great Transformation》에서 지적했듯이 자유시장 자체를 자연적인 것으로 보는 견해는 역사적으로 타당하지 않다.[1] 자유시장 자본주의는 18세기에야 유럽에서 본격적으로 등장한 경제 제도다. 고대 문명에서도 상업과 무역이 있었지만, 시장이 상품 생산과 분배의 주요 토대가 된 지는 200년 정도밖에 되지 않았다. 시장 제도도 인류 문명 속에서 발전했으며 자유시장을 옹호하는 이념도 자유주의 경제학이 퍼지면서 생긴 신념일 뿐이다.

마르크스는《철학의 빈곤Misère de la philosophie》에서 "손방아는 봉건영주의 사회를 낳고 증기 방아는 자본가의 사회를 낳는다"고 말했다. 그에 따르면, 증기기관은 자본주의를 만들었다. 영국의 산업혁명 이후 기계를 통한 대량생산이 가능한 산업자본주의가 지역적 경계를 넘어 세계적 차원으로 확대되었다. 자본주의는 경제적 관계뿐만 아니라 사회정치적 관계와 사람의 문화적 삶도 근본적으로 변화시켰다. 자본주의 이전의 사회에서 시장은 사회적 관계 속에 존재했으며 공동체의 제도, 규범, 가치 체계가 시장의 범위와 운영을 통제했다. 그러나 자본주의가 발전하면서 시장의 작동 원리가 공동체의 생활과 정치의 성격을 결정하고 경제와 사회의 관계가 역전되었다. 자본주의 경제체제에서 사회는 시장의 부속물이 되었다. 폴라니가 말한 대로 "사회는 시장이라는 거대한 맷돌에 갈려버렸다."

자본주의경제의 세계적 확대는 혁명적 변화와 엄청난 혼란을 일으켰다. 생산력이 높아지고 상품 생산이 비약적으로 확대되면서 대중의 소비 수준도 급속하게 높아졌다. 이와 동시에 사회의 불평등도 심해졌다. 그리고 자본주의에 반대하는 사회주의 운동이 등장했다. 주로 자본주의에서 노동을 팔면서 생활하는 하층민 노동자들의 저항이 확산되었다. 시간이 지나면서 노동운동은 정치적 성격을 띠고 평등한 투표권에 이어 노동조합의 결성, 임금 인상, 나아가 생산수단의 국유화를 주장했다. 페이비언 협회의 버나드 쇼는 "사회주의란 공공도서관에서 책을 빌려 보는 것과 같다"고 주장했다. 영국은 지금도 '모든 예술품은 국민의 것'이라는 전제로 대부분의 박물관과 미술관을 무료로 개방한다. 노동당 정부의 결정이다. 오랫동안 노동운동은 정치권력을 추구하는 사회주의 정당과 밀접하게 관련되어 있었다. 자본주의가 고양하는 개인주의 정신에 반대해 사회주의는 공동체 정신의 부활을 주장했으며, 경제를 통제하는 국가권력 또는 정치의 중요성을 인정했다. 이런 대중운동은 근본적으로 평등주의의 성격을 띠었으며 정치적 운동으로 더욱 발전했다. 19세기 말부터 1940대까지 자본주의와 사회주의를 지지하는 이념적 대결은 거대한 대중적 운동으로 발전했다. 1917년 러시아혁명 이후 소련은 공산주의 체제를 수립하고 새로운 실험에 도전했다.

다른 한편에서는 자본주의도 새로운 실험을 시도했다. 20세기 초 대부분의 사람은 자유시장 이외에는 대안이 없을 것으로 보았지만, 1929년 대공황 이후 자유시장의 위험이 인정되면서 새로운 경제 모델을 찾아야만 했다. 존 스타인벡John Ernst Steinbeck의 소설《분노의 포도The Grapes of Wrath》는 은행과 지주에게 강탈당한 오클라호마 농민들이 일자리를 찾아 캘리포니아로 가는 긴 여행을 보여 준다.

농민들은 굶주림으로 죽어가지만, 지주들은 가격 폭락을 우려해 오렌지에 석유를 뿌리고 돼지를 죽인 뒤 석회를 뿌려 못 먹게 만든다. 어떤 지주도 가난한 이주노동자에게 오렌지와 포도와 돼지고기를 공짜로 나누어 주지 않았다. 자유시장은 더 이상 작동하지 않았다. 다양한 국가에서 자본주의경제의 전환을 추구했다. 미국의 뉴딜 정책, 스웨덴의 사회민주주의, 독일의 질서자유주의, 일본의 국가자본주의는 자본주의의 다양한 경로를 보여 준다. 그 뒤 영미권, 유럽, 동아시아의 상이한 자본주의 모델은 시대와 조건에 따라 서로 다른 특징을 드러냈다.

2차세계대전 이후 수십 년 동안 자본주의 경제체제가 하나의 모형으로 수렴되는 대신 크게 영미권, 유럽 대륙, 동아시아 등에서 각각의 유형으로 분화되었다. 먼저 영미권의 주주 자본주의shareholder capitalism에서는 소유와 경영이 완전히 분리되고 주식시장이 발달했다. 둘째, 독일을 비롯한 유럽 국가에서 나타나는 이해관계자 자본주의stakeholder capitalism는 소유와 경영이 분리되어 있어도 금융기관과 정부 등 기관 투자자들이 안정적인 경영권을 갖는다. 셋째, 동아시아의 국가자본주의state capitalism에서는 정부가 적극적으로 산업 정책에 개입하고 기업과 협력하며 경제를 관리한다. 1980년대 미국 정치학자 찰머스 존슨Chalmers Johnson은 '자본주의적 발전국가 capitalist developmental state'라는 개념을 이용해 일본 정부가 자본주의의 발전에 주도적 역할을 했다고 주장했다.[2] 1960년대 이후 한국과 타이완도 일본처럼 정부가 시장에 개입하고 기업이 장기적 계획을 실행하도록 지원했다. 영미권, 유럽, 동아시아의 상이한 자본주의 모델은 시대와 조건에 따라 다양한 변화를 겪어 왔다.

역사 종말론의 오류

1991년 소련이 붕괴하고 냉전 체제가 무너진 이듬해에 미국 정치
학자 프란시스 후쿠야마Francis Fukuyama는《역사의 종말The End of His-
tory and the Last Man》을 출간했다. 그는 공산주의 체제가 사라진 세계
정치와 경제는 자유민주주의와 시장경제라는 한 가지 모델로 변할
것이라고 예측했다. 그는 공산주의 체제의 실패를 헤겔과 마르크스
의 목적론적 역사관의 종말로 보았으며 더 나아가 '역사의 종말'이
실현되었다고 보았다.[3] 그 후 세계경제의 지구화가 확대되면서 다
양한 사회경제 체제가 하나로 수렴되어 가고 있다는 주장이 확산
되었다. 이는 1950년대 자본주의와 사회주의를 절충한 혼합경제의
등장을 해석하는 '수렴이론'보다 더욱 설득력 있게 제시되었다.

공산주의 체제가 붕괴하면서 사회주의경제 모델은 사람들의 관
심에서 사라졌다. 소비에트 유토피아가 실패하면서 공산주의뿐 아
니라 사회민주주의도 불신받았다.[4] 1950~1970년대 자본주의의
황금기에 '혼합경제'는 소련과 미국과 다른 '제3의 길'로 매력적 대
안이 되었지만 1980년대부터 지속적 위기에 봉착했다. 사실 혼합
경제는 이론적 일관성보다 실제 성과를 중시했는데, 1970년대에
경제 침체가 장기화되면서 단기 처방의 탁월한 우월성을 보여 준
케인스 경제학은 심각한 공격을 받았다. 1980년대 이후 서방세계
의 신우파가 케인스 경제학에 지적 폭탄을 퍼부은 뒤에 자유시장
을 찬양하는 사람들이 급증했다. 정치인들은 공기업을 투자자에게
팔아넘기고 경제에 대한 규제를 스스로 포기했다. 점차 국가가 경
제를 관리해야 한다는 기대가 사라졌다. 1980년대 라틴아메리카,

1990년대 러시아와 동아시아에서 발생한 경제 위기 이후 경제개혁의 의제는 자유시장의 강화로 변했다. 세계경제는 자유시장을 강조하는 신자유주의에 따라 좌우되고, 신자유주의가 지구적 경제통합을 위한 새로운 모델로 자리 잡았다. 신자유주의는 세계경제가 미국의 강력한 정치경제적 헤게모니의 지속과 함께 단일한 자본주의 모델의 수렴을 의미했다.

그러나 세계경제가 자유시장경제라는 단일 모델로 수렴되는지에 대한 논쟁은 여전히 뜨겁다. 2001년에 미국 정치학자 피터 홀Peter A. Hall과 영국 정치학자 데이비드 사스키스는 《자본주의의 다양성 Varieties of Capitalism》에서 선진 산업국가의 제도에 다양한 특성이 있으며 경제적 성과가 다르게 나타난다고 주장했다.[5] 대표적인 예로 미국과 독일의 경제 제도가 아주 다르다. 두 학자는 기업의 핵심 경쟁력, 직업훈련과 교육, 기업 지배 구조, 기업 간 관계, 노사 관계의 특성에 따라 경제 모델을 '자유시장경제'와 '조정시장경제'로 나눈다. 한 국가 내의 다양한 제도적 조건들은 밀접하게 관련되며 '제도적 보완성'을 통해 서로 영향을 준다는 것이다.

미국과 유럽 국가는 경제 제도가 다르고 기업가, 중간 관리자, 노동조합 사이에 협상력을 비롯한 힘의 차이가 있기 때문에 기업의 지배 구조도 상이한 특징을 보인다. 미국식 자본주의는 기업가들이 분산되어 있고 상대적으로 약한 대신 중간 관리자들이 매우 강력하고, 노동자들이 잘 조직되어 있지 않다. 독일과 유럽 자본주의에서는 기업가들이 집중되어 있고 중간 관리자의 힘이 약한 반면, 노동자들이 잘 조직되어 있는 편이다. 미국식 자본주의는 개방적이고 자유로운 경쟁을 추구하기 때문에 급진적인 혁신이 가능한 반면,

독일과 유럽 자본주의는 이해관계자의 조정과 협력을 중시하고 점진적, 단계적 혁신을 추구한다. 물론 선진 산업국가의 정치 경제 모델을 세부적으로 보면, 홀과 사스키스가 구분한 이분법보다 더 많은 유형을 찾을 수 있다. 하지만 많은 학자들은 조절 방식에 따른 시장경제의 이분법적 구분을 널리 받아들였다.

현재 전 세계를 지배하는 단일한 정치 경제 모델은 없다. 후쿠야마가 말한 대로 냉전 이후 시장경제가 전 세계에 확산되는 것처럼 보이지만, 이 시장경제가 미국에서 볼 수 있는 자유시장 자본주의를 의미하지는 않는다. 1990년대 정보통신산업의 성황과 닷컴 거품 때문에 미국식 주주 자본주의가 승리한 것처럼 보였지만, 이제는 다르다. 미국이 거품 붕괴와 함께 경제 위기를 겪었고 빈부 격차도 심해졌다. 미국식 자본주의를 추종하던 영국은 증가하는 불평등과 의료보장을 비롯한 사회복지 제도의 유지를 두고 고심하는 중이다. 반면에 이해관계자 자본주의 모델을 추구하는 독일은 지속적인 경제개혁을 추진하는 동시에 복지체제를 개혁하면서 국제 경쟁력을 유지하고 있다. 유럽 경제는 사회안전망에 대한 지속적 투자와 기업 지배구조에 대한 조정으로 최근 서서히 회복하고 있다.

각 나라의 자본주의경제 모델은 시장경제의 공통점을 가지면서도 사회 정치적 관계에 따라 다양한 특징을 보인다. 미국식 모델은 자유기업을 찬양하고, 국가가 제공하는 복지보다 개인의 책임을 강조하며, 노동력이 자유롭게 이동하는 유연한 노동시장을 강조한다. 이 모델의 대표적인 예로 자유로운 창업과 고용 이동이 가능한 실리콘밸리를 들 수 있다. 실리콘밸리 모델은 유연 노동시장과 복지 축소를 수용했다. 그러나 최근 연구에 따르면, 세상의 통념과 다르게 실리콘밸리의 성공 이면에는 미국 정부의 적극적 지원이 있었다. 서섹스대학의 마리아나 마추카토Mariana Mazzucato 교수는 지난 수십 년 동안 미국 국방부 방위고등연구계획국DARPA이 정보 통신 인프라에 대해 대대적으로 투자했기 때문에 애플Apple 같은 기업이 성공할 수 있었다고 주장했다.[6] 미국식 모델이 순수한 자유시장 모델이라고 보기 어려운 증거가 드러나고 있는 것이다.

한편 유럽식 모델은 일자리에 새로운 유연성을 받아들이면서도 노동 부문에 사회 보호 장치를 제공한다. 그리고 동아시아 모델은 아직도 국가가 민간 기업의 지배구조와 경쟁의 조건을 규제하고 수출 위주 정책을 통해 기업의 경쟁력을 촉진한다. 최근 개발도상국 가운데 국가 주도로 고도성장을 이루고 있는 브라질, 러시아, 인도, 중국은 미국식 자본주의 체제를 그대로 모방하기보다는 자국의 독특한 체제를 유지하고 있다.

독일의 사회적 시장경제는 성공했나

2차세계대전 이후 독일에서는 학자와 정치인이 자유시장 경제학의 오류를 바로잡기 위해 진지하게 고민했다. 독일은 대공황의 위기를 가장 심하게 겪었기 때문에 이들이 제시한 '사회적 시장경제'는 지금도 주목을 끌고 있다. 시장경제의 자유와 사회적 형평성을 결합한 사회적 시장경제는 지금도 독일 경제의 성격을 잘 보여 준다. 1920년대에 독일 경제학자 발터 오이켄Walter Eucken이 "정부가 부분적 이익을 조정하는 힘을 가지고 경제 과정에서 불편부당한 조정자의 지위를 가져야 한다"고 주장했는데, 그가 주장한 질서자유주의를 1949년에 아데나워Konrad Adenauer 정부가 도입해 전후 독일 부흥의 운영 방식으로 삼았다.

1946년에 독일 경제학자 알프레드 뮐러-아르막Alfred Muller-Armack은 사회적 시장경제를 '자유방임 시장경제가 아니라 사회적 입장에서 운영하는 시장경제'로 정의했다. 그리고 소련식 계획경제에 반대해 자유로운 시장의 경쟁을 인정하지만, 시장이 완벽하게 작동하지 않기 때문에 필요한 경우에는 정부가 시장에 개입한다는 원칙을 제시하고 독점과 카르텔을 금지하는 강력한 경제정책을 폈다. 한편 나치 시절에 금지된 노사 공동 결정 제도와 노동자를 위한 사회보장제도를 다시 도입했다. 결국 독일은 경제적 자유주의와 사회 민주적 혼합경제 사이에서 제3의 길을 추구해 '라인 강의 기적'을 이룬 것이다.

역사적으로 보면 독일의 사회적 시장경제는 공산주의의 국유화와 통제경제에 대한 보수적 대응이었다. 그러나 1980년대 이후 신자유주의가 세계를 지배하면서 오늘날에는 진보적 대안으로 평가받는다. 영미권의 자유시장경제 모델과 독일의 사회적 시장경제 모델은 다른 점이 많다. 영미권 국가들은 일반적으로 주주가치를 강조하는데, 독일은 은행과 기관투자자들이 참여하는 기업 지배구조를 통한 이해 관계자의 협력을 강조한다. 노동자의 경영 참여와 산업민주주의는 노사 간 협력과 합의를 강조하는 독일식 노사 관계의 특성으로 사회 평화의 기반이 되었다. 노사 공동 결정 제도를 통해 작업장 평의회를 구성하고, 노동자들이 기업의 경영에 참여했다. 기업의 구조조정 과정에서도 노동조합의 견해를 경청하고 타협하려는 전통이 강하다. 심지어 회사를 폐업할 때도 실업수당과 별도로 노동자의 전직을 배려하기 위해 3년이 넘는 장기 과정을 거치는 경우도 있기 때문에, 당연히 회사에 대한 노동자의 신뢰와 충성심이 강하다. 이런 특징이 독일을 세계 최고 수준의 경쟁력을 갖춘 '제조업 국가'로 만들었으며 메르세데스 벤츠와 베엠베BMW의 신화가 탄생했다. 노사 협력과 산업 평화야말로 사회적 시장경제와 독일 경쟁력의 중요한 토대가 되었다.

흥미롭게도 한국의 제헌헌법(1948)과 현행 헌법(1987)도 사회적 시장경제의 원칙을 포함하고 있다. 제헌헌법의 초안을 만든 유진오는 《헌법해의》에 "우리나라 헌법은 다른 민주국가와 같이 정치적, 법률적으로 민주주의 국가를 수립하고자 하였을 뿐만 아니라 경제적, 사회적, 실질적으로 민주주의 국가를 수립하고자 한 것이다"라고 적었다. 2002년에 헌법재판소도 사회적 시장경제 원리를 대한민국 헌법의 기본 원리로 설명했다. "사회국가란 한마디로, 사회정의의 이념을 헌법에 수용한 국가, 사회현상에 대하여 방관적인 국가가 아니라 경제·사회의 모든 영역에서 정의로운 사회질서의 형성을 위하여 사회현상에 관여하고 간섭하고 분배하고 조정하는 국가이며, 궁극적으로는 국민 각자가 실제로 자유를 행사할 수 있는 그 실질적 조건을 마련해 줄 의무가 있는 국가다."[7] 독일의 바이마르헌법이 최초로 명문화한 '사회국가'의 개념이 독일의 기본법에 계승되었고 한국의 제헌헌법에도 그대로 표현되었다. 하지만 오늘날 뉴라이트와 전경련은 개헌을 요구하면서 헌법에서 사회적 시장경제의 원리 문구를 삭제하고 싶어 한다.

한편 김대중 정부는 독일의 사회적 시장경제와 질서자유주의를 지지한다고 공식적으로 발표했다. 하지만 미국과 유럽에서 인기를 얻던 제3의 길에 큰 관심을 가지면서 노선을 중도 개혁주의로 설정했다. 유럽식 사회민주주의를 지지한 적은 없지만 복지 제도의 확대에 큰 관심을 가졌던 김대중 정부는 외환위기와 구조조정으로 대량 해고에 직면한 노동조합과 타협하기 위해 복지 정책 확대를 약속했다. 김대중 정부의 사회정책은 국가복지를 강조하는 경향을 가지고 있었지만, 기본적으로 독일식의 보수적 사회보험 제도를 모방했다. 그런데 독일의 보수적 복지국가 모델은 가족의 보호 기능이 실패할 때만 국가가 개입하는 잔여적 제도로, 바로 이 점 때문에 덴마크의 사회학자 요스타 에스핑-안데르센Gøsta Esping-Andersen은 독일 복지국가가 "가장 나쁜 것은 아니지만 가장 추악한 것"이라고 지적하기도 했다.[8]

　김대중 정부의 경제정책은 독일식 시장경제 대신 미국식 자유시장경제를 적극적으로 수용하는 방향으로 바뀌었다. 1997년 외환위기 직후 집권한 김대중 정부는 긴급구제금융을 지원받기 위해 미국 정부의 경제 자유화 압력에 직면했으며, 그 과정에서 한국의 경제 관료들은 적극적으로 시장 지향적 경제개혁을 추진했다. 시장이 사회를 지배하고 정치의 탈국가화가 진행되면서 한국의 민주주의는 새로운 위기를 만났다. 뒤를 이은 노무현 정부의 경제정책 역시 감세, 탈규제, 무역 자유화를 주장하는 미국식 자유시장경제의 영향을 많이 받았다. 심지어 일부 경제 관료들은 '금융 허브'를 운운하며 미국식 투자은행과 금융 규제의 완화를 찬양했다. 그러나 미국식 모델은 2008년에 금융 위기로 파산했으며 금융 규제 완화가 재앙의 근원이라는 사실이 밝혀졌다. 만약 한국이 아일랜드와 아이슬란드처럼 미국 모델을 모방하다 함께 금융 위기를 겪었다고 생각하면 아찔하다. 금융 위기 이후에도 경제성장을 이어 간 나라는 미국, 영국 등 금융과 서비스산업이 강한 나라가 아니라 독일, 스웨덴 등 실물경제와 제조업이 강한 나라다.

한국 정부와 학계에서는 지금도 국가 모델을 둘러싸고 이념적, 정책적 논쟁이 벌어지고 있다. 자유시장의 역할을 강조하는 쪽에서는 규제를 없애고 복지 재정의 부담을 줄여야 기업의 경쟁력을 높일 수 있다고 주장한다. 반면에 대안적 경제 모델을 추구하는 쪽에서는 재벌 대기업의 독점을 규제하고 사회복지와 노사정 협의 제도를 강화해야 한다고 강조한다. 다른 나라의 모델을 무작정 모방하는 것은 실사구시와 거리가 멀다. 다른 나라들의 성공과 실패를 분석해 한국 현실에 맞는 모델을 끊임없이 실험하고 창조해야 한다. 지금이라도 일방적 미국화의 꿈에서 깨어나 협력을 강조하는 독일의 사회적 시장경제 모델에서 교훈을 찾아야 한다.

물론 독일의 사회적 시장경제도 고정불변의 모델은 아니다. 통일 이후 독일은 지속적인 경제개혁을 추진했다. 1990년대 후반 게르하르트 슈뢰더Gerhard Schröder 사민당 정부는 영미권에서 제시된 '제3의 길'을 따라 '신중도Neue Mitte'를 내걸고 사회민주주의 노선에서 이탈해 법인세 인하, 노동시장의 유연화, 규제 철폐를 주요 정책으로 추진했다. 특히 2003년 슈뢰더 정부의 노사정 정책 협의 기구인 하르츠 위원회에서 포괄적인 경제개혁과 복지개혁을 위한 '아젠다 2010'을 발표하고 노동시장 유연화, 사회부조의 조건부 수급 강화, 조세 인하 같은 조치를 실행했다. 이런 노동 개혁에 대해 격렬한 찬반 논란이 있지만, 많은 학자들은 슈뢰더 정부의 개혁이 독일의 기업 경쟁력에 도움이 되었다고 본다.

그러나 무엇보다 독일의 장기적 기술 개발과 안정적인 산업 평화야말로 기업의 경쟁력을 높은 수준으로 유지하는 비결이다. 독일 제조업은 자동차, 기계 산업, 의약, 화학 산업 등에서 세계적인 경쟁력 우위를 확보하고 있다. 이는 경기가 어려울 때에도 제조업의 중요성을 간과하지 않고 숙련 노동자를 우대하면서 생산성을 끌어올린 독일의 노동시장 정책과 깊은 관련이 있다. 독일의 제조업은 전체 독일 국내총생산의 26%를 차지할 정도로 비중이 높은데, 지역 사회와 연계되어 추진되는 직업교육과 훈련은 그 성과가 높은 것으로 평가된다. 연구 개발에 대한 투자도 세계 최고 수준이다. '금융 허브' 운운하며 탈규제를 외친 한국 정부와 달리, 강력한 산업 정책을 토대로 수출 주도 경제를 유지한 독일은 유럽과 세계시장에서 높은 경쟁력을 유지할 수 있었다.

세계 금융 위기의 파고 속에서도 건재한 독일의 성공은 한국의 보수적 경제학자들이 주장하는 긴축재정과 매우 다른 정책 처방의 결과다. 한국의 보수적 경제학자와 정치인 들은 재정 균형을 금과옥조로 여기며 확대 재정 정책을 비판한다. 그러나 2010년 이후 독일의 공공 지출은 약간 줄었어도 광범한 복지 예산 삭감은 눈에 띄지 않는다. 사민당(사회민주당)-녹색당 연정이 기민당(기독민주당)/기사당(기독사회당)-사민당 연정으로 바뀌던 2006년에 국내총생산의 26.1%던 독일의 공공 지출은 2013년에 26.2%로 거의 같은 수준을 유지했다. 제2의 경제 기적은 높은 복지 수준을 유지하는 한편 비효율적인 노동시장 정책을 폐기하고 적극적 노동시장 정책을 강화하는 전략이 유효하게 작용한 결과로 볼 수 있다. 독일이 이런 경제정책을 선택한 이유를 알려면 독일 정치를 충분히 이해해야 한다. 독일은 의회제 정부와 다당제 선거제도를 채택하고 있기 때문에 연정이 구성되는 경우가 많다. 2008년 금융 위기 직후 앙겔라 메르켈Angela Merkel 총리가 채택한 정책의 초점은 확장적 재정 정책을 통한 사회보험과 고용의 안정화다. 이는 야당인 사민당이 주장하는 정책과 유사하다. 메르켈 정부는 세계 금융 위기 이후 급증하는 실업과 빈곤 위험에 대처하기 위해 자유시장에 의존하는 영미식 신자유주의적 패러다임 대신 적극적인 국가 개입을 지지했다. 주요 정책은 고용 안정을 추구하는 전통적인 고용 보호와 인적 자본을 강화하는 사회 투자라는 두 가지 차원의 전략으로 추진했다.

그래서 한국의 보수적 학자들의 주장과 달리, 2008년 금융 위기 이후에도 독일 복지국가는 크게 후퇴하지 않았다. 많은 학자들은 금융 위기의 조건에서 급진적 개혁이 도입될 수 있다고 예측했지만 독일에서는 신자유주의적 개혁이 실행되지 않았고, 오히려 금융기관에 막대한 긴급 자본을 투입하고 케인스주의에 따른 수요관리와 임시 사회 프로그램의 확대를 통해 시장 보호 정책을 실행했다. 즉각적이고 급진적인 복지 축소가 발생하지 않은 가장 큰 이유는 복지에 대한 대중의 정치적 지지가 높았기 때문이다.

물론 독일 경제에도 그늘은 있다. 바로 시간제, 파견근로, 기간제 등 비정규직 노동자가 급증한 것이다. 1990년대 초반에 전체 노동자 중 5분의 1 정도이던 비정규직 노동자가 지금은 3분의 1을 넘을 만큼 많아졌다. 그러나 여전히 독일에서는 사회보험 지출이 국내총생산의 20%, 공공 지출의 60% 이상을 차지하기 때문에 복지국가가 해체되었다고 볼 수는 없다. 하르츠 개혁이 아니라 오히려 기존 독일 모형의 강점이 경제 위기의 극복에 중요한 영향을 미쳤다고 평가할 수 있다. 고용 친화적 정책과 사회 투자 활성화를 강조하는 방향을 택한 복지국가의 변화가 '고용 없는 성장'을 극복하는 데 일정하게 기여했다고 볼 수 있다.

스웨덴, 독점자본과 복지국가의 결합

"젊은이들이 대학을 마치면 미국에서 취직하려고 해요. 그러나 결혼하고 아이를 낳을 때가 되면 스웨덴으로 다시 돌아옵니다." 스웨덴에서 들은 말이다. 왜 이런 경향이 생겼을까? 월급은 미국 직장이 더 많지만, 아이를 키우는 환경은 스웨덴이 좋기 때문이다. 미국의 공립학교는 정말 별로다. 특히 가난한 동네 학생의 중퇴율이 높고 학교 폭력도 심각하다. 대학은 등록금이 세계에서 가장 비싸, 사립대학은 한 해에 5000만 원이 넘는다. 의료보험료가 비싸고, 병원비 때문에 파산하는 사람도 꽤 있다. 반면에 스웨덴에서는 평생 병원과 노인 요양 시설을 무료로 이용할 수 있다. 출산휴가를 신청하면 18개월간 월급의 80%를 받는다. 1세 이후 보육비, 급식비, 대학과 대학원 등록금까지 무료다.

물론 세금은 미국보다 스웨덴이 훨씬 많다. 2013년 국내총생산 대비 조세 부담률을 보면, 미국이 19.2%고 스웨덴은 33%다. 미국은 세율이 낮아서 주로 가난한 사람에게 선별적으로 복지를 제공하지만, 스웨덴은 세금을 많이 내고 보편주의 원칙에 따라 보육, 교육, 보건 서비스를 평등하게 제공한다.

스웨덴이 사회주의국가라서 보편적 복지 제도를 만들었을까? 아니다. 스웨덴은 철저하게 자본주의경제를 유지한다. 심지어 유럽에서 자본의 독점 수준이 가장 높다. 한국의 재벌과 비슷한 발렌베리 가문은 사브, 에릭슨 등 대기업을 14개나 소유하며 스웨덴 주식시장 중 30%를 차지하고 경영권을 5대째 세습하는 중이다. 상속세도 폐지했다.

20세기 초반에 노사분규가 극심했던 스웨덴은 살트셰바덴 협약 (1938)을 통해 노사정 3자가 모여 임금 억제와 복지 확대를 동시에 추구하기로 합의했다. 스웨덴은 노동조합이 강력해도 기업이 경영상의 이유로 노동자를 해고할 수 있다. 그 대신 해고자가 다시 취업할 때까지 월급의 70% 정도로 수당을 지급하고 재훈련을 지원하는 적극적 노동시장 정책을 실행한다. 그래서 노동자의 파업은 없다.

에스핑-안데르센은 《복지 자본주의의 세 가지 세계The Three Worlds of Welfare Capitalism》에서 복지국가를 자유주의적 복지국가, 보수적 복지국가, 사회 민주적 복지국가 등 셋으로 분류했다.[9] 그리고 이런 분류의 기준으로 복지국가가 시장에 의존하는 정도를 가리키는 '탈상품화' 개념을 제시했다. 국가가 사회보장 지출을 많이 하고 개인이 시장에서 사회 서비스를 구매하기 위해 지출을 많이 할 경우 탈상품화 수준이 높다.

영미권 국가는 자유주의 복지국가에 해당하며 탈상품화 수준이 낮다. 복지 제도는 가난한 사람을 표적 집단으로 정한 선별적 복지다. 대학 학비와 의료 서비스도 개인이 해결해야 한다. 조세 부담률이 낮기 때문에 복지 수준도 낮다. 세금을 내지만 혜택을 못 받는 중산층은 복지에 대한 반감이 크다. 재분배 효과가 적고 불평등은 크다. 반면에 사회민주주의 국가인 북유럽 국가들은 탈상품화 수준이 높다. 모든 시민에게 보편주의의 원칙에 따라 복지를 제공하고, 유치원부터 대학원을 넘어 평생교육을 제공하며, 조세를 통해 의료서비스도 모든 시민에게 제공한다. 조세 부담률과 복지 수준이 모두 높다. 세금을 부담하는 중산층도 복지에 대한 지지가 높다. 재분배 효과가 크며 불평등 수준이 낮은 편이다.

에스핑-안데르센은 계급 정치가 복지국가의 성격에 중요한 영향을 미친다고 보았다. 그에 따르면 "복지국가의 반발 위험은 지출이 아니라 복지국가의 계급적 성격에 달려 있다. … 복지국가의 세 유형에서 발견되는 계급 연합은 복지국가 과거의 진화뿐 아니라 미래의 전망도 설명한다."[10] 특히 노동운동의 강도와 노동자 정당의 집권 경험과 각료의 지분, 즉 연합 정부의 정당별 장관 지분이 복지국가를 결정한다. 노동조합 조직률이 높고 사회민주당의 집권 기간이 길수록 탈상품화 수준이 높은 사회 민주적 복지국가가 발전할 가능성이 크다.

제도적 관점에서 자유시장경제와 조정시장경제는 상이한 복지제도를 가지며 상호 보완적이다. 앞에서 본 것처럼 미국·영국 등 자유주의적 복지국가는 자유시장경제에 가깝고, 독일·프랑스 등 유럽 대륙 국가의 보수적 복지국가와 북유럽의 사회민주적 복지국가는 조정시장경제로 볼 수 있다. 독일·프랑스·스웨덴 등 유럽 국가들은 세계화와 정보화가 이끄는 사회변동에 적응하는 것처럼 보이지만, 미국·영국과는 매우 다른 경제 제도를 유지하고 있다.[11]

사회과학에서 말하는 '경로 의존성'은 어떤 계기로 한번 경로가 결정되면 현재 상태를 유지하려는 관성 때문에 흐름을 바꾸기 어렵다고 본다. 최근까지 복지국가의 세 유형이 거의 그대로 유지되고 있다. 1980년대 이후 급속하게 확대되는 '서비스 경제의 트릴레마'에 대응하는 정부의 정책도 역사적 경로 의존성을 보여 준다. 트릴레마는 세 가지 문제가 얽혀 선택이 힘든 경우를 가리킨다. 토번 아이버슨Torben Iversen 교수와 앤 렌Anne Wren 교수가 제시한 복지국가의 트릴레마는 서비스 경제가 발전한 나라에서 사회적 평등, 고용의 확대, 공공 예산의 균형 유지 등 세 가지를 모두 실현하지는 못하는 한계를 지적한 개념이다.[12] 탈산업화가 진행되고 서비스 경제가 확대되면서 고용의 양과 질의 문제가 충돌한다. 전반적으로 서비스 산업의 고용 확대는 소득 불평등을 확대하거나 정부의 재정적자를 악화시키는 경향이 있다. 이런 서비스 경제의 트릴레마에 대응하는 전략도 국가별로 다르다. 영미권의 자유주의국가에서는 정부가 제공하는 현금 급여와 사회 서비스의 발달 수준이 모두 낮아 재정 부담은 적지만 사회적 형평성이 악화했다. 그리고 유럽 국가들에서는 현금 급여가 발달했지만 사회 서비스의 수준과 여성의 취업률이 낮은 편이다. 스웨덴 같은 사회민주주의 국가에서는 정부가 직접 사회 서비스를 제공해 전체 노동력의 30% 정도 고용을 창출했지만 정부의 재정 부담이 크다.

그런데 스웨덴, 노르웨이, 덴마크 등 북유럽 국가에는 트릴레마가 없다는 반론도 있다. 실제로 제조업이 강한 북유럽 국가들은 상대적으로 낮은 불평등, 가장 높은 수준의 고용, 공공 재정의 균형을 동시에 유지하고 있다.[13] 그리고 사회 지출과 공공 지출이 많아도 조세 부담률이 높아서 재정 압박이 적은 편이다. 보편적 복지 혜택을 받기 위해 높은 조세율을 감수하겠다는 국민의 지지가 강하다.

높은 간접세율은 기업의 부담을 줄이고 성장 친화적 복지국가를 유지하는 비결로 여겨진다. 결과적으로 북유럽 국가는 세계에서 재정이 가장 건전하며 일자리를 많이 만드는 평등주의 국가를 유지하고 있다.

제3의 길 정치가 실패한 이유

1997년 영국에서 44세인 토니 블레어가 총리로 취임해 세계의 이목이 쏠렸다. 그가 제시한 '제3의 길'도 사회민주주의의 새 노선으로 큰 관심을 받았다. "제3의 길은 경제적 역동성과 사회정의가 함께 살 수 있는 곳에 위치한다"[14]고 주장한 블레어는 시장과 효율성을 중시한 보수당의 경제정책을 수용하는 한편, 교육과 직업훈련을 강조하는 적극적 노동시장 정책을 도입했다. 그리고 복지를 국가의 책임으로 보는 전통적 복지국가와 달리 개인의 권리와 책임의 상호주의를 강조했다. 당시 독일의 슈뢰더 총리와 네덜란드의 윌렘 빔 콕Willem Wim Kok 총리도 각각 '신중도', '폴더 모델'을 제시하면서 영국과 비슷한 정책을 추진했다.

블레어 정부의 노선은 영국 사회학자 앤서니 기든스Anthony Giddens의 영향을 받았다. 제3의 길 정치철학을 제시한 기든스의 책은 유럽과 북미뿐 아니라 한국의 김대중, 노무현 정부에서도 인기를 끌었다. 기든스는 자신이 정치적으로 중도좌파라면서 "중도좌파가 계속 좌파의 가치로부터 영감을 끌어내지만 경제관리의 이론과 역사의 해석으로서 사회주의는 죽었다는 것을 인정한다"고 주장했다.[15] 확실히 사회주의는 더 이상 대중의 인기를 얻지 못했다. 1970년대 노동당이 집권하던 시기에 영국의 국영 전화회사는 검은색 다이얼을 돌리는 전화기 모델 하나만 팔고 있었다. 이 전화기조차 신청 후 받기까지 몇 달을 기다려야 했으니 국영기업에 대한 불만이 매우 컸다. 결코 현실적인 경제 대안이 아니었던 산업의 국유화가 1980년대에 보수당의 사유화 프로그램이 대중의 인기를 얻은 뒤에는 더욱더 비현실적으로 보였다. 결국 보수당의 공격으로 위기에 처한 복지국가에 필요한 개혁 방안이 제시되었다. 기든스는 실업수당 같은 시혜적·소비적 복지를 '소극적 복지', 개인의 책임성과 자율성을 높이는 생산적·투자적 복지를 '적극적 복지'라고 표현하면서[16] 적극적 복지 체제에서 불평등의 가능성을 줄이는 동시에 개인의 책임을 강조했다.

제3의 길을 내세운 정치의 등장은 유럽의 변화와 관련이 깊다. 1960년대 이후 미국과 영국 등 선진 산업국가에서 제조업의 쇠퇴가 불가피하게 육체노동을 하는 인구의 감소와 계급정당의 약화를 불러일으켰다. 도시의 클럽에서 재즈와 스윙을 듣는 노동자 세대는 사라지고, 젊은 세대는 레코드와 텔레비전으로 롤링 스톤즈와 비틀즈의 음악을 들었다. 세대의 변화에 따라 노동조합의 정치적 영향력은 눈에 띄게 줄어들었다. 1980년대 이후 지속적인 선거 패배로 늙은 노동자의 이미지를 가지고 만년 야당 신세를 면치 못하던 유럽의 사민당은 대안을 찾아야 했다. 그래서 1990년대 후반부터 재정적자와 고율의 세금을 비판하는 우파의 논리를 수용하고 균형재정과 인플레이션 억제라는 통화주의 신조를 택했다. 중요한 문제는 외부의 압력이었다. 1992년 이후 서유럽의 모든 국가가 유럽 통합의 기반이 된 마스트리흐트Mastricht Treaty 조약 때문에 거시경제정책의 제약을 받으면서 공공 지출을 통한 재분배 정책을 추진할 수 없었다.[17] 사민당은 보수당과 마찬가지로 법인세와 소득세를 낮추고 역동적 경제와 기업의 창의적 활동을 강조했다. 실업수당을 비롯한 복지 급여의 조건부 수급, 자산 조사 및 직업훈련 의무의 강화를 통해 노동 동기를 강조하는 정책을 추진했다. 이것이 '활성화activation' 정책이라고 불리며 많은 나라에서 수용되었다. 불평등은 '배제'라는 단어로 대체되고, 평등 대신 '포용'이 새 목표가 되었다.[18] 불평등과 평등이라는 사회주의의 담론이 정치적 언어에서 사라진 것이다.

독일 정치학자 볼프강 메르켈Wolfgang Merkel은 제3의 길 정치에 긍정적인 면과 부정적인 면이 동시에 나타난다고 보았다.[19] 일자리를 강조한 활성화 정책은 빈곤율과 실업률을 낮추는 일정한 성과를 얻었다. 반면에 기업과 부유층의 세금을 감면하고 사회보장제도를 축소해 지지층에게는 외면받았다. 특히 독일에서는 사민당과 좌파당이 분열해 노동계급의 정치적 기반이 급격하게 약해졌다. 제3의 길 정치를 주창한 영국 노동당도 2008년 총선에서 참패해 야당이 되었다.

제3의 정치는 경제를 규제하는 국가의 역할을 과소평가한 반면, 자유시장의 역동성을 과대평가했다. 금융시장의 탈규제와 불안정성에 따른 위험도 제대로 예측하지 못했다. 2008년 금융 위기를 유발한 규제 완화에 대한 책임이 빌 클린턴Bill Clinton 정부와 블레어 정부에게도 있다. 더 심각한 문제는 불평등을 확대하는 자유시장의 영향력을 과소평가했다는 점이다. 한국의 김대중, 노무현 정부도 제3의 길 정치를 수용하고 감세, 탈규제, 노동 유연화 정책을 추진하면서 불평등의 증가에 직면했다. 지난 30년 동안 미국의 상위 1%의 소득은 세 배로 늘었지만, 하위 20%의 소득은 18%만 늘었다.[20] 현재 OECD 회원국의 빈부 격차는 30년 만에 가장 크게 벌어졌다.

유럽의 사회민주주의는 심각한 도전을 마주하고 있다. 제3의 길 정치를 수용했던 사민당이 잇따른 선거 패배로 위기에 처했고, 기든스까지 '제3의 길'이 오해를 불러일으키고 있으니 단어 자체를 쓰지 말자고 제안했다. 그러나 제3의 길 정치가 사라진 뒤로 새로운 정치적 아이디어와 패러다임도 사라졌다. 세계 금융 위기 이후 자유시장 자본주의의 한계가 보이면서 새로운 '지적 위기'가 등장하고 있다. 지난 30년간 세계를 지배한 신자유주의도 세계를 이끄는 이념적 영향력을 더 이상 유지하지 못할 것처럼 보인다.

세계 금융 위기와 신자유주의의 실패

2008년에 리먼브라더스Lehman Brothers의 파산과 최대 보험사 AIG의 붕괴는 미국 경제를 뒤흔들었다. 월 가의 주가 폭락으로 세계 주식시장이 혼란에 빠졌다. 전 세계가 수십 조 달러나 되는 빚더미에 올라앉고 경기 침체가 이어졌다. 부동산 가격과 자산 가치가 폭락하고, 3000만 명이 해고됐으며, 서민 5000만 명은 극빈자가 되었다.

이 금융 위기는 대공황에 버금가는 역사적 사건이다. 20년 동안 미국 연방준비제도이사회FRB 의장을 지낸 앨런 그린스펀Alan Greenspan은 의회 청문회에서 금융 위기의 원인에 대해 질문을 받자 자신이 "충격을 받아 아무것도 믿을 수 없는" 상태에 있다는 말밖에 하지 못했다. 다큐멘터리영화 〈인사이드 잡Inside Job〉에서 볼 수 있듯이 금융 위기를 만든 파생상품을 선진 금융기술으로 찬양한 경제학자들은 아무 해명도 하지 못했다. 금융 규제 논란이 벌어진 2000년대 초만 해도 시장의 예지자로 인정받은 그린스펀은 의회에서 "파생상품 거래에 대한 규제는 필요 없다"고 자신 있게 말했다.

이런 상황에 성난 시위대가 2011년에는 미국 경제의 심장부인 월 가를 점령했다. 금융자본의 실패가 미국 경제를 파산 위기로 내몰았다고 성토하며 10여 명으로 출발한 시위대는 급속하게 규모가 늘었고, 시위는 보스턴과 로스앤젤레스를 비롯해 미국 전역으로 확산되었다. 시위가 시작되고 한 달 만에 전 세계 80여 개국의 1500여 곳에서 금융자본의 모순과 병폐를 지적하는 시위가 동시다발적으로 열렸다. 미국의 금융 위기는 금융자본만의 실패나 경기순환의 일시적인 결과가 아니라 오랫동안 누적된 구조적 문제라는 점을 시위대는 분명히 지적했다. 레이건 정부 이후 30년간 미국이 추진한 부자 감세, 규제 완화, 민영화, 금융 자유화 등 신자유주의 정책이 바로 경제 위기의 근본 원인이기 때문이다.

먼저 1980년대 이후 탈규제 정책이 확산되어 금융자본의 지배력이 커졌다. 경제 지구화 이후 자본의 이동이 자유로워졌지만 노동의 이동은 이를 따라잡지 못하면서 엄청난 자본이득이 발생하고 금융기관이 불로소득을 차지하는 비율이 급증했다. 스티글리츠가 국제 금융자본을 아편에 비유한 데는 이유가 있다. 19세기 영국은 중국의 차를 수입하는 데 은을 사용하면서 막대한 무역 적자가 발생하자 인도에서 몰래 아편을 만들어 중국에 수출했다. 이와 비슷하게 20세기 미국은 국제 금융시장을 제멋대로 오가는 단기 투기 자본을 통해 무역 적자를 해소하려고 했다. 그러면서 해외투자 확대와 선진 금융 기법이라는 명분을 내건 금융자본의 탐욕은 거품경제를 키워 국제 금융시장의 안정을 위협했다.

과도한 탐욕의 결과가 바로 금융 위기의 반복이다. 1990년대 이후 미국은 금융 산업과 실물경제의 균형이 무너졌다. 금융 거래를 통한 거품경제가 경제 불균형을 더욱 심화했고, 지속적 위기가 자본주의경제를 파국으로 이끌었다. 미국은 경상수지 적자를 은행과 투자회사를 통해 자산 거품으로 해결하려고 했는데, 결국 자산 거품마저 붕괴되자 정부의 재정까지 심각한 타격을 받았다. 헤지펀드 투자자 조지 소로스George Soros는 〈인사이드 잡〉에서 금융 시스템을 커다란 유조선에 비유했다. "많은 기름을 실은 유조선이 바다에 있을 때 충격을 받아 기름이 한쪽으로 쏠리면 배가 뒤집힐 수 있기 때문에, 유조선에 칸막이를 여러 개 설치해야 위험에 노출될 가능성이 대폭 줄어든다." 그러나 1990년대 후반 이후 클린턴, 부시 정부 시기에 금융 산업에 대한 규제가 무분별하게 폐지되고 투기 자본이 자유롭게 이동하면서 국제 금융시장의 불안정성이 커졌다. 캐나다 요크대학의 데이비드 맥널리David McNally 사회학 교수가 지적한 대로 과잉 투자, 투기, 금융 대혼란이 결국 세계적인 불황을 만들었다.[21]

엘리자베스 영국 여왕이 세계 금융 위기 직후 런던정경대학에서 다음과 같은 질문을 던졌다. "왜 아무도 금융 위기를 예측하지 못했습니까?" 지난 수십 년 동안 대부분의 주류 경제학자들은 금융 지구화를 지지하고 규제 완화와 금융 혁신을 칭송하기에 바빴다. 규제 없는 금융의 팽창이 얼마나 위험한지 제대로 보지 못했고, 수많은 위험 징조를 애써 무시했다. 이들의 지적 오만과 실패 때문에 수 많은 사람들이 직장을 잃고 거리로 쫓겨나야 했다. 평범한 사람들 의 삶이 무너지고 사회적 약자들이 벼랑 끝에 몰리기 시작했다. 금 융 위기를 책임져야 할 부자들은 아무런 피해도 없는데, 전혀 잘못 이 없는 평범한 사람들이 모든 고통을 고스란히 짊어지게 된 것이 다. 경제학자들에게만 맡기기에 경제는 너무 중요하다.

새로운 대안을 찾아서

1929년 대공황부터 케인스가《고용, 이자, 화폐의 일반 이론》을 펴 낸 1936년까지는 시간의 공백이 있다. 대공황 전후에 이미 미국, 독 일, 소련은 각각 정부 주도로 경기를 부양하기 위한 정책을 추진했 다. 대공황의 여파는 경제 위기에서 끝나지 않았다. 대공황 이후 주 요 국가들이 보호주의를 지지하고 민족주의 열기가 높아지면서 군 비경쟁이 재개되고 세계대전으로 치달았다. 종전 이후 미국, 영국 등 전승국은 대공황 직후 보호주의와 경제 갈등을 막기 위해 세계 경제의 협력 체제를 정비했다. 케인스의 조언에 따라 만들어진 국 제통화기금IMF, 세계은행IBRD, 가트GATT가 바로 그것이다. 이를 위 한 국제회의가 미국 브레턴우즈에서 개최된 이후 국제경제 협력 체 제는 브레턴우즈 체제라고 불렸다.

　1945~1971년에 브레턴우즈 체제가 작동하면서 세계경제는 '자 본주의의 황금기'를 누렸다. 그러나 1970년대 후반 이후 미국과 세 계경제는 수십 차례 금융 위기를 겪었고, 위기의 규모는 갈수록 커

졌다. 1980년대 이후에는 신자유주의가 득세하면서 국제 경제기구의 정책이 바뀌고 금융의 불안정성이 더 커졌다. 특히 IMF와 세계은행은 금융과 자본 자유화, 규제 완화, 감세 등 경제 자유화 정책을 적극적으로 추진했다. 두 국제기구가 미국 워싱턴 D. C.에 있어서 '워싱턴 합의Washington Consensus'라고 불린 새로운 경제정책은 '글로벌 스탠더드'라는 이름으로 세계경제의 질서를 바꿨다.

하지만 2008년 세계 금융 위기 이후 워싱턴 합의에 대한 신뢰가 무너지고 마르크스에 대한 관심이 커졌다. 소련이 붕괴하고 십수 년 만에 이런 일이 일어날 줄 누가 알았겠는가? 공산주의가 붕괴했다고 만세를 부른 사람들은 러시아에서 권위주의 정부가 부활하고 권력자의 비호를 받는 과두제가 경제를 장악하는 현실에 경악할지도 모른다. 중국과 베트남은 평화적으로 공산주의를 포기했지만 자유시장경제와는 한참 거리가 멀다. 이제 자유시장경제는 최고의 인기를 누리지 못한다. 많은 사람들이 자유시장 자본주의가 위기에 처했다고 인정하지만, 아직 세계 각국 정부는 새로운 방향을 찾지 못했다. 과거의 패러다임은 사라졌지만, 새로운 패러다임이 등장하지 않았다. 오늘날 세계 자본주의는 정부의 힘으로 금융 위기에서 기사회생했지만, 소득 불평등·높은 실업률·재정 적자의 위기를 해결할 대안을 제시하지 못하고 있다.

2014년 프란치스코 교황이 《복음의 기쁨Evangelii Gaudium》에서 "오늘날은 경쟁과 적자생존의 법칙이 지배하고 있으며 힘 있는 사람이 힘없는 사람을 착취하고 있다"고 지적했다. "배제와 불평등의 경제에 대해 그래서는 안 된다고 말해야 한다"며 "이런 경제는 사람을 죽인다"고 비판했다. 그는 "노숙자가 길에서 얼어 죽은 것은 기사화하지 않으면서 주가가 조금만 내려가도 기사가 되는 것이 말이나 되는 일인가?" 하고 강하게 질책했다. 그러나 경제 위기를 해결하는 대안 경제 모델을 만드는 지적 작업은 아직 눈에 띄는 성과를 만들지 못하고 있다. 경제 위기를 자초한 보수적 정부뿐 아니라 진보 정당의 위기도 심각하다. 진보 정당의 자유주의 또는 사회민주주의는 금융 위기 이후 설득력 있는 대안이 되지 못하기 때문이다. 이런 점에서 경제 위기 이후 보수 세력과 진보 세력 모두 커다란 지적 혼란과 이데올로기적 공백을 겪고 있다.

영국의 보수 성향인《타임스The Times》의 경제 평론가 아나톨 칼레츠키Anatole Kaletsky는 "2008년 위기 이후 월 가의 거대 금융기관과 금융 체제는 물론이고 정치철학과 경제체제 전체가 붕괴됐다"고 비판하며 "자유로운 시장과 더 작은 정부가 필요하다고 생각하는 시대는 끝났다"고 주장했다. 그리고 자유방임과 시장에 대한 불간섭이 자본주의 1.0 버전이라면 정부가 개입하는 수정자본주의는 2.0, 신자유주의는 3.0 버전이라면서 앞으로 나올 4.0은 능력 있고 적극적인 정부를 요구할 것이라고 전망했다. 그는《자본주의 4.0Capitalism 4.0》에서 "앞으로 예측 불가능성을 강조한 경제 이론이 핵심 원리가 될 것이고, 민간과 공공이 모두 중요한 역할을 하는 혼합경제가 대안으로 제시될 것"이라고 보았다.[22] 그러나 구체적인 대안 전략을 제시하지는 못했다.

한편 클린턴 정부에서 노동장관을 역임한 경제학자 로버트 라이시Robert Reich는 1980년대 이후 급증한 빈부 격차를 없애는 것이 경제 위기를 해결하는 중요한 요소라고 지적했다.《위기는 왜 반복되는가After Shock》에서 불평등한 소득분배가 중산층의 소비 수요를 제약해 경제를 위축시키고 정치적으로 불안한 사회를 만들었다고 주장한[23] 그는 정부가 적극적으로 재분배와 고용정책에 자원을 집중해야 지속적으로 성장하고 채무를 줄일 수 있다고 강조했다. 또 연봉 2만 달러 이하 노동자에게 1만 5000달러의 보조금을 지급하는 '역소득세' 정책을 주창하고, 소득 상위 1%에 속하는 사람들에게는 소득세율을 55%까지 인상해야 한다고 강조했다. 노동자 재교육을 위해 전직 임금의 90%를 1년간 지원하는 한편, 저소득층 자녀들을 위해 교육 바우처를 지급하는 정책을 채택해야 한다는 제안도 했다. 한마디로 재분배와 고용의 확대야말로 위기의 탈출구라는 것이다.

반면에 급진적인 비판 이론가들은 자본주의가 근본적인 위기를 맞았다고 강조한다. 영국 정치학자 레오 패니치Leo Panitch는 세계 금융 위기에서 유럽의 재정위기로 이어지는 현재 상황이 1873~1896년에 발생한 제국주의의 위기, 1930년대 대공황, 1970년대 케인스주의의 위기를 잇는 '자본주의 역사상 네 번째 위기'라고 평가했다.[24] 캐나다 사회학자 맥낼리는 현재의 '위기는 노동에 대한 자본의 지배가 다시 조직화되는 순간이자 새로운 저항의 공간이 형성되는 순간'이라고 평가하며 위기의 양면성을 지적했다.[25] 그리고 현재 수많은 대중이 시위, 파업, 저항운동에 자발적으로 참여하는 현실을 주목하며 경제 위기 이후 새로운 진보적 대안이 등장할 가능성이 크다고 보았다.

그러나 자본주의의 위기에 대응하는 프롤레타리아혁명을 주장한 마르크스의 예언이 다시 등장할 가능성은 없어 보인다. 사회주의는 '죽은 개'가 된 지 오래다. 만신창이가 된 자본주의는 수술대에 올라도 칼을 든 의사들이 어떻게 해야 할지 속수무책이다. 이런 상황에서 독일 사회학자 악셀 호네트Axel Honneth는 뜻밖의 방향으로 전환해 '사회주의의 재발명'을 주장한다.[26] 역사적으로 사회주의는 프랑스대혁명 이후 자본주의의 대안으로 등장해 중요한 역할을 했다. 지난 200여 년 동안 자본주의가 지속적 개혁을 통해 위기를 극복한 반면, 사회주의는 변하지 못한 채 스스로 몰락했다. 이런 사회주의의 재발명을 위해 호네트가 강조한 것은 낡은 사회주의의 청산이다. 중앙집권적 계획경제, 프롤레타리아혁명, 계급투쟁과 사회주의의 역사적 필연성을 포기한다. 정부와 공공 기관을 통해 '사회화'할 수 있다면 시장을 포기하지 않아도 된다. 제조업 위주의 육체노동자가 사라지고 다양한 직업의 대중이 등장하는 현대사회에서 프롤레타리아혁명은 시대착오적이다. 호네트는 수정사회주의를 위해, 사적 이익을 추구하는 이기적 자유 대신 '사회적 자유'를 강조한다. 인간의 협력을 통해 자본주의 시장을 사회적으로 통제하면 프랑스대혁명의 이념인 자유, 평등, 박애의 가치를 실현할 수 있다는 것이다.

오늘날 자본주의의 대안은 에스파냐 몬드라곤Mondragon과 캐나다 퀘벡 등의 사회적 경제에서 싹트고 있다. 우버Uber와 에어비앤비Airbnb의 공유경제 실험도 주목을 끈다. 자본주의적 경제 관계와 상품화를 모두 거부하는 사람들은 못마땅할지 몰라도 새로운 실험은 주목할 가치가 있다. 공리적 개인주의와 이윤의 극대화를 추구하는 전통적 자본주의의 시대가 저물고 있다. 2016년 미국 대선 경선에 뛰어든 버니 샌더스Bernie Sanders의 주장도 대안으로 볼 수 있다. 그는 사회주의자임을 자처하고 소득과 부의 불평등 해소, 월 가 개혁,

주립 대학 무상교육, 최저임금 인상을 공약으로 제시했다. 그의 사회주의는 낡은 사회주의와 다르다. 그는 벌링턴 시장 재직 시절부터 부유층 전용 호화 주택을 개발하는 것에 반대해 부유층, 중산층, 서민층에게 3분의 1씩 분양했다. 토지 신탁 기금을 만들어 시세보다 낮은 가격에 주택을 임대하고, 대형 마트 입점에 반대해 소비자 협동조합을 결성한 뒤 비싼 유기농 식품 70%와 저렴한 식품 30%를 함께 배치했다. 시민의 협력을 통해 사회적 자유의 가치를 실현하려고 노력한 것이다.

앞으로 자본주의가 어떤 모습으로 변할지, 사회주의가 새로운 모습으로 등장할지는 아직 알 수 없다. 더 오랜 역사의 흐름을 거친 다음에 우리 눈앞에 펼쳐질 것이다. 그러나 지금 당장 우리가 무엇을 할 것인지에 대해 많은 학자와 전문가 들의 공통 의견을 파악할 수는 있다. 이제 보수와 진보의 구분을 넘어 대부분의 학자와 전문가 들이 경제 회복을 위해서는 정부가 부유층 세금을 늘리고 교육과 직업훈련, 환경친화적 기술, 연구 개발을 위해 과감하게 투자해야 한다는 데 동의한다. 정부는 더 많은 일자리를 만드는 방안과 사회적 생산성을 높이는 전략을 수립해야 한다. 작은 정부, 규제 완화, 조세 감면, 복지 축소의 실패한 낡은 정책은 중단해야 한다. 우리는 미국의 실패에서 유용한 교훈을 얻을 수 있다. 인간의 얼굴을 한 자본주의가 없다면 이 세계는 약육강식의 정글이 되고 말 것이다.

지난 수십 년 동안 각국 정부가 제 역할을 방기하고 자유시장의 접근법에 치우쳐 있었다. 경제정책을 이끄는 국민 국가와 공공 기관의 힘은 약해지고 초국적기업이 국가의 고용과 투자 중 상당 부분을 지배하고 있다. 우체국, 경찰서, 교도소, 심지어 군대도 민간

업체가 맡고 있다. 이라크전쟁에서 미국의 무장 사설 경호원 수만 명이 활동했다. 전쟁과 군대까지 사유화되고 있다. 국가의 법률과 세금에서 벗어나려고 안간힘을 쓰는 초국적기업은 온갖 미사여구를 동원해 자유무역과 금융 지구화를 지지한다. 그러나 각국 정부가 경제 지구화, 국제무역, 금융 규제에 관해 어떤 대안을 가지고 있는지는 분명하지 않다. 위기에 빠진 세계 각국은 과거의 경제 모델로 해결할 수 없는 경제 위기의 새로운 도전에 대응해야 한다.

어느 시대에나 지속 가능한 경제와 사회통합을 위해서는 변하는 환경에 적응하는 개혁이 필요하다. 지난 30년 동안 세계경제는 지속적으로 성장했지만 사회보장은 점점 나빠지고 일자리가 빠르게 사라지는 현실을 어떻게 봐야 할 것인가? 한국에서도 1인당 국민총생산은 2만 달러를 넘을 만큼 증가했지만 고용률은 떨어지고 빈부격차는 더 벌어지고 있다. 새로운 국가 개혁은 오늘날 지배적인 신자유주의 패러다임에서 벗어나 국가의 새로운 역할을 중요하게 고려해야 한다. 국가는 새로운 성장 동력을 찾기 위해 노력할 뿐만 아니라 재분배 체제를 획기적으로 바꿀 새로운 패러다임을 제시해야 한다. 또한 사회정의와 평등을 지향하는 조세 개혁과 사회정책을 꾸준히 이어 가려는 노력이 필요할 것이다. 저임금, 불안정 일자리에 종사하는 노동자를 포괄하는 사회적 대화에 기초해 정규직과 비정규직의 이해를 모두 고려한 노동 개혁이 시급하다. 이런 개혁이 꼭 반자본주의적인 것은 아니다. 자본주의경제와 사회질서를 안정시키고, 자기 파괴적 힘을 약화해야 한다. 인간의 얼굴을 한 자본주의가 아니라면 끔찍한 야만 상태에 직면할 것이기 때문이다.

9

민주주의와 공정한 조세

세계적 부자는 누구일까? 한국인 중에 세계적인 부자 대열에 포함된 사람은 누구일까? 2015년 말《블룸버그》가 발표한 '세계 부호 400명'을 보자. 자수성가한 사람 259명 가운데 우리 돈으로 99조가 넘는 838억 달러를 소유한 마이크로소프트의 빌 게이츠가 1위에 올랐다. 인디텍스의 아만시오 오르테가, 버크셔해서웨이의 워런 버핏, 아마존의 제프 베조스, 페이스북의 마크 저커버그, 구글의 래리 페이지 등 세계 최고의 기업가들이 뒤를 이은 이 명단에 상속 재산으로 이름을 올린 사람은 3분의 1뿐이었다.[1]

한국에서는 이건희 삼성전자 회장(83위), 서경배 아모레퍼시픽그룹 회장(154위), 이재용 삼성전자 부회장(191위), 정몽구 현대차그룹 회장(302위), 최태원 SK그룹 회장(374위)이 400대 부호에 들었다. 그런데 이 다섯 명은 세계의 부자들과 다른 점이 있다. 모두 부모가 쌓아 올린 막대한 부를 상속했다는 점이다. 자수성가형 부자는 눈을 씻고 봐도 없다. 반면에 세계 400대 부호 중 125명이 포함된 미국은 71%가 창업자다. 자본주의가 늦게 발전한 중국도 29명 가운데 한 명을 제외하고는 모두 자수성가한 부자다.

세습이 만든 억만장자

한국 부자들을 자세히 더 살펴보자. 2014년 재벌닷컴의 조사에 따르면, 상장사 주식 부자 100명 가운데 창업한 사람은 25명뿐이다. 75%가 상속 부자다. 2015년 기준 억대 어린이 주식 부자는 121명으로 파악됐다.[2] 태어나자마자 억대 주식 부자가 된 한 살배기가 세 명이다. 이렇게 유독 한국에 세습 부자가 많은 이유는 무엇일까? 재벌 대기업에 경제력이 집중되었기 때문이다. 재벌의 탐욕은 끝이 없어서 중소기업을 하청기업으로 만들고 골목 상권의 빵집까지 통제한다. 사실상 시장의 모든 분야를 지배하고 있다. 벤처기업이 생존하기 힘든 조건이다. 2000년대 들어 20대 기업집단에 포함되었던 STX그룹은 도산했고, 넥슨·엔씨소프트 등 IT 관련 신생 기업은 성장세가 주춤해졌다. 좋은 사업 계획이 있어도 성공할 확률이 낮아서 젊은이들이 창업을 포기한 채 안정적인 일자리만 찾는다. 공무원과 공기업 직원이 최고 인기다.

　최근 미국《월스트리트저널wsj》의 시평은 재산이 1조 원 이상인 한국 부자 가운데 84%가 부모의 재산을 상속받았다고 밝혔다. 상속 부자의 비율이 미국은 33%, 일본은 12%, 중국은 1% 미만이다. 한국의 재벌 대기업은 세습 자본주의를 이끌고 있다. 재벌 2세, 3세 세습에 이어 4세까지 세습이 이루어진다. 그러나 정부와 정치권은 재벌의 세습을 묵인한다. 50% 세율의 상속세가 있지만 사실상 사문화되었다. 재벌 대기업은 서류로만 존재하는 페이퍼컴퍼니를 세워 주식 상장을 통한 몰아주기 같은 편법과 변칙으로 상속세를 피한다. 기업 상속에 대한 공제도 세습을 합리화한다.

재벌 3세, 4세의 재산 세습은 마법에 가깝다. 이들이 가진 주식 가치는 수십 배, 수백 배로 커지고 수조 원의 재산으로 늘어난다. 2015년 《한겨레》와 경제개혁연구소가 금융감독원 전자공시시스템을 조사한 결과를 보면, 30대 기업집단 가운데 창업주의 3·4세가 임원인 15개 재벌 계열사 34개 가운데 16명이 증식한 재산이 무려 19조 원이었다.[3] 이 금액은 초기 투자의 약 65배에 이른다.

세습 마법에는 저가 주식 취득, 무기명채권 이용, 일감 몰아주기 등 실로 기상천외한 방법이 동원된다. 경제개혁연구소가 〈재벌 총수 일가 문제성 주식 거래에 관한 보고서〉에서 제시한 편법의 기준을 보면, 지배주주 일가의 지분율이 30%를 넘으면서 계열사 매출 비중이 30% 이상인 경우 '일감 몰아주기'로 분류했다. 회사에 이익이 될 수 있는 사업 기회를 막고 자신이 대신 이익을 취한 경우는 '회사 기회 유용'으로 간주했다. 또한 상장 전 저가 주식 취득 뒤 상장 차익을 노린 경우도 편법으로 보았다.

재벌 3세 체제를 구축한 삼성은 마법의 절정을 보여 준다. 이재용 삼성전자 부회장이 오래전부터 저가 주식 취득, 일감 몰아주기 등으로 삼성SDS, 제일모직 등 열두 회사에 투자한 1363억 원이 2014년 기준 8조 9164억 원, 65.4배로 불었다. 미다스는 손을 대야 황금을 만들지만, 삼성은 손을 대지 않고도 황금을 만드는 셈이다. 이재용 부회장이 보유한 상장주는 대부분 이건희 회장에게 물려받았다. 하지만 그가 납부한 증여세는 겨우 16억 원이다. 이건희 회장의 딸인 이부진 호텔신라 사장과 이서현 제일모직 사장의 투자금도 200배 이상 불었고, 각각 재산이 2조 원이 넘는다. 정의선 현대차 부회장도 현대글로비스를 비롯한 6개 회사에 446억 원을 투자해 100배가 넘는 4조 5429억 원으로 만들었고, 이해욱 대림산업 부회장은 재산을 3632억 원 불렸고, 효성의 조현준 사장과 조현상 부사장도 각각 830억 원과 470억 원을 벌었다. 처음 주식을 보유할 때 증여세를 내고 받은 경우도 있지만, 한화 김동관 상무는 세금을 내지 않고 '무기명채권'을 이용했다. 끝없는 마법으로 세습을 완성한다.

이렇게 한국의 세습 부자는 개인의 뛰어난 경영 능력보다 부모 재산의 세습을 통해 초고속 부자가 되었다. 재벌 대기업의 최고경영자는 전문경영인보다 여전히 상속자가 독점한다. 전체 상장 기업의 8.8%에 불과한 10대 재벌 대기업의 상장사가 나머지 91.2%의 기업보다 더 많은 주식 가치를 보유하고 있을 정도 불평등이 심하다.[4] 재벌 대기업의 대주주들은 창업자의 후손이라는 이유로 태어날 때부터 엄청난 특혜를 받는다. 한국에서 시장은 공정한 경쟁이 아니라 세습 재산에 특권을 부여하기 때문이다. 이런 점에서 한국 부자는 시장의 자연적 질서의 결과라기보다 인공적 결과물이다.

현재 한국의 가업상속공제 한도는 무려 500억 원이다. 그런데 이것도 모자라서 한도를 늘리려는 시도가 있었다. 지난 수십 년 동안 한국 재벌 대기업의 변칙 상속에 아무 대응도 하지 않은 정부가 2014년에 가업상속공제법 개정안을 국회에 제출했다. 대선 과정에 경제민주화를 외친 박근혜 정부의 작품이다. 법안에 따르면, 매출

5000억 원 이하 기업은 1000억 원까지 상속세를 면제한다. 이것은 기업 주식을 자녀에게 물려주는 경우 경영권 보호를 위해 상속세를 감면해 달라는 기업의 로비 결과이며 부자들의 숙원이었다. 박근혜 정부는 같은 해에 이미 상속세 감면 개편안을 확정했는데, 최대 주주 지분과 상속에 관한 조건을 대폭 완화해서 개정안을 다시 제출한 것이다. 이 개정안이 여야 합의로 통과되려다 다행히 막판에 가까스로 부결되었다.

한국 부자들과 달리 미국 부자들은 이미 오래전부터 상속세 폐지 반대 운동에 팔을 걷고 나섰다. 2001년에 부시 대통령이 1조 6000억 달러 규모의 상속세 폐지 법안을 의회에 제출하자, 억만장자들이 이를 반대하는 청원을 주도했다. 미국의 최고 부자들이 고율의 상속세를 유지하라고 주장하는 놀라운 일이 벌어진 것이다. 상속세 폐지를 반대한 부자 명단에는 워런 버핏, 조지 소로스를 비롯해 석유왕 록펠러의 후손과 빌 게이츠의 부친도 포함되었다. 빌 게이츠의 아버지인 윌리엄 게이츠 2세는 "상속세를 폐지하면 갑부의 자식들만 살찌게 하고, 힘겹게 생계를 꾸려 가는 가정들에 납세 부담을 가중할 뿐"이라면서 "사회보장과 의료, 환경보호 등 중요한 사회프로그램에 대한 정부 지원을 줄이는 결과를 초래할 것"이라고 말했다. 또한 《뉴욕타임스The New York Times》에서 버핏은 상속세 폐지가 "마치 2000년 올림픽 금메달리스트들의 장남을 뽑아 2020년 올림픽 팀을 구성하려는 것처럼 어리석은 발상"이라고 비판했다. 자유시장의 주창자인 미국의 억만장자들도 상속세 폐지에 반발하는데, 상속세를 없애자는 한국 정부는 도대체 어떤 생각을 하는 것일까?

박근혜 정부와 당시 여당인 새누리당은 '자녀가 기업을 물려받아 경영하도록 혜택을 주면 기업을 발전시켜 고용이 늘어날 것'이라고 주장했다. 그러나 기업 세습으로 고용이 증가한다는 증거는 어디에도 없다. 이런 조세정책은 '금수저'·'은수저'에게는 혜택을 주지만, 인구 중 대부분인 '흙수저'에게는 좌절감을 줄 수 있다. 현대경제연구원의 2013년 여론조사에서 "열심히 노력하면 성공하거나 부자가 될 수 있는가"라는 질문에 '그렇다'라고 답한 비율은 25%에 그쳤다. '개천에서 용 난다'고 생각하는 사람들도 줄어들고 있다. 모든 사람의 가치가 동등하다는 민주주의의 원리가 위협받고 있다. 자신의 미래를 낙관하는 사람이 거의 없다. 심지어 자식 세대가 더 가난해질 것이라는 두려움이 커지고 있다.

한국에서는 부모의 배경이 개인의 운명에 큰 영향을 미친다. 2015년 한국보건사회연구원의 사회조사는 젊은 세대일수록 부모의 학력과 경제적 배경이 임금과 직업에 절대적 영향을 미치고 있음을 드러냈다. 관리·전문직 아버지를 둔 자녀가 관리·전문직인 경우가 평균(19.8%)보다 두 배(42.9%) 이상이고, 아버지가 단순·노무직일 경우 자녀가 단순·노무직인 경우는 평균(1.9%)의 다섯 배(9.4%)에 달했다. 직업이 대물림되고 있다. 그러나 이런 사회적 상속에 대한 반발이 적다. 오히려 부자 부모를 만나지 못해 한탄하는 경우가 있다. "나는 재벌 2세가 되고 싶은데, 아버지가 노력을 안 해요"라는 자조적 농담이 나올 정도다. 부자 부모를 만나는 것은 복권 당첨처럼 우연의 결과다. 우연에 따라 인생의 출발선부터 다르다면 공정한 사회라고 할 수 있을까?

초부유층이 지배하는 사회

1920년 영국 경제사학자 리처드 토니는 《소유 사회The Acquisitive Society》에서 현대 산업사회의 이기적 개인주의를 비판했다. 자본주의는 경제적 이익의 추구로 타락하고, 지나친 소유욕을 충족하기 위해 쓸데없는 생산에 빠진다는 것이다.[5] 그는 부의 집중이 결국 경제정책을 왜곡한다고 주장했다. 거대한 부를 소유한 사람은 사회를 위한 부를 창조하기보다는 자신들을 위한 사치품을 생산하도록 부추긴다. 많은 사람들이 부자를 위해 호텔, 요트, 자동차를 생산한다. 인간의 에너지와 기계 설비가 사회에 꼭 필요한 일이 아니라 사소한 데 쓰인다. 토니는 사회 전체의 소득 중 일부를 건축업자, 기술자, 교사에게 투자해야 한다고 주장했다. 그는 최고 부자의 소득을 제한해야 한다고 강조했는데, 지나친 경제 집중이 민주주의를 위협한다고 판단했기 때문이다.

미국독립선언을 기초한 토머스 제퍼슨Thomas Jefferson 대통령이 말한 대로 "빈곤의 확산과 부의 집중은 민주주의와 양립할 수 없다." 오늘날에도 지나친 부의 집중은 민주주의를 위협한다. 어떤 학자들은 지난 30년 동안 전 세계에서 진행된 불평등의 심화가 기술 발전에 따른 어쩔 수 없는 결과라고 주장한다. 그러나 앞에서 살펴본 것처럼 불평등의 주요 원인은 탈규제, 공기업의 사유화, 감세, 무역 자유화를 추구하는 정부의 정책이다. 특히 노동시장이 유연해지면서 저임금 비정규직 노동자가 급증했다. 세금 감면과 복지 축소를 주장하면서 부자들의 세금이 대폭 주는 동안 가난한 사람을 위한 공공부조와 실업부조의 수준은 낮아졌다. 보수 정부는 노동조합을 억압하고, 실질임금 상승률은 하락하거나 정체했다. 노동자를 대변하는 진보 정당은 약해지고 노동조합의 사회적 영향력은 주변화되었다.[6] 이렇게 사회적 불평등이 증가한 이유는 신자유주의를 신봉하는 정부와 대기업이 만든 정치적 결과다. 결과적으로 부자들의 수입과 권력은 급속하게 늘었다.

미국 경제학자 로버트 프랭크는 《리치스탄Richstan》에서 미국의 슈퍼 부자를 상세하게 조사했다.[7] 최근 《포브스Forbes》가 발표한 미국의 400대 부자 명단을 보면, 미국 사회에서 점차 금권정치가 강해지는 반면 사회이동이 약해지는 현상을 발견할 수 있다. 400대 부호 가운데 16명만 신흥 부자다. 이들은 정보기술, 재생에너지, 바이오테크 같은 미래 산업이 아니라 석탄, 천연가스, 화학, 카지노 같은 전통 산업에서 막대한 부를 모았다. 월 가의 금융 산업 최고경영자가 받는 천문학적 숫자의 연봉은 월급쟁이가 상상도 할 수 없는 초부유층을 만들었다. 시티은행의 최고경영자는 연봉 1000억 달러를 받는다. 미국 증권거래위원회에 제출된 경영진 보수 자료에 따르면, 투자은행 골드만삭스와 JP모건체이스의 최고경영자 연봉이 각각 2330만 달러와 2000만 달러였다.[8] 미국의 어느 갑부는 "자신의 돈을 셀 수 있는 사람은 부자가 아니"라고 말했다. 자신이 사고 싶은 것을 언제든지 살 수 있는 사람이 부자다. 아니, 살 수 없는 것도 사려는 사람이 진정한 부자다. 돈 드릴로의 소설 《코스모폴리스Cosmopolis》에서 월 가의 거부 에릭은 천문학적 돈을 주무르며 거대한 부를 쌓아 올렸다. 마크 로스코의 그림과 예배당에 집착하며 "예배당에 가서 팔라고 해. 돈은 얼마든지 낼게. 거기 있는 것 전부가 갖고 싶어. 벽이든 뭐든"이라고 말하는 그에게는 원하는 것을 소유하는 것이 지극히 당연하다.

소득 불평등이 악화되는 상황에서 국가가 적절하게 대응하지도 않으니 초부유층이 사회에 지배적 영향력을 행사하기 시작한다. 그들은 자신들이 쌓아 올린 부가 정당하다고 믿으며 다른 사람을 설득할 강력한 수단을 가지고 있다. 그들은 거대한 부를 이용해 수많은 싱크탱크, 대학, 언론에 정당과 의회까지 지배한다. 미국 정치학자 래리 바텔스Larry M. Bartels가《불평등 민주주의Unequal Democracy》에서 지적한 것처럼 미국에서 막대한 자금력을 가진 기업은 공화당뿐 아니라 민주당의 정책에도 영향을 미친다.9) 1990년대 후반 민주당은 대기업이 요구하는 부자 감세와 재정 균형을 수용하는 정책 변화를 선택했다. 또한 월 가의 요구에 따라 금융 규제를 철폐하고 부동산 투기를 부추기는 정책을 도입했다. 부시 정부가 집권한 뒤에는 군산복합체와 석유에 이해관계가 있는 대기업의 요구에 따라 이라크전쟁까지 벌였다. 전쟁 반대 여론은 교묘하게 통제되고, 전쟁을 정당화하는 주장이 미국인의 마음을 조종했다. 미국 드라마 〈하우스 오브 카드House of Cards〉에서 볼 수 있듯이 초부유층은 막대한 선거 자금을 기부해 정당을 움직이고 로비스트 회사를 통해 의회를 통제한다.

영국 사회학자 콜린 크라우치Colin Crouch는 현대 정치의 특징을 '포스트 민주주의Post Democracy'라는 새로운 단어로 표현했다. '포스트 민주주의'는 절차적 민주주의가 작동하고 법에 따른 지배가 이루어지지만, 민주주의의 근본적 목적을 배신하는 국가가 등장하는 역설적인 상황을 설명한다. 이런 비판은 엘리트가 지배하는 대의제의 한계뿐 아니라 신자유주의가 정치를 지배하면서 위기에 처한 민주주의를 풍자한다. 오늘날 선거는 유권자들의 무관심과 냉소를 받으며 정치권의 쇼 비즈니스로 전락했다. 정당의 이념과 정책의 차별성이 모호하고 후보자 개인의 이미지가 중요한 사회적 이슈를 대체한다. 선거는 민의를 반영하는 정치적 경쟁의 장이 아니라, 마케팅과 광고 기술이 적용되어 만들어진 스펙터클에 지나지 않는다. 선거로 구성된 정부는 기업의 로비를 받으면서 막후 거래를 통해 공기업과 공공 의료 기관을 매각하거나 민간에 위탁하는 결정을 내린다. 고위 공무원이 퇴임 뒤에는 대기업, 법률 회사, 투자회사, 회계 법인의 고문으로 취업한다. 국민의 보편적 이익보다는 기업 엘리트의 특수한 이익이 관철되는 정부의 정책 결정 구조가 바로 포스트 민주주의의 본질이다. 초부유층이 사실상 정부와 정당을 지배하는 타락한 정치가 여실히 드러난다.

미국의 승자 독식 정치

"계급투쟁이 진행되고 있다. 이것은 현실이다." 오늘날 미국 사회의 현실을 가리키는 말이다. 마르크스주의를 신봉하는 급진파 지식인의 말일까? 아니다. 미국을 대표하는 부자, 워런 버핏의 말이다. '오마하의 현인'이라 불리는 버핏은 미국의 계급투쟁의 현실을 이렇게 묘사했다. "이 전쟁을 주도하는 것은 내가 속한 부자 계급이다. 그리고 우리는 이 싸움에서 이기고 있다." 자본주의경제에서 가장 성공한 사람이 개탄할 만큼 미국의 불평등이 심각한 것이다.

미국의 '계급투쟁'은 1980년대 이후 본격적으로 벌어졌다. 레이건 정부가 등장한 후 신자유주의를 지지하는 학자와 정치인 들이 부자와 기업을 위한 감세를 적극적으로 지지했다. 그러나 부자 감세가 투자 확대로 이어질 것이라는 '공급 중시 경제학'은 이론적으로 실패했음이 드러났다. 막대한 부자 감세에도 투자는 늘지 않았고, 오히려 미국 국내총생산 대비 재정 적자가 2007년 1.2%에서 2009년에는 10%로 열 배 가까이 커졌기 때문이다. 레이건은 부유층의 조세를 삭감하는 한편 미사일 방어 체제를 비롯한 군사비를 증액했다. 레이건은 경제성장과 적자 축소를 공약했지만, 결과적으로 막대한 국채만 늘렸다. 2011년에 스탠더드앤드푸어스가 미국의 신용 등급을 한 단계 낮추면서 세계 최고의 경제 대국이라는 이미지도 무너졌다. 감세 정책 추진으로 세금 납부에 대한 부정적 편견만 키워 사회적 책임과 공동체 윤리가 사라져 버렸다.

미국 정치학자 제이콥 해커Jacob Hacker와 폴 피어슨Paul Pierson 교수는《부자들은 왜 우리를 힘들게 하는가?Winner-take-all politics》에서 수십억 달러를 버는 헤지펀드 매니저가 회사의 비서보다 더 낮은 세율의 세금을 납부하는 이상한 현실을 분석한다.[10] 미국에서 소득 불평등이 커지는 것은 교육 차이, 초국적기업, 지구화, 정보기술 발전 등에 따른 불가피한 결과가 아니다. 그것은 조세정책을 비롯한 정부 정책의 결과다. 부자 감세가 불평등을 더욱 심화했다.

지난 30년 동안 미국에서 부익부 빈익빈의 마태 효과가 분명해졌다. 레이건 행정부 이후 신자유주의는 경제성장을 위한 자본축적보다 상층계급에게 유리하게 부를 재분배하는 데 탁월한 능력을 발휘했다. 부시 행정부 시절 의회예산처는 감세 혜택의 3분의 1은 연간소득 120만 달러 이상의 소득 최상위 1%에게, 3분의 2는 소득 상위 20%에게 갔다고 분석했다. 그리고 '소득 최상위 1%에 속하는 계층의 세금이 개인 평균 7만 8460달러 줄어든 반면 연소득 5만 7000달러인 중간 20% 계층은 1090달러, 하위 25%에 속하는 계층은 250달러만 세금이 줄었다'고 지적했다. 부시의 감세 정책은 아프가니스탄과 이라크에서 전쟁을 치르는 중에도 시행되어 막대한 적자를 초래했다. 재정 적자의 규모는 2008년 금융 위기로 더 커졌는데, 경기 부양을 위해 막대한 재정을 투입해 2009년 이후 4년 연속 1조 달러가 넘는 재정 적자가 발생했다.

2011년에 월 가를 점령한 시위대는 "우리는 99%다!"라고 외치며 상위 1%에 집중된 부의 불평등을 지적했다. 미국의 상위 1%가 나라 전체 부 가운데 3분의 1을 차지하는 현실을 반영한 것이다. 미국 가계소득을 보면, 상위 1%를 제외한 나머지 99%의 가계소득 증가율은 65%로 집계됐다. 상위 1% 가계소득이 지난 30년 동안 275% 증가한 것에 비해 3분의 1 수준이다. 미국 의회예산처 보고서에 따르면, 1979~2007년 세금 납부 이후 소득 기준으로 상위 1% 가계 소득은 275% 늘어난 반면, 하위 20% 가계의 소득은 18% 느는 데 그쳤다. 소득 순위 21~80% 가계의 소득은 40% 증가한 것으로 집계됐다. 같은 기간 전체 국민의 소득 증가율은 62%였다. 그러나 부자들의 세금은 더욱 낮아졌다.

부자와 기업에 대한 감세는 경제정책의 논쟁을 넘어 분명히 정치적인 결과다. 미국 공화당과 민주당의 정치인들은 기업과 부유층의 막대한 선거 후원금에 의존하고 있다. 기업과 부유층이 정치인에게 미치는 영향력이 커지면서 세금 감면, 재정 긴축, 복지 축소, 금융 규제 완화 같은 정책을 선택했으며 소득 격차가 더욱 크게 벌어졌다. 소득 불평등을 강화하는 정책을 추진하는 주요 정치 세력은 공화당이다. 민주당 집권기 동안 중산층 가구의 실질소득은 공화당 집권기에 비해 두 배, 빈곤 가구의 실질소득은 여섯 배나 증가했다. 공화당이 집권할 때 연방 소득세를 감면한 효과가 부유층에 집중됨으로써 일어난 실질소득 이전 때문이다.[11]

미국 의회예산처의 조사에 따르면, 지난 30년 동안 미국의 소득 상위 계층 1%가 경제성장 혜택의 대부분을 차지한 반면 다른 소득 계층에게 돌아간 부의 점유율은 2~3% 감소했다. 결국 소득 분배의 불평등 수준을 보여 주는 지니계수도 1979년 0.479에서 2007년 0.590으로 23% 높아졌다. 빈곤층과 실업자의 비율도 증가했다. 미국 인구통계국 조사로는, 2010년 기준 소득이 최저생계비에 못 미치는 가구의 비율이 15.1%로 1993년 이후 최고치를 보였다. 미국인 두 명 중 한 명은 빈곤층이거나 저소득층이라는 조사도 있다. 특히 미국의 청년 실업률은 10%대를 넘어, 전체 실업률인 8~9%를 웃돈다. 세금을 줄이면 부자와 기업의 투자가 늘어 일자리가 늘고 경제가 살아날 것이라는 공급 중시 경제학의 주장과 달리 재정 적자와 소득 불평등만 더욱 커졌다.

미국의 재정 적자 규모는 국내총생산의 10% 수준으로 연 1조 3000억 달러나 된다. 금융 위기 이후 미국과 유럽은 구제금융으로 국민총생산의 2.5배에 이르는 엄청난 비용을 지출했다. 주요 선진국들의 최고 소득세율이 1981년에는 대부분 60~70%였지만, 2000년대에는 35~40% 수준으로 감소했다. 급기야 세계 최고 부자의 대명사인 버핏은 《뉴욕타임스》에 "슈퍼 부자 감싸기를 멈추라"는 글을 실어, 연소득이 100만 달러가 넘는 부자들에 대한 증세로 재정

위기를 해결하자고 의회에 제안했다.

2008년 금융 위기 이후 미국의 거대 은행과 투자회사의 최고경영진은 여론의 따가운 비판을 받았다. 그러나 시간이 지나면서 구조조정을 소홀히 한 은행들이 금융 위기 이전의 시장 지배력을 회복했다. 금융 위기 직후에 추진한 금융 규제 방안은 흐지부지되었다. 미국에서 규제 강화에 반대하는 공화당과 대형 금융회사들의 치열한 로비가 금융 개혁을 가로막았다. 한편 막대한 공적자금을 지원받은 회사들이 과거의 탐욕을 포기하지 않았다.

부자에게는 사회주의, 가난한 사람들에게는 개인주의의 원칙이 적용되었다. 미국 정부는 금융 위기 직후 7000억 달러라는 막대한 공적자금을 동원해 금융회사를 구제했다. 미국 정부는 보험회사 AIG를 사실상 국유화했다. 1년 뒤 금융 위기로 미국 은행들은 엄청나게 많은 직원을 쫓아냈지만, 임직원의 월급을 인상하고 상여금을 지급하는 등 1500억 달러를 나눠 가졌다. 2009년에 골드만삭스와 JP모건체이스는 각각 직원 한 명당 59만 달러와 46만 달러를 상여금으로 나눠 주었다. 최고경영자들은 천문학적 연봉을 챙겨 '살찐 고양이'라고 불린다. 노벨 문학상 수상자인 칠레 시인 파블로 네루다Pablo Neruda는 《충만한 힘》에서 "손이야말로 날마다 세계를 만들어 낸다"고 했지만, 세계의 부자들은 손으로 아무것도 만들지 않는 사람들이다.[12]

부의 재분배를 위한 최고의 발명

부의 집중이 항상 비난받는 것은 아니다. 18세기 영국의 중상주의 경제학자들은 사회의 불평등을 피할 수 없는 것으로 보았다. 심지어 빈곤도 '필요악'으로 보았다. 빈곤이 있어야 사람들이 열심히 일할 것이라고 믿었기 때문이다. 이런 생각이 고대 이후 오랫동안 사람들의 머릿속을 지배했다. 1950년대에 주류 사회학이던 기능주의도 불평등한 보상 체계가 개인에게 열심히 일하려는 동기를 촉발할 것이라고 보았으며, 사회에 불평등한 계층이 '기능적으로 필요'하다고 주장했다.[13] 21세기의 주류 경제학자들도 시장에서 개인의 능력에 따라 차등적으로 분배되는 것이 당연하다고 본다. 대표적으로 인적 자본 이론은 개인의 교육과 기술 수준의 차이에 따라 소득 차이를 분석한다. 그러나 이런 관점은 불평등의 원인이 사회적 차원이 아니라 개인에게 있다고 떠넘긴다.

사회 구성원이 모두 평등하다는 공산주의의 뿌리가 플라톤까지 이어진다는 것을 앞에서 살펴봤는데, 16세기에 토머스 모어Thomas More가 발표한 소설《유토피아Utopia》에 담긴 풍자 정신도 일맥상통한다고 볼 수 있다. "사유재산제가 존속하는 한 인류 가운데 절대다수를 차지하는 가장 선량한 사람들이 빈곤과 근심이라는 피할 수 없는 무겁고 괴로운 짐으로 억압받게 될 것"이라는 대목이 있기 때문이다. 유토피아에서는 누구나 열심히 생업에 종사하지만, 하루에 여섯 시간만 일하고 여덟 시간은 잔다. 빈 시간에는 술을 마시고 떠들거나 빈들빈들 노는 것이 아니라 지적 활동을 한다. 공개 강의에는 학자만이 아니라 누구나 참여한다. 저녁 후 오락 시간에는 음악을 연주하거나 담소를 즐긴다.

　20세기 초 러시아혁명 이후 소련은 모든 산업을 국유화하는 한편, 공장 노동자와 경영자의 임금 차이를 1 대 6 수준으로 제한했다. 위험한 일을 하는 탄광 노동자의 수입은 대학 교수보다 높았다. 모든 사람은 네 평의 거주 면적을 가질 수 있으며, 큰 집을 가진 사람은 가난한 사람들이 그 집에 살 수 있도록 방을 내놓아야 했다. 보리스 파스테르나크Boris Leonidovich Pasternak의 소설 《닥터 지바고》에서 이 장면이 그대로 묘사된다. 나중에 흐루숍카라고 불리는 대규모 공동주택이 9~14평 규모로 만들어져 제공되었다. 중국 공산당의 마오쩌둥毛澤東은 문화대혁명 당시 소득 격차를 세 배 이내로 제한했다. 대학 교수는 공장과 농촌에 보내져 강제노동을 해야 했다. 그러나 기계적 평등을 추구한 공산주의 국가는 유토피아주의의 오류에 빠졌다. 사유재산의 철폐를 통한 기계적 평등은 시민의 모든 생활을 통제하는 공산당 관료의 독재를 제대로 막을 수 없었다.

　공산주의 사회의 불평등은 소득 수준의 격차보다 특권의 격차에서 심각하게 나타났다. 공장 경영자와 노동자의 급여 차이는 작았지만, 공산당 간부와 보통 사람의 특권 차이는 매우 컸다. 더 큰 집, 더 큰 차, 고급 별장을 이용하는 특권은 공산당 간부가 직위를 잃으면 모두 사라진다. 당연히 공산당 간부는 자신의 특권을 놓치지 않기 위해서 '인민'보다 자신의 인사권을 결정하는 '최고 지도자'에게 충성을 맹세해야 한다. 공산당 간부들이 자신의 당이 잘못된 정책을 선택해도 반대하지 않는 이유다. 심지어 공산당의 정책이 '인민'의 이익을 침해해도 간부들이 '모르쇠'로 일관하거나 아예 모른 척하고 눈을 감는다. 만약 자신들이 공산당에서 잘려도 먹고살 소득이나 재산이 있었다면 그들의 행동이 달라졌을 수도 있다. 결국 공산당은 비판 세력을 허용하지 않았고, '특권의 불평등'을 통해 사회를 효과적으로 통제할 수 있었다.

소련 사회에서 공산당과 공산주의청년동맹의 구성원들은 긴밀한 사회적 관계를 형성하고 자신들이 쌓아 올린 사회적 자본으로 새로운 특권층이 되었다. 결과적으로 사유재산 제도를 철폐한 국가에서 평등이 강화되기는커녕 불평등이 커졌으며, 재산의 불평등이 권력의 불평등으로 대체되고 말았다. 더 큰 문제는 재산이 없는 사회에서 부당한 권력 남용에 저항할 수 있는 개인의 마지막 보루조차 사라지고 말았다는 점이다. 결국 사회의 평등은 개인의 자유를 절멸하는 조건에서는 존재하기 어렵다는 역사적 경험을 보여 준다.

18세기 영국의 중상주의도 19세기 자유주의도 20세기 소련의 공산주의도 자유와 평등의 문제를 풀지 못했다면 어떻게 해야 할까? 오늘날 민주주의국가 대부분은 경제적 불평등을 줄이려고 노력하며 그 방법으로 누진적 조세progressive tax를 선택한다. 누진소득세는 애덤 스미스가 1776년에 쓴《국부론》에 본격적으로 제시되었다. 그로부터 얼마 뒤에 토머스 페인Thomas Paine도《인간의 권리 Rights of Men》에서 누진소득세에 따른 추가 세금 징수를 제안했다. 그리고 프랑스대혁명의 인권선언에서 '개인의 능력에 따라 납세하는' 누진세 원칙이 정치적 선언으로 등장했다. 자본주의경제에서 능력에 따라 소득 불평등이 생기는 만큼 고소득자가 더 높은 세율을 부담하는 것이다. 이런 생각은 19세기 영국 공리주의자들에게도 나타났다. 그들은 같은 금액이라도 부자보다는 가난한 사람에게

효용이 더 크기 때문에 사회의 '총효용'을 키우려면 부자들에게 더 많은 세금을 부과해야 한다고 믿었다. 누진적 소득세는 20세기 복지국가를 유지하는 효과적인 제도이며 빈부 격차를 줄이고 계급 타협과 사회통합을 위한 주요 수단이 되었다.

역사적으로 세금을 통한 부의 재분배는 평화의 시대보다 주로 전쟁 시기에 관심을 끌었다. 1798년 영국에서 처음 도입된 소득세는 나폴레옹에 맞서는 전쟁을 준비하기 위한 것이었다. 1861년 미국에서는 에이브러햄 링컨Abraham Lincoln 대통령이 남북전쟁을 치르는 자금을 조달하기 위해 소득세를 도입했다. 연간소득이 800달러가 넘는 국민에게 3%의 세율을 부과했다. 이 소득 기준을 현재 가치로 환산하면 약 2만 달러, 우리 돈으로 2400만 원 정도인데, 당시 이에 해당하는 사람은 미국 국민의 약 3%였다. 한편 프랑스는 1차세계대전 중이던 1917년에야 소득세를 도입했다. 그 이전에 세금은 주로 재산세, 관세, 상품거래세를 징수했다. 개인의 소득세에 대한 거부감보다는 소득 파악의 어려움 때문이었다. 그러나 전쟁이라는 비상 상황에서 소득세의 확대는 매우 중요한 역할을 했다.

20세기 초에는 영국의 자유당 정부가 세금으로 복지와 안보를 해결하려고 했다. 당시 로이드 조지Lloyd George 재무장관이 '빈곤의 참상을 근절하기 위한 전쟁 비용'이라고 주장하며 '인민 예산'으로 불리는 예산안을 추진한 것이다. 당시 영국은 노령연금을 비롯한 사회보장을 확대하는 동시에 독일의 부상에 대비한 군비경쟁을 위해 거액의 예산을 편성했다. 문제는 재원이었다. 자유당은 급진적으로 소득세율과 상속세율을 인상하고 누진과세를 강화해 사치품에 대한 세금을 올리고 귀족들이 소유한 땅에도 거액의 세금을 부과했다. 그러자 보수당과 토지 귀족이 많은 상원에서 '부자들의 피를 빨아 먹는 부당한 예산', '토지 국유화를 노린 사회주의'라는 맹비난을 퍼부었다. 이 예산은 국민당과 노동당의 지원을 받아 가까스로 통과되었다. 그 뒤 1차세계대전이 터지면서 소득세율은 무려 80%까지 치솟았다.

20세기 전반에 양차세계대전을 거치는 동안 세계 각국의 소득세율은 급격하게 상승했다. 미국의 프랭클린 루스벨트Franklin Roosevelt 행정부는 놀랍게도 최고한계세율을 94%로 인상했다. 모든 기업에 이윤을 부과하는 초과이윤세를 도입하고, 법인세는 40%로 올렸다. 전쟁에 승리하기 위해 국가의 모든 자원을 동원하는 한편 부자에게 더 큰 책임을 요구하는 정책은 대중의 지지를 얻었다. 루스벨트 행정부가 강력한 조세정책으로 상대적 평등을 이룩한 시기를 미국 경제학자들은 '대압착 시대Age of Great Compression'라고 불렀다. 이렇게 누진세 강화와 전쟁, 인플레이션 등을 통해 1914~1945년에는 불평등이 크게 줄었다. 세금이 정부의 재정을 늘리는 수단일 뿐 아니라 사회를 통합하는 정치적 도구가 된 것이다.

그러나 전쟁이 끝나자 누진세율이 감소하기 시작했다. 미국의 소득세율은 1960년대에 70%로 떨어졌다. 가장 극적인 변화는 1980년대 레이건 행정부가 주도한 신자유주의적 감세 정책이다. 최고 소득세율이 28%까지 크게 낮아졌다. 클린턴 행정부가 등장한 1990년대에 최고한계세율이 39.6%까지 인상됐지만, 부시 행정부가 다시 35%로 떨어트렸다. 자본소득세는 더 낮아졌다. 1960년대 25%였던 최고 자본소득세율은 1970년대 35%까지 인상했으나, 1980년대 레이건 행정부의 시기에 28%로 하락한 뒤 점차 떨어져, 2010

년에는 15%에 머물고 있다. 이렇게 누진세율이 낮아지는 동안 최고경영자들이 스스로 결정하는 연봉은 천문학적으로 올라갔다.

세금이 경제를 망친다?

오늘날 대부분의 민주국가는 조세나 재정 지출을 통해 복지 제도를 운영하며 소득 재분배를 추구해 불평등을 완화하고 국민의 '최저생활'을 보장하려고 노력한다. 1942년에 출간된 영국의 〈베버리지 보고서〉는 보편적 사회보장과 완전고용을 통해 '요람에서 무덤까지' 국민 복지를 실현한다는 이상을 표현했다. 2차세계대전을 거치면서 유럽의 자본주의경제는 보편적 복지국가와 노사 타협을 위한 제도적 장치를 만들었다. 건강보험과 노령연금이 산업 노동자뿐 아니라 전 국민에게 보편적으로 적용되는 국민보험으로 확대되었다. 정부가 새로운 세수와 복지 재정을 확대해 노동능력이 없는 사람에게도 복지 혜택을 제공했다는 점에서 세금은 산업 평화와 계급 연합의 핵심 의제가 되었다.

그러나 1970년대에 유가 파동이 터지고 경기 침체가 장기화되면서 복지국가는 심각한 위기에 직면했다. 1980년대 이후 신우파는 높은 세금이 경제를 망친다고 비판했으며, 대처와 레이건은 인플레이션을 낮추기 위해 통화량을 억제해야 한다는 통화주의 경제정책을 채택했다. 복지국가에 대한 이념적 공격이 시작되면서 보편적 복지는 약화되고 자산 조사를 통한 선별적 복지가 확산되었다.

그러면 레이건 이후 공화당이 추진했던 부자 감세는 경제에 도움이 되었을까? 막대한 부자 감세에도 불구하고 투자는 크게 늘지 않았다. 오히려 세금에 대한 부정적 인식만 커지고 사회적 책임과 공동체 윤리가 사라졌다. 그런데도 한국의 경제학자와 정책 결정자들은 미국식 경제학에 경도되어 세금이 낮을수록 경제성장에 좋다는 생각에 갇혀 있다. 박근혜 정부의 최경환 경제부총리는 "증세는 경제성장에 부정적 영향을 미친다"고 주장했다.[14] 2014년 기준 한국의 조세 부담률(18.5%)과 국민 부담률(24.6%)은 OECD 회원국 가운데 가장 낮은 수준이다. 당연히 복지와 사회보장 지출 비율도 가장 낮다. 2014년 기준 한국의 국내총생산 대비 사회복지지출SOCX은 10.4%로 OECD 28개 조사 대상국 가운데 28위였다. 미국의 절반, 북유럽 국가의 3분의 1 수준이다. 결국 소득 재분배 효과가 낮고 빈부 격차는 크다. 2010년 OECD 회원국 가운데 조세 부담률이 높은 10개국의 빈곤율은 8.3%에 그친 반면, 한국을 비롯해 조세 부담률이 낮은 10개국의 빈곤율은 14.7%나 되었다. 이런 수치는 빈곤율을 낮추려면 조세 부담률을 높여 복지를 확대해야 한다는 사실을 보여 준다.

한국의 보수적 학자들은 그리스 같은 남유럽 국가의 재정 위기가 지나친 복지 탓이라고 비판하지만, 이는 분명히 왜곡이다. 그 나라들의 국내총생산 대비 사회지출비율은 OECD 회원국 평균 수준인 20%대에 그친다. 복지가 경제를 망친다면 오히려 복지 지출이 30%를 넘는 독일, 스웨덴, 덴마크가 먼저 망해야 한다. 그러나 이 나라들은 유럽에서 경제가 가장 건실하다. 2008년 금융 위기의 파고 속에서도 산업 생산성과 고부가가치 제조업의 경쟁력이 아주 높다. 미국 대기업은 구조조정을 위해 직원을 해고하지만, 독일과 스웨덴은 숙련 기술자를 위해 관대한 복지 수당을 거의 그대로 유지한다. 당연히 기업에 대한 직원들의 충성심이 높고, 파업에 따른 손실도 적다. 보편적 복지 제도와 산업 평화가 경제 생산성을 높이는 데 중요한 기여를 한다. 결국 조세 부담률이 높아도 복지와 경제의 선순환을 이룰 수 있다.

세금 많은 스웨덴의 성공 비결

스웨덴은 인구 1000만 명이 안 되는 작은 나라지만 2차세계대전 이후 '복지 천국'이라고 불릴 만큼 세계에서 가장 복지가 발전한 나라로 알려졌다. 모든 사람에게 동일하게 적용하는 보편주의 복지 덕에 스웨덴 국민은 세계에서 가장 높은 생활수준을 유지하고 있다. 탁아소와 유치원을 무료로 이용하고, 학비와 병원의 진료비도 모두 무료다. 당연히 교육 수준이 높고 평균수명이 아주 길다. 고용률이 유럽에서 가장 높고 휴가 일수도 33일에 이른다. 실업수당 지급에 관대하고 직업훈련 프로그램도 잘 발달되었다. 스웨덴 사람들의 행복지수가 높은 것은 당연하다.

　비록 개인적으로 만나면 스웨덴 사람들이 무뚝뚝하고 이방인에게 그리 친절하지 않은 듯하지만, 이들은 가난한 개발도상국에 대한 관심이 많다. 중립국이지만 한국전쟁 때 한국인을 위해 의료 지원에 나섰고, 전쟁 뒤에는 한국 정부와 함께 국립의료원을 운영했다. OECD 회원국 가운데 제3세계에 대한 해외 원조 액수도 가장 많다. 한마디로 '착한 나라'다. 그런데 복지 천국이라고 알려진 스웨덴의 경제력이 세계 최상위 수준이라는 사실은 그다지 알려져 있지 않다. 2014년 현재 스웨덴의 1인당 국내총생산은 4만 8966달러로 세계 7위고 구매력 기준 국내총생산은 3만 7319달러로 14위다. 2015년 세계경제포럼이 발표한 국제경쟁력 순위로는 9위다. 《창조적 변화를 주도하는 사람들The Rise of the Creative Class》로 널리 알려진 리처드 플로리다Richard Florida는 스웨덴이 기업에 필요한 창의적 인재를 끌어당기는 힘이 세계에서 가장 큰 나라라고 했다.[15] 실제로 젊고 우수한 엔지니어들은 가장 일하고 싶은 도시로 스톡홀름을 꼽는다.

그래도 고액 세금으로 유지되는 보편적 복지 제도가 경제를 망칠 것이라고 걱정하는 사람들은 스웨덴을 비판하느라 바쁘다. 소득세가 높으면 기업의 부담이 커지고 경제가 침체될 것이라고 목소리를 높인다. 하지만 2016년에 내가 만난 스웨덴경영자연맹SAF의 한 임원은 다른 말을 했다. "스웨덴 기업도 보편적 복지 제도를 찬성합니다. 우리도 언제 실직자가 될지 모르기 때문이지요. 사고로 장애인이 되거나 목숨을 잃는다면 가족에게 사회안전망이 필요하지 않습니까?" 따라서 부자가 세금을 더 내는 것이 당연하다고 생각한다. 실제로 미국의 소득세 최고 세율은 39.6%인데, 스웨덴은 56.5%다. 금융 위기가 발생한 뒤에 그 임원을 다시 만났는데, 뜻밖에 세금을 낮춰야 한다고 말했다. 그래서 얼마로 낮추기를 바라는지 물었더니 "55% 이상은 너무 높으니 50%로 낮추기를 바란다"고 답했다. 나는 그가 "한국에 와서 같은 주장을 하면 좌익 빨갱이 소리를 들을 것"이라고 말해 주었다.

중요한 문제는 높은 세율이 경제에 부담을 주지 않느냐는 의심이다. 어떻게 스웨덴은 높은 조세 부담률과 경제 경쟁력을 동시에 유지할 수 있을까? 성장과 복지의 이분법이 있는 한국에서는 사회복지의 확대가 경제성장을 막는다는 보수 언론의 주장이 지배적이다. 복지는 빈곤층에게 최소한만 제공해야 한다면서 적은 돈으로도 큰 은혜를 베푸는 듯 생색을 낸다. 그래서 한국에서는 복지가 가난한 사람에게는 자존심을 상하게 하는 말이고, 중산층과 부자에게는 내 세금을 축내는 꺼림칙한 것이다. 부자들에게는 있으나 마나 한 것에 불과하다.

그런데 스웨덴을 자세히 들여다보면, 복지가 경제성장을 촉진하는 중요한 요소라는 사실을 알 수 있다. 미국 정치학자 해럴드 윌렌스키Harold L. Willensky가 지적한 대로 스웨덴 복지 모델에서 주목해야 할 점은 사회 지출의 수준이 아니라 그 구조다.[16] 미국처럼 빈곤층에 초점을 맞추는 사회 지출은 노동 동기를 떨어트리고 조세 저항을 불러일으켜서 경제성장에 부정적이지만, 스웨덴에서 볼 수 있는 보건 의료의 공적 제공과 공공 보건 지출·적극적 노동시장 정책·가족 지원 정책은 경제성장에 아주 긍정적이다. 특히 스웨덴과 대부분의 유럽 국가들은 법인세와 자본 이득세에 대한 의존도가 낮은 반면, 간접세와 사회보장세에 대한 의존도가 높은 기업 친화적 조세제도를 운영하고 있다. 유럽 국가들은 높은 사회 지출을 통해 노동조합의 양보를 얻어 간접세를 늘리고 기업에 대한 과세를 줄이는 조세 구조인 반면, 영미권 국가들은 노동조합의 양보를 얻기 힘들기 때문에 기업에 대한 과세에 의존하는 조세 구조다. 사회적 합의 구조가 제도화된 나라는 지나친 임금 인상과 파업을 자제해, 오히려 기업 투자와 노동생산성을 높일 조건을 형성할 수 있다. 결국 복지국가를 통한 사회적 합의 구조의 형성이 경제성장에 아주 중요하게 기여한다.

스웨덴은 높은 대학 진학률, 잘 훈련된 노동력, 첨단 기술을 많이 가진 기업, 높은 고용률과 여성의 경제활동참가율 등으로 탄탄한 기반을 증명한다. 세계 최고 수준의 연구 개발 투자와 인적 자본 투자로 국제경쟁력을 유지하며 에릭슨, SKF, 텔리아, 볼보 등 여러 회사가 우리에게도 잘 알려져 있다. 최근 세계경제가 위기에 빠지면서 국내총생산이 약간 감소했지만, 주요 기업의 혁신 능력과 노동자의 숙련 수준은 매우 높다. 스웨덴의 보편적 복지가 교육, 의료, 직업훈련에 집중해 노동력의 질을 높이기 때문이다. 어떻게 연차휴가가 30일이고, 병가도 해마다 평균 30일씩 쓰는 스웨덴의 노동생산성이 높을까? 나는 스웨덴의 전국노동조합총연맹LO에서 흥미로운 이야기를 들었다. "우리는 회사에서 일할 때 누가 감시하지 않아도 열심히 합니다. 왜냐하면 내가 일한 만큼 혜택을 받을 수 있기 때문이죠." 그러니 당연히 스웨덴은 세계에서 노동시간이 가장 긴 한국보다 노동생산성이 높다. 한편 스웨덴은 첨단 기술을 위한 연구 개발 투자 비율도 세계에서 가장 높다. 보편적 교육을 제공하는 대학의 연구 능력 수준도 높다. 당연히 스웨덴 기업의 기술 수준은 세계적으로 인정받는다.

스웨덴이 원래 잘사는 나라는 아니었다. 20세기 초 스웨덴은 유럽에서 가장 가난한 나라로 꼽혔고 노동자의 파업이 끊이지 않았다. 영화 〈정복자 펠레Pelle The Conqueror〉에서 볼 수 있듯이 많은 사람이 일자리를 찾아 이민을 떠나야 했다. 스웨덴 사회민주당은 소련의 공산주의를 거부하고 사회민주주의 모델을 추구했다. 계급투쟁과 국유화 대신 의회주의와 노사정의 타협을 주장했다. 페르 알빈

한손Per Albin Hansson 스웨덴 총리는 "민주주의는 모든 사회경제적 측면에서 이루어져야 한다"고 주장했다. 1930년대 스웨덴은 케인스 경제학이 등장하기 전에 에른스트 비그포르스Ernst Wigforss 재무장관이 주도하는 새로운 경제모델을 추구했다. 미국식 자유시장 자본주의와 소련식 국가사회주의와 달리 스웨덴은 효율성과 형평성을 동시에 추구하는 제3의 길을 택했다. 그 뒤 보편적 복지 제도를 도입하면서 가장 평등한 사회와 경제성장을 동시에 이룬 나라로 평가받는다.

1990년대에 스웨덴은 심각한 경제 위기를 겪었다. 그 뒤 집권한 사민당은 균형재정을 강조하고 물가 상승을 억제하는 보수적 정책을 수용했으며 일부 복지정책은 폐기했다. 상병수당의 대기일을 줄이고, 의사의 진단서를 요구하고, 관대한 복지 프로그램을 축소했다. 복지 전달 체계도 관료주의의 폐해를 줄이기 위해 경쟁을 강화하고 이용자 선택권을 확대했다. 유치원, 학교, 요양시설 만족도를 공개해 시민이 스스로 선택하도록 유도했다. 그러나 높은 조세에 기초한 보편적 복지는 여전히 스웨덴 모델의 핵심으로 유지된다.

2006년에 중도보수 연정을 이끌던 프레드리크 라인펠트Fredrik Reinfeldt 총리는 복지국가를 그대로 유지할 것이라고 약속했다. "내 임무는 우리 경제를 지속적으로 새롭게 만드는 것이다. 그래야 사회복지에 대한 높은 열망을 유지할 수 있을 것이다." 그는 과거 신자유주의 이념에서 벗어나 복지국가에 대한 이념적 공격을 중단했고, 그가 속한 온건당은 '새로운 온건당'이라는 구호와 함께 중도 지향 정책을 추진했다. 라인펠트 총리는 부유세를 폐지하고 법인세

인하를 추진했지만, 저소득 노동자를 위한 조세 감면도 함께 추진했다. 실업수당 급여를 줄이고 노동자의 기여금을 인상했지만, 다른 사회보장제도는 거의 그대로 유지했다. 얼마 뒤 세계 금융 위기에 맞서 스웨덴의 보수 연정은 오히려 복지 재정을 확대하고 실업자와 빈곤층을 위한 예산을 확대했다.[17] 한국에서는 라인펠트 총리도 '좌파'라고 공격받을지 모르겠다. 그래도 스웨덴은 여전히 보수정당과 진보정당의 경계를 넘어 보편적 복지국가를 지지한다.

그리스가 파산한 진짜 이유

2011년에 독일 베를린자유대학의 초빙교수로 있는 동안 그리스에 간 적이 있다. 민주주의의 발상지인 아테네는 파업과 시위가 끊이지 않았다. 국제공항은 폐쇄되고 피레우스 항의 선박은 멈추었다. 2500년 전에 아리스토텔레스가 리키움이라는 학교를 설립했던 신타그마 광장에는 성난 시민들의 행렬이 가득했다. 깃발이 펄럭이는 거리에는 최루탄 연기가 매캐하게 퍼졌다. 경찰이 시위대에게 중상을 입혀 시위는 더 격해졌다. 철학과 토론의 나라에서 왜 이런 일이 생겼을까?

한국의 일부 언론은 그리스가 지나친 복지 때문에 위기에 처했다고 비난하는 기사를 쏟아 냈다. 과연 그럴까? 천만에, 그리스의 복지 수준은 결코 높지 않다. 그리스의 국내총생산 대비 사회복지 예산은 OECD 회원국 평균 수준인 20% 정도다.

그리스의 복지 가운데 공무원 연금이 너무 많다는 지적도 많다.

물론 그리스 연금은 문제가 있다. 대학교수가 국회의원이 된 뒤 장관을 지낸다면 퇴임 후 세 가지 직업연금을 받는다. 도덕적 해이가 황당한 수준이다. 그럼 공무원 연금의 혜택이 클까? 20년 동안 공무원으로 일한 사람이라면 연금으로 약 180만 원을 받았는데, 최근 경제 위기 이후 120만 원으로 줄었다. 30년 동안 일한 퇴직자는 연금 140만 원으로 생활하고 있다. 은퇴한 노인 이야손은 "수입은 없는데 퇴직연금은 점점 줄어들고 있다"고 하소연했다. 복지 예산 중 연금이 50%를 차지하지만 전체 복지 예산의 규모가 크지 않기 때문에 개인 수령액이 많은 편이 아니다. 30년 정도 일하다 퇴직하면 연금을 300만 원 넘게 받는 독일 노동자와 크게 차이 난다.

사실 그리스의 정말 큰 문제는 경제가 제대로 굴러가지 않는다는 점이다. 그리스 경제는 해운과 관광이 주도했는데, 2002년에 성급하게 유럽연합과 화폐통합을 추진하면서 산업 경쟁력이 급격하게 떨어졌다. 해운업은 동유럽 등 다른 나라로 이전하고, 국내총생산 중 16%를 차지하던 관광산업은 10% 수준으로 떨어졌다. 그런데 정부가 저금리로 국채를 발행하며 구조조정과 투자에 소홀했다. 게다가 2004년에 올림픽을 개최하면서 빚으로 지하철을 건설했지만 돈을 내는 승객이 거의 없다. 지하철 광장은 복권을 파는 상인들로 붐빈다.

그다음 문제는 세금이 제대로 걷히지 않는다는 점이다. 2004년에 우파 정부가 법인세 인하와 소득 면세자 확대 등 감세 정책을 추진했다. 현재 조세 부담률이 20% 수준으로 OECD 평균인 26%보다 낮다. 그런데도 조세 도피로 경제의 30% 정도가 빠져나간다. 수영장이 있는 주택에 높은 재산세를 부과하지만 아무도 신고하지 않는다. 이런 상황을 보고 영국 BBC는 "고소득 자영업자, 의사, 치과의사는 제대로 세금을 내지 않는다"고 보도했다. 해마다 1인당 1800달러가 뇌물로 지출되니 부패도 심각하다.

그리스 정부는 최근 자산을 매각하고 긴축 정책을 단행했다. 공무원을 줄이고 급여도 대폭 삭감했다. 내가 만난 크레타섬의 서점 주인 니코스는 시집을 내려놓으며 "시위에 나선 공무원노동조합이나 시위를 막는 경찰이나 월급이 삭감되기는 마찬가지"라고 씁쓸하게 말했다. 크레타의 위대한 작가 니코스 카잔차키스Nikos Kazantzakis와 이름이 같은 그는 내게 그리스 술 우조를 연신 권했다. 탄광 사업으로 파산한 조르바도 이 술을 마셨으리라 생각했지만, 직접 본 그리스는 정말 파산 직전이었다. 청년 실업률이 43%나 되고 빈곤율이 20%가 넘는다. 최근 부가세가 10% 선에서 무려 23%로 인상되었다. 결국 무능한 정부의 실패와 부패로 평범한 시민들의 생활이 팍팍해졌다.

한국의 보수적 학자와 정치인 들은 그리스 위기를 '복지국가 때리기'로 이용하려고 한다. 그러나 진실은 정반대다. 그리스 위기의 원인은 감세 정책과 무능한 정부에 있다. 한국 정부도 부자 감세를 추진하고 경제 혁신에 소홀하면 그리스처럼 위기에 빠질 수 있다. 기업과 고소득자의 탈세를 막지 못한다면 세수가 더욱 줄어들 것이다. OECD 회원국 중 부채가 가장 많은 것으로 꼽히는 한국 정부야말로 그리스 위기에서 교훈을 얻어야 한다. 애꿎은 복지국가를 탓하지 말고, 복지가 발전한 독일과 스웨덴의 경제가 튼튼한 이유를 알아야 한다.

공정한 조세가 필요하다

자유시장의 아버지로 알려진 애덤 스미스는 《국부론》의 한 대목에서 이렇게 주장했다. "국가를 빈곤과 절망에서 벗어나게 할 수 있는 길은 단 하나밖에 없다. 바로 안정적인 정부, 예측할 수 있는 법률, 공정한 조세, 이 세 가지만 지키면 된다." 그는 왜 공정한 조세를 강조했을까? 공정한 조세가 없다면 빈곤에서 벗어날 수 없을 뿐더러 사회가 제대로 유지될 수 없다고 보았기 때문이리라.

2008년과 2012년 한국 대선에서 '경제'가 최대 이슈였지만, '세금'은 뒤로 밀려나 아무 관심도 끌지 못했다. 세금을 줄여야 경제가 살아난다는 낙수 경제 이론을 따른 이명박 정부는 'MB노믹스'를 내세웠지만 5년 동안 아무 성과를 얻지 못했다. 부자 감세를 밀어붙여 고소득층의 지갑만 더 두꺼워졌다. 국민의 반대를 무릅쓴 4대강 사업, 자원 외교, 방위산업 비리로 국가재정의 부담만 키우고 민생 경제는 더욱 어려워졌다. 사람들은 다시 '잘살아 보세'를 꿈꾸며 이명박을 선택했지만, 장밋빛 '747' 공약은 실패로 끝났다. 이명박 정부의 감세 정책은 경제성장에 도움이 되기는커녕 국가의 부채만 늘려 놓았다. 뒤이은 박근혜 정부는 대선 당시 경제민주화와 복지국가의 공약을 내걸었지만, 집권 후에는 노골적으로 자유시장 접근법으로 회귀했다. '증세 없는 복지 확대'를 공약으로 내세웠다가 집권 뒤에는 담뱃값, 주민세, 영업용 자동차세 인상에 나서 '꼼수 증세', '서민 증세'라고 비판받았다. 박근혜 정부가 추진한 탈규제와 서민 증세는 경제성장을 이룩하지도 못할 뿐 아니라, 더 큰 불평등과 빈곤을 만들었다.

야당도 크게 다르지 않았다. 2012년 대선 때 민주당은 '증세 없는 복지'를 공약했다. 그 대신 '부자 감세 철회'를 주장했지만, 이미 국세 감면율이 낮아져 실효 없는 공약이라는 비판을 받았다. 나중에 안철수 의원도 박근혜 정부의 확장적 재정 정책에 맞서 스스로 '건전 재정'을 주장하며 복지 재원을 마련하는 대안을 포기했다. 도대체 증세와 사회보험 인상 없이 어떻게 복지를 확대하겠다는 것인지 물어도 묵묵부답이다. 세계 금융 위기 이후 미국, 독일, 일본이 앞을 다투어 확장적 재정 정책 또는 양적 완화를 채택했지만 눈을 뜨고도 보지 못하는 것이다. 정말 '대안 없는 야당'이라는 공격을 면하기 어려운 형편이었다. 2016년 총선을 앞두고 안철수 의원은 탈당해 신당을 창당했으나 복지 공약은 여전히 모호했다. 한편 더불어민주당은 경제민주화를 내세우며 적극적으로 분배 문제를 제기했다. 결국 2017년 대선에서 문재인 후보는 부자 증세와 복지 확대를 주요 선거 공약으로 내세우고 당선했다. 그러나 3억 초과 고소득자와 2000억 원 이상 소득을 올린 대기업에 대한 증세로 연간 세수 5.5조 원을 마련하려는 세제 개편안은 100조 원 이상의 막대한 재원이 필요할 것으로 예상되는 일자리와 복지 공약에 비하면 매우 부족한 형편이다.

지금이라도 정부는 지난 10년간 유지되었던 부자 감세와 재벌 편향 정책에서 벗어나 중산층과 빈곤층을 위한 조세정책을 제시해야 한다. 이는 단순히 부자 증세가 아니라 조세 형평을 위한 세제 개혁이다. 그러나 증세에 대한 국민의 우려가 크기 때문에 증세가 곧 모든 국민을 위한 일자리와 복지라는 특정한 목적을 위해 쓸 것이라는 점을 효과적으로 설득해야 한다. 보편적 보육 복지와 기초연금, 노인 요양 등 급증하는 복지 수요에 대응하면서 재정 기반을 강화하려면 단계적인 증세를 피할 수 없다. 조세 부담률은 김대중 정부 이후 지속적인 감세 정책으로 21%에서 18% 수준으로 떨어졌다. 이를 적어도 OECD 회원국 평균 수준으로는 올릴 수 있다. 2013년 OECD 회원국 평균 조세 부담률은 25.1%, 국민 부담률은 34.2%다.

그럼 어떤 조세 개혁이 필요할까? 피케티는 자본에 대해 '세계세 global tax'를 부과하고 최고 75% 수준으로 소득세와 상속세 세율을 매기자고 제안했다.[18] 하지만 급격한 소득세 인상에는 정치적 합의가 꼭 필요하다. 2012년 프랑스 대선 당시 올랑드가 부유층에 대한 80% 세율을 공약으로 제시했지만 취임 직후 포기했다. 사실 유권자들은 복지 확대를 위한 세금 인상에 찬성하다가도 막상 증세를 논의하면 반대로 돌아서곤 한다. 이는 정부에 대한 신뢰가 적고 자신이 원하는 복지 혜택을 받을 가능성이 낮다고 생각하기 때문이다. 그렇다고 소득세 인상이 꼭 정치인의 무덤이 되는 것은 아니다. 소득세 최고세율을 5~10% 정도 인상하는 조세개혁은 강력한 저항 없이 할 수 있다. 금융 위기 이후 독일, 스웨덴 등 주요 중도우파 연정에서 실제로 소득세 최고세율 인상을 단행했다.

이와 동시에 장기적으로 불평등을 줄이는 조세정책도 설계해야 한다. 미국 예일대학의 로버트 쉴러Robert J. Shiller 교수와 브루킹스 연구소의 레너드 버먼Leonard E. Burman, 제프리 로핼리Jeffrey Rohaly 연구원이 제안한 '밀물 조세 제도rising tide tax'도 고려해 볼 만하다.[19] 밀물은 1962년에 존 F. 케네디John F. Kennedy 대통령이 "밀물이 모든 배를 띄운다"고 한 데서 온 말이다. 이 말은 경제성장으로 모든 사람이 혜택을 본다는 뜻이다. 쉴러 교수는 조세개혁으로 '밀물' 효과를 낼 수 있다고 주장한다. 사회의 소득 불평등이 증가하면 최고 소득자에 대한 한계세율을 의회에서 자동으로 인상하자는 제안이다. 사실 최상위층의 소득이 계속 증가하는 가운데 빈곤과 불평등을 해결할 수는 없다. 물론 누진적 소득세의 세율을 정하는 것은 매우 정치적인 문제다. 사회적으로 합의하는 수준의 빈곤율 또는 지니계수가 넘으면, 이에 따라 의회에서 조세 인상률을 정해야 한다. 증가하는 세수는 교육과 직업훈련 등 기회의 평등을 강화하는 정책과 기술 개발 및 미래 투자를 위해 쓸 수 있다. 결국 불평등을 해결할 조세와 예산에 관한 정치적 합의가 중요하다.

1948년에 한국의 헌법이 제정된 이후 1949년 소득세법은 누진적 소득세를 규정하고 있다. 그러나 최근 한국 정치에서 조세와 예산 논의가 양극화되었다. 보수 진영이 주장하는 시장 경쟁과 무책임한 능력주의는 사회통합을 저해할 수 있다. 자유시장의 힘으로 소득 재분배가 충분하게 일어나기는 어렵다. 정교한 조세제도와 복지 제도를 통해 소득 불평등을 완화해야 한다. 그러나 증세를 통한 부의 재분배만으로 불평등을 해소하기에는 충분하지 않다. 다양한 실증 분석에 따르면, 빈곤층을 직접 지원하는 부의 재분배 효과는 제한적이다. 오히려 스웨덴의 사례에서 볼 수 있듯이 모든 국민을 위한 보편적 교육, 보건, 고용보험 등 사회보장을 통한 소득 재분배 효과가 더 크다.[20]

한국에서도 불평등을 줄이기 위해 무엇보다 보편적 교육을 확대하는 한편 사회보험의 사각지대를 없애고 급여 수준을 높여야 한다. 빈곤해진 뒤에 급여를 지원하기보다는 교육과 직업훈련으로 미리 개인의 능력을 키워 빈곤 위험에 빠지지 않도록 도와야 한다. 새로운 진보 정치는 빈곤과 사회적 배제를 없애기 위해 결과의 평등을 추구하는 동시에 모든 사람에게 균등한 출발선을 보장할 수 있게 기회의 평등을 확대하는 정책도 강화해야 한다. 이는 전통적인 재분배 장치를 축소하자는 것이 아니라 빈곤을 예방하는 적극적 복지 제도를 강화하자는 것이다.

물론 '증세를 통한 복지'로 모든 문제가 해결되지는 않는다. 최근 한국에서 복지 지출이 증가했는데도 노동시장의 불평등이 커지는 현실을 주목해야 한다. 이는 재분배 장치가 미흡한 탓도 있지만, 지나치게 빠른 속도로 정규직과 비정규직 그리고 남성과 여성의 임금 격차가 커진 결과다. 따라서 조세정책의 효과를 높이려면 경제정책과 노동정책의 결합이 필요하다. 현재와 같이 노동시장의 유연화가 저임금 비정규직 노동자의 확대를 초래하지 않도록 동일노동, 동일임금 원칙을 실현해 임금 차이를 줄이는 한편 정규직을 향한 비정규직의 이동 가능성을 높여야 한다. 특히 청년 실업자와 비정규직의 고용을 확대하기 위한 교육과 직업훈련을 강화하면서 기업의 조세 감면과 사회보험 기여금 지원, 구직 보조금, 창업 지원금 제도를 도입해야 한다. 세입 구조뿐만 아니라 세출 구조도 중요하기 때문이다.

세금을 어디에 쓰는가

조세와 복지는 단순히 정부의 정책 수단이 아니라 다양한 사회집단이 벌이는 정치투쟁의 장이다. 그러나 1987년 정치적 민주화 이후 한국 정치를 지역주의가 지배하면서 조세와 복지 정책은 선거 쟁점이 된 적이 거의 없다. 2010년 지방선거에서 '무상급식'이 최대 쟁점이 된 이후 2012년 초부터 복지가 시대정신으로 떠오르면서 총선과 대선에서 주목받았다. 2012년《경향신문》조사에 따르면, "복지 확대를 위해 세금을 더 낼 용의가 있느냐"는 질문에 55.2%가 동의하고, 44.3%가 반대했다. 이런 분위기 속에 2012년 총선과 대선에서 복지국가가 부상했지만, 재원 문제에 부딪히자 모든 논의가 신기루처럼 사라졌다. 여당과 야당의 후보가 모두 '증세 없는 복지'를 주장했지만, 선거가 끝나자마자 증세도 복지도 다 사라졌다.

2015년 1월에 JTBC와 리얼미터가 실시한 여론조사 결과를 보면, 증세에 대한 부정적 태도가 증가했다. '증세를 하지 않고 복지 수준을 줄여야 한다'는 의견이 46.8%로 '국가 재정과 복지를 위해 증세가 필요하다'는 의견(34.5%)보다 12.3% 더 높았다. 이런 결과는 증세에 부정적인 박근혜 정부뿐 아니라 여야의 소극적 조세 정책이 영향을 미친 것으로 보인다. 한편 증세를 한다면 어느 세금을 올리는 게 가장 좋다고 생각하는지를 물어본 결과, '기업이 부담하는 법인세'를 올리자는 의견이 59.7%, '온 국민이 같이 부담하는 부가가치세'를 올리자는 의견이 23.0%, '개인이 부담하는 소득세'를 올리자는 의견이 6.0%로 법인세를 올리자는 의견이 다른 세를 올리자는 의견의 두 배나 되었다.

그러나 불평등을 줄이기 위한 성장과 분배 정책 가운데 무엇이 더 중요한가에 대해서는 복지 확대를 지지하는 견해가 많다. 2016년 경제개혁연구소와 리서치앤리서치의 여론조사에 따르면, 소득 불평등 문제를 해결하기 위한 정책 기조에 대한 질문에 '임금 격차 해소를 위한 조세 복지 등 분배 정책 강화'라는 답이 52.8%, '경제성장에 따른 낙수 효과로 일자리 창출'이라는 답이 40.1%다.[21] 이는 많은 국민들이 전통적인 성장 정책보다는 분배 정책이 소득 불평등 완화에 더 유용하다고 인식하는 것을 보여 준다. 한편 임금격차 해소를 위해 가장 필요한 정책으로는 '비정규직 근로자의 정규직 전환'이 41.4%로 가장 많은 선택을 받았고 최저임금 인상 (26.1%), 임금 피크제 도입(15.4%)이 그 뒤를 이었다.

조세와 복지에 관한 국민의 인식과 태도 변화는 복지 확대의 정치가 매우 복잡한 문제라는 사실을 보여 준다. 한국 중산층이 증세에 부정적 태도를 보이는 것은 선별적 복지 제도에서 혜택을 받지 못한다는 불만의 표시로 봐야 한다. 무상급식, 무상보육과 같은 보편적 복지에 대해서는 중산층이 거의 반대하지 않는다. 이를 정부의 무능과 부패에 대한 불신이 반영된 결과로도 볼 수 있는데, 세금을 걷어 국민을 위해 쓸 거라는 신뢰를 얻지 못한다면 아무리 좋은 복지국가도 정치적 지지를 얻지 못할 것이다. 특히 조세 정의가 실현되지 않는다면 증세에 대한 대중의 지지를 얻기는 힘들다.

미국 건국의 아버지 벤저민 프랭클린Benjamin Franklin은 "세상에서 확실한 것은 죽음과 세금뿐"이라고 말했지만 한국은 예외다. 부유층과 대기업이 탈세로 부를 축적하고 상속한다는 불신이 팽배해 있다. 대부분의 국민은 국방의 의무처럼 납세의 의무도 평등하게 적용되어야 한다고 믿는다. "소득 있는 곳에 세금 있다"는 원칙은 모든 국민이 한 배에 탄 운명 공동체라는 사회적 연대감도 강화할 수 있다. 능력 있는 사람이 더 부담하는 조세 정의의 원칙이 실현되어야 사회가 통합될 수 있다. 누진세의 강화는 정의로운 사회를 만들기 위해 꼭 필요하다. 정당, 노동조합, 사회단체 등 변화를 이끄는 조직화된 시민의 힘이 없다면 조세개혁은 성공하지 못할 것이다. 조세 형평과 조세 정의는 책이나 정치인의 말에 있지 않다. 국민의 정치적 행동에 달려 있다. 한마디로 세금은 정치다.

10

이제 무엇을 할 것인가

소셜네트워크서비스SNS가 한국 사회를 뒤흔들고 있다. 2011년 서울시장 선거에서 기성 정치권에 대한 청년층의 불만을 인터넷으로 전파해 박원순 시장의 당선에 결정적 역할을 한 데 이어 2012년 총선과 대선에서도 큰 영향력을 발휘했다. 급기야 국정원까지 인터넷 댓글 작업에 뛰어들었다. 대선 당시 인터넷상에서 호남과 여성을 비하한 국정원 직원이 '표현의 자유'를 주장하고, 수사를 지휘하던 검찰총장은 자리에서 물러나는 일이 벌어졌다. 2016년 '촛불집회'에서 다시 인터넷이 정치의 한복판에 등장하고, 2017년 대선에서 문재인 정부가 출범했다. 모든 정치가 SNS에서 시작되고 SNS에서 끝나는 것처럼 보인다. 스마트폰 이용자가 폭발적으로 늘면서 혁명적인 변화가 일어나고 있다고 말하는 사람들이 많다. 과연 트위터와 페이스북이 세상을 바꾸는 것일까?

SNS의 힘을 강조하는 사람들은 2011년 '아랍의 봄'이라 불리는 중동과 북아프리카의 민주주의 혁명, 미국의 월 가 점령 시위를 비롯해 전 세계에서 일어난 집단행동이 SNS의 위력을 충분히 보여줬다고 평가한다. 미국에서는 이집트 혁명을 '페이스북 혁명'으로 부르기도 했다. 그러나 이집트 민주화운동을 촉발한 청년단체 '4월 6일 청년행동'의 공동 창설자 아흐메드 마헤르 엘탄타위는 "소셜 미디어는 수단이자 도구일 뿐"이라고 반박했다. 그리고 "이집트 민주화는 민주주의를 열망한 수준 높은 시민들이 있었기 때문에 가능했다"고 강조했다. 실제로 소셜 미디어가 이집트 혁명에 미친 영향을 긍정적으로 평가할 수 있지만, 'SNS 혁명'은 기술의 역할을 과대평가하는 주장이다.

한 사회의 변화를 알려면 그 안에 있는 사람들의 생활과 마음을 이해해야 한다. 아랍 혁명은 사회인구적 변동에 따른 구조적 위기와 밀접한 관련이 있다. 특히 젊은 층의 인구 증가와 경제 위기가 결합되면서 정치적 갈등으로 촉발되었다. 정치적 갈등이 맨 처음 발생한 이집트는 청년층 인구 비중이 52.3%에 이르렀고, 튀니지와 리비아가 각각 42.1%와 47.4%였다. 젊은이들의 교육 수준은 꾸준히 높아졌지만 그들이 일자리를 구하기는 매우 어려웠다. 당연히 청년 실업률이 높아져서 이집트는 24%, 튀니지와 시리아는 30%가 넘었다. 결국 상당수 대졸 실업자들이 시위에 나서며 무능한 권위주의 정부의 장기집권에 불만을 터뜨렸다. 사회문제를 해결하지 못한 정치인에 대한 민중의 분노가 세상을 바꾼 것이다.

나는 앞에서 한국과 선진 산업국가에서 증가하는 불평등이 자연의 질서나 기술의 변화와 세계화라는 구조적 조건뿐 아니라 부자와 가난한 사람의 불균등한 권력관계와 부자에게 치우친 정부의 정책에도 큰 책임이 있다고 강조했다. 시장의 힘이 모든 것을 결정한다고 말하는 사람은 시장에 대기업, 중소기업, 노동자의 위계가 있으며 정점에는 대기업이 있다는 사실을 외면한다. 대기업에는 주주,

직원, 이사회가 있으며 정점에는 최고경영자가 있다. 부의 불평등은 정점에 있는 사람들의 힘을 너무 크게 만든다. 상위 1%에 해당하는 초부유층은 민주주의의 1인 1표 원칙을 위협한다. 이들은 기술 변화가 가져올 자신과 주주의 이익은 고려해도 수많은 사람들이 잃을 일자리나 형평성은 생각하지 않는다. 이들이 세계시장을 개척하고 국제 경쟁력을 높이려고 하지만, 한국 노동자가 일자리를 유지하는지 또는 한국 노동자의 삶의 질은 어떤지를 세밀하게 고려하지는 않는다. 이런 데 관심을 기울여야 하는 쪽은 정부의 정책 결정자다. 시장의 힘을 견제하고 균형을 이루면서 민주주의의 가치를 지켜야 할 사람은 바로 선출직 공직자고, 이들을 뽑는 유권자다. 그러나 한국의 정치인이 국민에게 부여받은 역할을 제대로 수행하지 못하면서 시장의 권력 불균형이 사회의 불평등을 심화했다.

경제민주화의 핵심은 복지국가와 노동권

2012년 대선에서 '경제민주화'가 부각되면서 출자총액 제한, 순환출자 금지, 금산 분리 등 경제정책이 관심을 끌었다. 경제학자의 정교한 논리와 통계 수치가 재벌 대기업의 효율성과 지속 가능성을 둘러싼 학문적 논쟁에 등장했다. 그러나 경제민주화가 경제학자의 손에 넘어가는 순간 모든 논쟁이 시들해졌다. 대중은 그저 구경꾼이 되고 시간이 지나면서 모든 쟁점이 사라졌다. 경제민주화는 그렇게 무덤에 들어갔다.

2014년 인터넷에 라면 상무, 빵사장, 조폭우유 등 소위 '갑질' 문제가 널리 퍼지면서 한국 사회가 떠들썩했다. 상식을 벗어난 '갑을 관계'에 관심이 쏠렸다. 2012년 대선 이후 사라진 '경제민주화'가 다시 정치적 의제로 부상했다. 야당인 민주당은 '을을 위한 민주화'를 주장하면서 경제민주화 법안을 제출했다. 하지만 편의점 업주의 권리를 보장하는 가맹점법과 대기업 일감 몰아주기 규제, 신규 순환 출자 금지 등 경제민주화 관련 법안은 제대로 통과되지 못했다. 상당수의 법안은 재계의 반대로 논의조차 무산되었다. 민주주의의 수호자가 모인 국회에서 경제민주화는 다시 죽음을 맞이했다.

경제민주화가 국회를 뜨겁게 달구고 있을 때 이한구 당시 새누리당 의원은 "경제민주화라는 용어가 무슨 의미인지 모르겠다"고 말했다. 도대체 경제민주화가 뭐냐고 투덜거리는 경제학자도 많다. 무지의 소치다. 경제민주화는 오랜 역사가 있다. 18세기 서구에서 자본주의가 발전하면서 사유재산의 소수 집중과 불평등에 관한 문제가 제기되었다. 유럽의 노동조합운동은 사회주의적 국유화를 요구했다. 페이비언 협회를 주도한 시드니 웹Sidney James Webb은 '민주주의의 필연적 결과는 정치조직뿐 아니라 부의 생산수단에 대한 직접 통제'라고 공언했다. 그리고 '산업민주주의industrial democracy'를 주장하면서 처음으로 노동조합의 기업 경영 참여를 주장했다.

그러나 20세기 서유럽의 사민당 정부는 모든 산업의 국유화 노선을 포기하고 자본주의의 사적 소유와 산업의 국유화를 결합한 혼합경제라는 제3의 길을 선택했다. 1930년대 스웨덴 사민당에 이어 1950년대 독일 사민당도 강령을 개정해 국유화를 포기했다. 그 대신 자본주의의 불평등은 조세를 통한 부의 재분배와 복지정책으로 해결하려고 했다. 그 뒤 대부분의 유럽 국가에서 '복지국가'가 바로 경제민주화의 핵심 내용이 되었다. 대표적인 예로 스웨덴은 독점자본의 사적 소유가 가장 집중되었지만 가장 평등한 복지국가를 유지했다. 캐나다의 정치학자 크로퍼드 맥퍼슨C. B. MacPherson이 지적한 것처럼 경제 민주주의에서 국유화가 사라지는 대신 소득 분배의 민주주의가 등장했다.[1] 이런 관점은 롤스의 《정의론》에서도 '공정성' 개념으로 나타나며, 경제 정의는 분배의 정의로 강조되었다.

한국에서 경제민주화는 오랫동안 헌법 '119조 2항'에 죽어 있는 문구로 여겨졌다. 1987년에 민주화운동이 성공하면서 모든 시민이 정치적 자유를 누릴 수 있었지만, 사회경제적 차원의 민주주의는 충분하게 발전하지 못했다. 정치 민주화는 상식이 되었지만, 사회경제적 민주화는 체계적인 담론으로 발전하지 못했다. 민족해방파와 민중민주파의 운동권 논리는 복지국가와 노동자의 경영 참여도 개량주의에 불과하다고 거부했다. 야당은 집권 뒤에도 민주주의와 시장경제의 논리에 머물렀을 뿐 경제민주화와 복지국가를 새로운 대안으로 제시하지 못했다.

1997년에 외환위기가 발생하고 김대중 정부가 등장하면서 본격적으로 미국식 주주 자본주의의 논리가 재벌 개혁을 주도했다. 참여연대 경제민주화위원회는 삼성전자, 현대중공업 등 주요 재벌 대기업의 주주총회에 나타나 '총수 경영'을 공개적으로 비판하며 '소액 주주'의 권익을 보호해야 한다고 강조했다. 1930년대 미국의 경쟁 정책을 한국에 적용하려고 시도한 것이다. 그러나 '주주가치'를 강조하는 재벌 개혁론은 예상하지 못한 방향을 흘러가, 월 가의 목소리를 대변하고 한국의 재벌 대기업을 공격하는 논리로 이용되었다. 개인의 선한 도덕적 의지와 달리 구조적으로 '의도하지 않은 결과'가 발생했다.[2] 외환위기 이후 한국의 대기업과 은행의 주식을 대거 매입한 외국 자본은 더 많은 배당을 요구했다. 재벌 대기업은 새로운 투자 확대와 고용 창출 노력은 줄이고 해외 주주에 대한 배당을 확대하기 시작했다.[3] 주주의 권익을 보호하는 재벌 개혁론은 결국 신자유주의의 이념적 도구가 되었다. 분배의 관점이 빠진 경쟁정책은 결국 경제민주화에서 멀어져 버렸다.

김대중 정부와 노무현 정부 시기에도 자유시장 논리가 득세하면서 대기업의 힘이 커졌다. 선출되지 않은 재벌 총수 일가의 영향력이 커지는 것은 민주주의에 대한 위협이 되었다. 재벌 가문은 상위 1%의 초부유층이 되어 막대한 돈으로 정부 정책을 좌지우지한다. 그들이 권력을 행사하는 방법은 다섯 가지로 나눠 볼 수 있다. 첫째, 선거 자금을 후원해 국회의원이나 선출직 공무원과 친분을 쌓는다. 또한 고위 공무원을 자기 기업의 고문 자리에 앉힌다. 이를 통해 정부와 의회에 대한 정치적 영향력을 장악한다. 둘째, 언론사를 직접 소유하거나 막대한 광고비를 대며 언론을 장악하고 자신들에게 유리한 기사를 쓰도록 영향력을 행사한다. 셋째, 대학·공공기관·자선단체에 막대한 돈을 후원해 여론 주도층의 영향력을 손에 넣는다. 재벌의 돈을 받은 기관들은 재벌 비리를 대놓고 비판하지 못하게 된다. 넷째, 독자적인 공익재단을 만들어 자신들에 대한 긍정적 이미지를 만드는 동시에 기부를 조세 회피의 수단으로 활용한다. 다섯째, 상위 1% 사람들과 조직적으로 연대하고 학연·지연·결혼 등을 통해 비공식적 네트워크를 형성한다. 전방위 인맥은 엄청난 영향력을 키운다.

한국의 최고 부자들은 자유시장의 논리를 이용해 대기업 등록이사 등 고위 임원의 연봉을 천문학적 수준으로 올렸다. 최고경영자는 거액의 스톡옵션을 받으며 지속적으로 재산을 증식했다. 소득세 한계세율과 법인세가 낮아져 부자들의 계좌에는 더 많은 돈이 들어갔다. 낮은 자산소득세율이 막대한 부를 축적할 수 있게 했다. 대기업은 비과세 혜택으로 세금을 피할 뿐 아니라 다른 납세자의 돈을 받을 수도 있다. 기업 중 상당수가 정부의 보조금을 이미 받았다. 게다가 초부유층은 교묘한 방법으로 상속세를 피하거나 탈세해 막대한 재산을 자녀에게 물려주며 부를 가문의 울타리에 가둬 버렸다. 해외 조세 피난처에 자산을 숨겨 세금을 줄이거나 없애 버렸다. 상위 1%를 위한 법안이 국회에서 통과될 때마다 부자들은 더 많은 부를 쌓았다.

한편 부자가 아닌 한국의 보통 사람들은 점점 더 빈궁한 생활에 빠졌다. 기업의 외주화가 확대되고 시간제, 임시직 노동자가 늘어나면서 임금 수준은 더 낮아졌다. 비정규직 노동자가 전체 노동자 중 절반에 이르면서 '1등 국민'과 '2등 국민'으로 분열되었다. 공정거래법이 무력화되면서 중소기업과 자영업 종사자의 생활도 더 고단해졌다. 최저임금이 지나치게 낮아 저임금 노동자들의 최저생계도 보장하지 못하는 형편이다. 노동조합이 약해지면서 단체교섭도 제대로 이루어지지 않고 있다. 먹고살기에 바쁜 가난한 사람들이 정치에 관심을 갖지 않고 투표에 참여하지 않을수록 빈부 격차는 커졌다. 정치인들은 그들을 무시했다. 지역감정을 선동하고 반공주의를 이용한 안보 공포감으로 선거판을 흔드는 전략에 골몰했다. 대다수 정치인은 자신들의 당선에만 관심을 갖고, 약자를 대변하는 사람들은 극소수뿐이다. 초부유층이 장악한 권력과 영향력에 가려진 그들은 존재감이 거의 없다.

경제정책은 정치의 다른 수단

최장집 고려대 명예교수는《노동 없는 민주주의의 인간적 상처들》에서 "(1987년) 민주화 이후 노동자들이 시장 상황에 무력하게 휘둘리는 종속적 지위로 빠져들게 되었다"고 한다. "다른 정부도 아니고 김대중, 노무현 정부를 거치면서 비정규직 노동자의 규모가 정규직에 맞먹을 정도로 확대되었다는 사실만으로도" 노동자의 사회경제적 조건이 얼마나 취약해졌는지 보여 준다고 지적했다.[4] 재벌 대기업의 성과가 소수의 임원과 정규직 노동자에게만 집중되고 기업 외부의 다수 비정규직 노동자들이 배제된다면 '내부자'와 '외부자' 사이 경제의 이중화는 결국 사회의 분열을 일으켜 심각해질 것이다.

사회의 칸막이가 높아질수록 계급의 상처는 커진다. 미국 사회의 변화를 주의 깊게 관찰한 리처드 세넷은 "새로운 자본주의 문화가 개인의 과거를 무시한다"고 날카롭게 지적했다.[5] 경제의 유연화는 사회의 인간관계를 단기적 관점으로 보게 만들고, 과거의 이야기가 아니라 미래의 잠재력만 중시하게 한다. 세넷은 유연한 체제의 하위층에서 일하는 사람들에게는 이것이 오히려 자기 파괴의 원인이 될 수도 있다고 경고한다. 비정규직 노동자라는 말조차 지나치게 비인간적이다. 비정규직 노동자는 정규직 노동자보다 소득만 낮은

게 아니라 건강과 행복감도 낮다. 세계 최고의 자살률과 세계 최저의 출산율을 보이는 한국 사회가 바로 슬픈 증거다. 지금이라도 우리는 이렇게 극단적인 자유시장의 논리가 지배하는 현실에서 벗어나 새로운 인간적 대안을 찾아야 한다.

미국 정치학자 로버트 달Robert Dahl은 미국 정치를 대중의 광범위한 개인적, 집단적 참여로 이루어지는 '다두정치polyarchy'라고 분석해 유명하다.[6] 그는 단일한 파워 엘리트는 없고 민주적으로 선출된 정치인들이 운영하는 정치체제, 즉 다양한 사람들이 다양한 문제 제기에 참여하는 다원주의 정치가 존재할 뿐이라고 주장했다. 그러나 1986년에 달은 자신의 견해를 수정해야 했다. 《경제민주주의에 관하여A Preface to Economic Democracy》에서 그는 미국이 점점 더 '기업자본주의'의 지배를 받고 있다고 지적했다.[7] 평등이 위협받는 미국 사회에서 민주주의가 무너지고 있다고 경고한다. 그는 기업의 소유와 경영 간 불평등을 줄이기 위해 민주주의, 정치적 평등, 자유의 가치를 조화롭게 달성하는 대안적 경제구조를 제시했다. 이런 통찰은 한국 사회의 경제민주화 논쟁에서도 중요하게 참고할 만하다. 경제학자에게만 맡겨 두기에는 경제가 너무 중요하기 때문이다. "전쟁은 정치의 다른 수단"이라는 프로이센의 장군 칼 본 클라우제비츠Karl von Clausewitz의 말처럼 경제정책은 정치의 다른 수단이다.

대한민국 헌법은 정치인의 성경이다. 헌법 119조에서 경제의 원칙을 포괄적으로 정의한다. 그리고 헌법 2조는 '인간의 존엄과 가치'를 보장한다고 말하지만 아직 법률과 제도는 부족하다. 상법의 개정과 공정거래법의 엄격한 집행은 경제민주화로 가는 첫걸음일 뿐이다. 중소기업을 지원하기 위해 대기업의 초과이익 공유, 중소기업 고유 업종 선정, 중소기업 제품의 우선 구매가 필요하지만 불평등을 줄이기에 충분하지는 않다. 경제 문제를 해결한다고 해서 다른 문제가 저절로 해결될 거라는 생각은 착각이다.

2012년 대선에서 민주당이 내세운 경제민주화의 핵심은 재벌 개혁이 아니라 보편적 복지국가였어야 했다. 재벌 개혁은 자본을 소유한 초부유층 내부의 권력을 배분하는 문제라서, 국민의 생활을 개선하는 수단으로는 부족하다. 경제민주화를 제대로 하려면 노동자의 목소리를 대변하는 사회적 대화와 산업민주주의를 실현해야 하고, 인간답게 살아갈 권리를 보장하는 보편적 복지국가를 만들어야 한다. 더 많은 참여를 보장하고, 더 많은 사회적 평등을 추구하는 경제민주화 운동이 필요하다. 경제민주화는 궁극적으로 경제적 인간의 도구적 한계를 뛰어넘어 사회적 인간의 가치를 존중하고 사회의 모든 사람이 운명 공동체라고 인식하는 변화를 요구한다.

중산층 경제학과 포용적 자본주의

불평등이 커지는 세계에서 중산층이 새롭게 관심을 끌고 있다. 오바마 미국 대통령은 2015년 국정 연설에서 '중산층 경제middle-class economics'를 국정 목표로 제시했다. 그는 중산층 경제란 "모든 사람이 공정하게 시도할 수 있을 때, 모든 사람이 공정한 몫을 받을 때, 모든 사람이 똑같은 규칙을 지킬 때 나라가 가장 잘된다는 생각"이라고 말했다. 이를 위해 부유층에게 치우친 기회를 저소득층과 중산층에게 공정하게 분배하는 개혁을 제안했다. 오바마 대통령은 고

소득층의 자본소득세율을 인상하고 부유층에게 유리한 상속세에 대한 개혁도 추진하는 한편, 저소득층과 중산층을 위한 세제 혜택을 강화하고 특히 저소득층의 교육 기회를 확대하기 위해 2년제 공립대학인 커뮤니티칼리지의 무상교육을 추진하기로 했다. 이는 금융 위기로 무너진 중산층의 소득을 높여 경제 회복과 사회통합을 추구하려는 정치적 기획이다.

오바마 대통령의 중산층 경제학은 미국과 영국에서 활발하게 논의되는 '포용적 번영inclusive prosperity'과 일맥상통한다. 미국의 로렌스 서머스 전 재무장관과 영국의 에드 볼즈 전 재무장관이 공동의 장을 맡은 '포용적 번영위원회'의 보고서는 중산층이 없다면 자본주의의 지속적 발전도 위협받을 것이라고 경고했다. 2015년 1월에 미국진보센터CAP와 영국 공공정책연구소IPPR가 공동 발표한 보고서는, 1950년 이후 선진 산업국가에서 생산성과 1인당 국내총생산은 꾸준히 증가했지만 상위 10%를 제외한 저소득층과 중산층의 소득은 늘지 않았다고 지적했다. 이런 상황을 극복할 대안으로 제시된 것은 연대와 개방성, 안전과 역동성, 평등과 혁신이 서로 결합되는 '포용적 자본주의inclusive capitalism'다.

포용적 번영의 주요 쟁점은 최저임금이다. 오바마 대통령은 2015년 국정 연설에서 "최저임금이 올라가면 가난한 노동자의 삶이 나아져 소비 지출이 확대되고 기업 실적에도 긍정적인 영향을 미칠 것"이라면서 "1년 내내 일해서 버는 1만 5000달러로 가족을 부양할 수 있다고 믿는가"를 물으며, "그럼 당신이 먼저 실험해 보라"고 덧붙였다. 1만 5000달러는 한국 돈으로 약 1600만 원이다. 또한 2015년 시간당 7달러 25센트(약 8000원)인 미국의 최저임금을 10

달러 10센트(약 1만 원)로 인상하겠다고 발표했다. 같은 해 노동절 연설에서는 "좋은 일자리를 원한다면 노동조합에 가입하라"고 권했다. 그리고 미국 정부는 하청 비정규직 노동자들이 원청 기업과 단체교섭을 할 수 있도록 결정해 노동조합에 힘을 실어 주었다. 미국을 따라 하기 좋아하는 한국 정부가 왜 이런 정책은 따라 하지 않는지 모르겠다. 미국 정부는 '긱gig 경제'라는 주문형 서비스 시장의 노동자들을 피고용자로 인정하고 간병 노동자들의 최저임금을 보장하며 저임금 노동자를 보호하는 조치를 실행했다. 지나치게 유연화된 노동시장이 미국 중산층의 기반을 해치는 것에 대해 반성한 결과다.

최근 한국에서도 저소득층과 중산층의 소득을 높이기 위한 정책을 둘러싼 논쟁이 치열해졌다. 지속적인 경제 혁신과 고용 창출도 중요하지만, 최저임금 인상이 중요한 정책 과제로 떠올랐다. 그러나 국가가 법률로 정한 최저임금은 제자리걸음이다. 2017년 현재 한국의 시간당 최저임금은 6000원을 조금 넘어 커피숍에서 파는 커피 한잔 값과 비슷하고, 미혼 1인 가구 최저생계비의 80% 수준이다. OECD의 〈고용 전망 2015〉에 따르면, 회원국의 중위 소득 대비 최저임금 수준은 46.7%다. 나라별로는 프랑스가 62.8%, 호주가 54.3%인데 한국은 44.2%에 그쳤다. 2017년 문재인 정부 등장 이후 최저임금심의위원회에서 결정된 2018년 최저 시급은 7530원으로 인상되었지만, 아직도 국제적으로 낮은 수준이다. 일부 자영업자는 최저임금 인상을 반대하지만, 최소한의 삶을 보장하려면 인상할 수밖에 없다는 주장이 많다.

최저임금은 이미 전 세계적으로 중요한 의제다. 미국에서는 오바마 대통령이 2014년에 시간당 최저임금을 10.10달러로 올리는 행정명령을 발표했고, 영국과 독일은 각각 6.70파운드(약 1만 1140원)와 8.5유로(약 1만 1883원)를 법정 최저임금으로 정했다. 일본의 최저임금은 지역마다 다른데, 2017년 최저임금 평균은 832엔(약 8400원)이다. 최저임금 인상은 2012년에 국제노동기구가 발표한 보고서와 일맥상통한다. 이 보고서는 이윤이 주도하는 성장이 세계 경제의 주기적인 위기를 일으켰다면서 앞으로는 임금 인상을 통해 성장을 주도해야 한다고 했다. 무조건적 임금 인상이 아니라 노동 생산성이 향상한 속도만큼 임금 인상 속도도 따라가야 한다는 것이다.

최저임금 인상과 함께 중요한 의제로 떠오르는 것이 생활임금living wage이다. 생활임금은 1994년 미국에서 처음 제도화되어 영국, 호주, 뉴질랜드 등으로 확산되었다. 미국은 이미 20여 주에서 생활임금을 법제화했고, 영국은 보수당과 노동당의 생활임금 지지 발표 속에 지방자치단체 열두 곳에서 시행하고 있다. 보수당 출신인 보리스 존슨Boris Johnson 런던 시장은 생활임금의 적용 대상을 일반 기업으로 확대하기도 했다.

생활임금 제도가 처음 실시된 미국 볼티모어는 시 조례에 지방정부와 거래 관계가 있거나 재정 지원을 받는 민간업체는 노동자에게 생활임금을 지급해야 한다고 명시했다. 생활임금 제도가 확산되면서 경비원, 가사·건강 돌봄 노동자, 폐기물 관리 노동자, 주차요원, 식품 공급 노동자 등 최저임금을 받는 근로빈곤층의 임금이 인상되는 효과를 통해 불평등이 개선되었다. 한국에서도 서울시 성북구처럼 생활임금제를 도입하는 지자체가 늘고 있다. 생활임금 도입은 최소한의 생활비를 받은 노동자의 자존감과 업무 역량을 올리며 불평등을 개선하는 효과가 있다. 서울시는 생활임금의 기준이 최저임금에 비해 20% 정도 높아 노동자의 만족감도 높다.

지난 10년 동안 한국에서는 실질임금 상승률이 경제성장률에 미치지 못했다. 궁극적으로 노동시장의 소득 격차를 줄이고 중산층을 복원하기 위해 기업의 임금 분배 체계를 개혁해야 한다. 소득 증대가 경제 회복의 밑거름이 될 수 있도록 정책 결정자와 정치인이 지혜를 모아야 할 때다. 아리스토텔레스가 지적한 대로 부유층과 빈곤층보다 중산층이 튼튼해야 사회가 유지될 수 있기 때문이다.

사회통합적 제도의 중요성

19세기에 진화론을 주장한 다윈은 "만약 가난한 사람의 불행이 자연의 법칙에 따라 만들어지지 않고 우리의 제도에 따라 만들어졌다면, 우리의 죄가 너무나 크다"고 말했다. 날로 심각해지는 빈곤과 불평등이야말로 바로 우리가 만든 문제이기 때문이다. 부자의 세금을 낮추고 가난한 사람을 위한 복지가 줄어들면 빈곤층은 더 늘어날 것이다. 아무리 일자리가 늘어도 저임금 비정규직만 증가한다면 사회의 불평등은 더 심해질 것이다. 빈곤과 불평등은 개인의 노력만으로 극복할 수 없으며 사회적 해결책이 필요하다. 사회가 좋은 일자리와 보편적 교육과 의료와 같은 사회적 공공재를 제공하지 못한다면 사회의 통합과 정의는 큰 위기에 부딪힐 것이다.

사회의 통합적 제도는 불평등을 줄일 수 있다. 정부는 제조업 혁신을 지원하고 좋은 일자리를 만드는 기업을 지원해야 한다. 정규직 일자리를 많이 만들고, 기술 혁신으로 축적한 부를 많은 사람들에게 분배하는 기업의 법인세를 감면해 줘야 한다. 부자의 최고소득세율은 높이고 중산층의 조세 부담은 줄여야 한다. 모든 시민을 위한 보편적 사회보험을 확대하고 교육과 훈련에 더 많이 투자해야 한다. 이런 통합적 제도는 지속적인 경제성장뿐만 아니라 사회의 안정에 더 기여할 것이다.

정부의 정책이 불평등의 주요 원인이었다면, 정책의 변화가 불평등을 줄이거나 막을 수 있다. 실제로 스웨덴에서 여성을 위한 보편적 무상 보육서비스가 제공되면서 남녀 노동자의 임금격차가 줄고 불평등이 완화되었다. 캐나다는 높은 수준의 기초연금을 통해 노인 빈곤율을 아주 낮은 수준으로 유지했다. 프랑스는 청년 실업자에게 현금을 지원하는 제도가 있다. 호주는 높은 최저임금으로 저임금 노동자의 생활수준을 높였다. 그러나 대부분의 나라에서 여성, 노인, 청년 빈곤층과 비정규직에 대한 통합적 제도와 정책이 충분히 실현되지 않기 때문에 불평등이 커지고 있다. 사회적 공공재를 제공하는 정부의 정책이 차이를 만든다.

일자리의 숫자만으로 불평등을 줄이려는 노력은 한계가 있다. 사람들은 생애 과정에서 질병, 실직, 노령 같은 위험에 처할 수 있다. 치솟는 교육비와 주거비용 때문에 경제적 어려움을 겪는 사람이 많고, 일하는 여성은 출산과 양육 부담 탓에 일과 가정의 균형을 유지하기가 어렵다. 부모의 질병과 노령에 따른 요양 부담이 여성의 활동을 가로막을 수도 있다. 그래서 대다수 시민의 교육, 보육, 보건, 요양, 주거를 지원하는 정부의 효과적인 사회정책이 필요하다. 정부의 사회정책을 통해 어느 정도 불평등을 완화해야 하기 때문이다.

이 책을 통해 빈곤층을 사후에 지원하기보다는 빈곤층으로 전락하지 않도록 예방하는 사회정책을 추진해야 한다고 강조하고 싶다. 일반적으로 학자들은 사회정책을 '보편주의'와 '선별주의'로 나눈다. 보편적 복지정책은 가능한 한 많은 인구를 대상으로 설정하는 반면, 선별적 복지정책은 가능한 한 적은 인구를 대상으로 설정한다. 두 가지 복지정책 중 하나만 선택하는 나라는 없다. 중요한 문제는 '예방적' 복지정책이다. 빈곤층에게 현금을 지급하는 것보다는 자립할 수 있는 능력을 키워 주는 것이 더 중요하기 때문이다. 예방적 복지정책이 잘 되어 있는 국가가 빈곤율이 낮고 경제적 성과도 좋다. 예를 들어, 실업이 발생하더라도 재취업을 위한 직업교육을 제공하고 구직활동을 지원하는 '적극적 노동시장 정책'이 예방적 복지정책이다. 중소기업에서 비정규직으로 일하더라도 빈곤 위험을 느끼지 않을 수 있도록 연금, 건강보험, 고용보험 등 보편적 사회보험을 통해 지원하는 것도 예방적 복지정책이다. 반면에 사후적 복지정책은 사회에서 빈곤으로 어려움을 겪는 사람들만 선별해 지원한다. 대표적인 예가 자산 조사를 통해 수급자를 선정하는 공공부조 제도다. 따라서 예방적 사회정책은 보편주의, 사후적 사회정책은 선별주의를 원칙으로 적용하는 경우가 많다. 이런 점에서 교육, 보육, 보건, 요양의 보편적 사회보험이 중요하다.

복지국가가 발전하면서 보편적 복지정책이 확대되는 이유 가운데 하나는 바로 예방적 성격에 있다. 무조건 모든 사람에게 무상으로 최대한 혜택을 제공하는 것이 보편적 복지의 이념은 아니라는 점을 분명히 하자. 무상복지는 복지가 '공짜'라는 잘못된 인식을 만들 수 있다. 복지국가는 '산타클로스 국가'가 아니다. 복지 지출의 바탕에는 시민의 세금과 사회보험 기여금이 있다. 결국 내가 내는 돈으로 혜택을 받는 것이다. 사회보험의 원리에 따라 질병, 산업재해, 실직, 은퇴 등 사회적 위험에 빠진 사람을 서로 돕는 것이다. 누구나 빈곤 위험에 빠질 수 있기 때문에 보편적 예방이 중요하다. 전염병이 퍼지면 건강한 사람도 질병에 걸릴 수 있기 때문에 예방주사를 접종하는 것과 같다. 몸이 약해 질병에 걸린 사람들을 사후에 치료하는 것이 선별적 복지다. 보편적 복지와 선별적 복지는 기능이 다르기 때문에, 둘 중 하나를 선택할 문제가 아니다.

이제 예방적, 보편적 원칙을 토대로 열다섯 가지 정책 과제를 제시한다. 여기에는 선별적 원칙에 따라 가난한 사람과 사회의 약자를 우선적으로 지원하는 정책 과제도 포함된다. 이 과제들은 러시아 인형 마트료시카처럼 서로 분리되어 있으면서도 긴밀하게 연결되어 있다.

▶ 과제 1 좋은 일자리 확대와 비정규직 차별 해소

좋은 일자리를 만드는 정부의 노력이 무엇보다 중요하다. 전체 근로자의 3분의 1 또는 4분의 1이 빈곤층이라는 점을 고려할 때 일자리의 수보다는 질이 중요하다. 정부는 기술 혁신 시대에 대응해 제조업 부흥을 추구하고, 첨단 제조업 혁신을 국가 경쟁력 강화의 수단으로 강조해야 한다. 이와 동시에 중소기업과 노동집약적 산업에 대한 지원도 강화해야 한다. 정부는 좋은 일자리를 만드는 기업에 과감한 인센티브를 주고, 투자보다 고용을 많이 하는 기업에 우선 지원하는 제도를 만들어야 한다. 특히 정규직을 많이 고용하는 기업에 세제 혜택을 비롯한 지원을 강화해야 한다.

공공부문에 좋은 일자리를 만들려는 노력도 필요하다. 민간 기업의 일자리가 대부분 저임금 서비스직이라는 점을 고려하면 공공 고용 창출이 중요하다. 한국은 인구 1000명당 공공부문 종사자가 27.8명으로 49.8명인 독일, 72.2명인 미국, 98.3명인 프랑스에 비해 지나치게 낮다. 사회복지 공무원, 아동 보육과 노인 요양 같은 돌봄과 사회서비스 영역 종사자의 충원은 복지 서비스를 개선하는 데 꼭 필요한 과제다.

정규직과 비정규직의 차별을 해소하는 정책도 시급하다. 2016년 현재 통계청에 따르면, 비정규직 노동자가 전체 임금노동자 중 32.8%에 이른다. 노동조합의 통계로는 파견근로를 포함해 거의 50%에 달한다고 한다. 2007년에 비정규직보호법으로 비정규직 고용 남발을 막으려고 했지만 효과가 없었다. 문제는 정규직과 비정규직의 차별이 크다는 점이다. 비단 임금뿐만 아니라 사회보험 혜택을 포함해 여러 면에서 불합리한 차별이 발생한다. 한 직장에서 같은 일을 하는 노동자인데 옷과 식당을 달리 쓰게 하기도 한다. 비정규직 문제를 해결하려면 '동일노동, 동일임금' 원칙에 따라 차별을 없애고 모든 노동자가 의무적으로 사회보험에 가입할 수 있도록 지원해야 한다.

▶ **과제 2 교육, 직업훈련과 사회 투자 강화**

생애 주기에 걸쳐 제공되는 다양한 교육은 가장 선제적인 빈곤 예방 정책이다. 교육을 통해 개인의 역량이 강화될수록 빈곤 위험에 대응하는 능력도 커진다. 소득 수준과 관계없이 모든 아동이 가능한 한 최적의 조건에서 최선의 교육을 받을 수 있게 해야 한다. 공공 보육시설의 확충 및 초등, 중등교육은 비용이 아닌 미래에 대한 사회투자의 관점에서 접근해야 한다. 공교육 강화를 통해 모든 아동이 질 높은 교육을 받을 수 있게 해야 한다. 교육은 인적 자본이 아니라 역량의 관점에 기초해야 한다. 경제적 효용성 외에 놀이를 중시하고, 공감·동정·배려·존중의 감정을 키우고, 더불어 살고 차별을 없애며 관계를 만드는 방법을 가르쳐야 한다.

장기적으로 의무교육을 모든 교육에 확대하기 전에 실업계 고등학교와 전문대학의 학비부터 면제해야 한다. 저소득층 가정의 학생들에게는 하루빨리 생활비와 졸업 후 구직 지원금을 제공해야 한다. 모든 전문대학과 대학에서 산학협력 프로그램을 운영해 취업을 지원해야 한다. 또한 지자체와 공공기관에서 무료 직업훈련을 비롯해 구직자를 지원하는 적극적 노동시장정책을 강화하는 동시에 공적인 평생교육 기반을 마련해야 한다. 대학이 기초학문을 발전시키고 연구개발을 효과적으로 수행하도록 적극적으로 지원해야 한다. 정보기술, 에너지, 환경 등 미래 산업을 이끌어 가는 과학기술의 장기적 발전을 위해 정부가 주도하는 대규모 공적 투자가 필요하다. 사회 투자와 공공투자가 없다면 국가의 미래도 없다.

▶ 과제 3 최저임금 인상과 생활임금 확대

소득 불평등을 해결하는 가장 중요한 해법은 임금 인상이다. 특히 최저임금을 인상하는 것은 근로 빈곤의 대안이 될 수 있다. 최저임금을 생활임금으로 바꿔 빈곤층의 생활수준을 개선해야 한다. 지난 수십 년 동안 기업의 수익률과 고소득층 임금 인상에 비해 저임금 노동자의 임금 인상은 한참 뒤쳐졌다. 최저임금을 중위 소득의 50%까지 높일 필요가 있으며, 빠른 시기에 시간당 1만 원 수준으로 만들어야 한다. 최저임금 인상은 청년 비정규직 근로자와 실직 후 재취업한 중장년층 근로자의 생활 안정을 위해 꼭 필요하다. 비정규직, 저소득 노동자들의 임금은 기본급의 비중이 높기 때문에 최저임금의 수준에 따라 많은 영향을 받는다.

주류 경제학자들은 최저임금을 인상하거나 생활임금을 도입하면 일자리가 줄어들 것이라고 비판하면서 그보다는 근로 동기를 촉진하기 위해 근로장려세액공제를 확대해야 한다고 주장한다. 그러나 어느 나라에도 최저임금 인상이 일자리를 없앤다는 구체적인 증거는 없다. 최저임금 인상이 근로 동기를 약화할 가능성은 더욱 없다. 오히려 생활임금의 도입이 저소득층과 빈곤층의 소비를 촉진해 경제 활성화에 도움이 되고, 궁극적으로 고용 창출에도 보탬이 될 수 있다. 만약 양극화의 심화로 소비가 정체된다면 지속적인 경제 성장도 어려울 것이다.

장기적으로 생활임금이 확산되면 빈곤과 불평등을 완화하거나 예방할 가능성이 커질 것이다. 정부는 생활임금을 실천하는 기업만 공공사업 계약에 참여할 수 있게 하고, 생활임금을 지급하지 않는 기업은 공시를 통해 제재할 방안을 제시해야 한다. 또한 국회는 생활임금 개념을 법안에 명시하는 '최저임금법 개정안'을 하루빨리 만들어야 한다. 생활임금 보장이야말로 빈곤과 불평등의 사회적 비용을 절감할 수 있다.

▶과제 4 누진세를 강화하는 조세 개혁

불평등을 해소하거나 완화하려면 정부에 상당한 재원이 필요하다. 따라서 복지와 성장의 선순환을 이룰 수 있는 성장 친화적 조세 체계를 만들어야 한다. 복지 예산의 확충을 위해 증세는 불가피하다. 북유럽 복지국가의 경우 법인세율은 높지 않지만, 개인소득세·사회보장 기여금·소비세의 비중이 상대적으로 높다. 한국의 경우 비과세 감면 제도의 존재와 자본이득과 임대소득에 대한 낮은 과세 때문에 실효세율이 명목세율에 비해 매우 낮다. 이런 차이는 조세 정의의 원칙에도 적합하지 않고 사회경제적 양극화를 더욱 부추긴다.

우선적으로 소득세, 법인세, 재산세, 부가세 등을 포함한 조세제도를 정비해야 한다. 소득세 최고세율을 50% 이상으로 올려 누진세를 강화하는 한편 저소득층을 위한 근로소득공제 제도를 확대해야 한다. 법인세는 OECD 회원국의 평균 수준에 가깝게 인상해야 한다. 부유층의 부동산에 대해 누진적 재산세를 도입하고 고액의 금융소득에 대한 세율을 인상해야 한다. 부가세는 역진적 성격이 있지만, 증가하는 사회서비스 욕구를 고려한 사회적 합의를 통해 어느 정도 인상할 수밖에 없다.

한국의 낮은 조세 부담률(2013년 17.9%)은 OECD 회원국 평균(2012년 24.7%) 수준으로 높여야 한다. 장기 재정 추계에 따르면, 현재의 조세 수준으로는 복지 예산의 자연증가분도 감당할 수 없다.

복지 축소나 조세 인상 중 하나를 택할 수밖에 없다. 증가하는 세수는 교육 훈련을 비롯한 사회투자, 연구개발 같은 공공투자, 청년·노인·여성 등 취약 계층의 사회보장 강화를 위해 먼저 지출해야 한다. 장기적으로 국민적 합의를 통해 세금을 단계적으로 인상하고 모든 국민에게 보편적으로 혜택을 제공하는 보육, 교육, 요양 지원 확대 방안을 추진해야 한다.

공정한 조세에 대한 신뢰를 확보하려면 재정 운영의 투명성도 높여야 한다. 탈세와 허위 신고 같은 범법 행위에 엄정하게 대처하며 국민의 신뢰를 회복해야 한다. 스웨덴의 한손 총리는 '국민의 세금을 비효율적으로 사용하는 것은 도둑질을 하는 것과 같다'고 말했다. 정부의 재정 운영에 대한 신뢰가 없다면 조세 정의를 유지할 수 없을 것이다.

▶ 과제 5 　보편적 사회보험의 전면 실행

모든 시민을 위한 사회보험 제도를 강화해야 한다. 영국의 복지 제도를 설계한 베버리지는 가입자의 기여금에 기초한 사회보험을 중요한 토대로 생각했다. 사회보험은 국가가 모든 사람에게 돈을 주는 것이 아니라 각자 보험금을 납부하고, 사회적 위험에 처했을 때 혜택을 받는 원리로 운영된다. 사회보험은 보편주의 원칙에 따라 모든 국민이 가입하고 혜택을 받아야 한다. 다만 실직과 노령으로 사회보험에 가입할 수 없는 저소득층은 국가가 지원해야 한다.

주요 국가들은 대부분 사회보험을 통해 빈곤을 상당 부분 예방, 완화하고 있다. 그러나 한국은 예방 기능이 매우 미약하며 고용보험과 국민연금의 사각지대가 너무 크다. 국민의 절반 정도가 수급 대상에서 제외되고, 특히 영세 자영업자는 사회보험 사각지대에 방치되어 있다. 사회보험의 보장 수준도 충분하지 않은 데다 건강보험의 자기부담률도 높다.

사회보험 가운데 고용보험과 국민연금은 빈곤 위험인 실업과 노령에 직접 대처하는 중요한 제도다. 따라서 빈곤을 예방하고 완화하려면 고용보험과 국민연금의 적용 범위부터 확대하고 보장 수준을 상향 조정해야 한다. 이를 위해 저임금 노동자의 보험료 부담은 줄여야 한다. 현재 매월 최고 20만 원 수준인 기초연금을 최저생계비 수준으로 대폭 상향 조정해 은퇴한 노인의 최저생활을 보장해야 한다.

▶ 과제 6   공공부조 개혁과 최저생활기준 향상

국민기초생활보장법 개정안이 국회 보건복지위원회를 통과했지만 '세 모녀법'은 여전히 '넓은 사각지대'를 남기고 있어 기초생활보장제도의 핵심 문제를 해결하지 못했다는 지적을 받는다. 변화하는 가족 구조와 근로 빈곤층의 증가 추세를 제대로 반영하지 못하는 국민기초생활보장제도의 의무부양자 기준을 폐지해야 한다. 또한 (2015년 법 개정으로 최저생계비를 대체하는) '최저생활보장' 수준을 현실에 맞게 상향 조정해 국민기초생활보장제도의 사각지대를 없애야 한다.

▶과제 7 주거비용 감소와 공공임대주택 증설

과도한 주거비용은 중산층과 저소득층의 생활을 위협한다. 주택 마련을 위한 대출로 가계 부채가 급증해 경제 안정을 위협한다. 빈곤층과 젊은이들이 원룸과 옥탑방에 살 수밖에 없고 결혼과 동시에 채무자가 되는 현실에서 벗어나야 한다. 장기임대주택의 비율이 5%로 OECD 회원국의 절반 수준이다. 정부는 저소득층을 위한 공공임대주택을 확대하는 한편, 민간임대업자 등록을 유도하고 전세가와 임대료 상한선을 정해야 한다.

▶과제 8 보편적 아동 수당 도입과 아동 빈곤 근절

모든 어린이를 위해 상당한 금액의 아동 수당을 지급해야 한다. 아동의 생존과 양육에 필요한 최소한의 비용을 가계소득과 상관없이 지원하는 것은 국가의 의무다. 현재 제공되는 보육비 바우처 대신 아동 수당을 지급하고 가계소득 수준에 따른 과세를 할 수 있다. 현재 10%에 이르는 아동 빈곤율을 5년 안에 없애야 한다. 그리고 부모와 정부가 함께 일정액을 적립해 아동이 자립할 수 있도록 지원하는 아동발달계좌를 모든 어린이에게 적용해야 한다.

  영국에서 자녀수당이 처음 도입되었을 때는 수당을 엄마에게 지급해 여성을 돕는 것이 목적이었다. 보육 시설을 이용하는 경우에만 지원하는 바우처 제도 외에 부모가 가정에서 아이를 돌볼 수 있도록 부모의 선택권을 보장해야 한다. 이를 위해서 노동시간은 단축하고 출산휴가, 육아휴직은 대폭 확대해야 한다. 무급 육아휴직은 3년으로 확대해야 한다.

▶ 과제 9 일과 가정의 균형을 위한 여성 친화적 사회정책 추진

한국의 가구 가운데 부부 중 한 사람만 벌어서는 빈곤 위험에서 벗어날 수 없고 맞벌이를 해야 안정적으로 생활할 수 있는 가구가 늘어나고 있다. 가정에서 전통적인 돌봄을 제공하던 여성은 여전히 '일과 가정의 균형'을 이루기가 어렵다. 여성의 고용률을 북유럽 국가 수준으로 높이는 것을 목표로 가정에서 여성의 돌봄 부담을 줄이도록 지원해야 한다.

이를 위해서는 아동과 노인의 돌봄을 분명한 사회의 책임으로 인식하고 충분히 지원해야 한다. 출산휴가와 육아휴직의 선택을 국가가 보장해야 한다. 영유아 보육에서 공공부문의 비중을 늘리고, 노인 돌봄이 여성의 부담이 되지 않도록 모든 노인 가구가 노인장기요양보험의 혜택을 받을 수 있도록 해야 한다. 또한 보육 교사와 노인요양보호사의 처우를 개선하면서 돌봄의 질을 높여야 한다.

▶ 과제 10 보편적 청년 수당과 청년 펀드 신설

고용률이 낮아지고 비정규직이 늘어나는 가운데 청년들이 가장 심각한 사회적 위험에 처해 있다. 청년을 위한 교육, 훈련, 고용창출 정책이 시급하다. 기업의 청년고용할당제, 청년을 고용하는 기업을 위한 세제 지원, 사회보험 지원 등을 함께 추진해야 한다.

18세가 되는 청년 모두에게 취업 때까지 청년 수당을 지급해야 한다. 프랑스의 알로카시옹이라는 청년 수당 지급 제도처럼 직업훈련이나 창업 프로그램에 참여하는 모든 청년에게 수당을 지급해야 한다. 실업급여를 받지 못하는 경우에는 현금 지급을 통해서라도 구직 활동을 지원해야 한다. 2016년에 서울시가 도입한 청년 수당은 좋은 출발점이 될 수 있다. 프랑스, 호주, 벨기에는 이미 현금 지원 제도를 실행하고 있다.

한편 기회의 평등을 확대하기 위해 상속 재산에 관한 불평등을 완화해야 한다. 정부는 18세가 되는 청년에게 2000만 원 상당의 '청년 지원금'을 지급하는 방안을 모색해야 한다. 이는 18세기에 토머스 페인이 제안한 일종의 '시민 상속' 제도다.[8] 고등학교를 졸업한 뒤 일정한 사회봉사를 하고 범죄 경력이 없는 청년에게 수급 자격을 부여할 수 있다. 우리 사회의 모든 상속세를 한데 모았다가 별도의 기금으로 모든 청년에게 지급할 수도 있다. 대학 교육, 직업훈련을 위해 우선적으로 지출할 있으며, 필요에 따라 개인 창업, 주택 마련 등을 위해 사용할 수 있도록 허용해야 한다. 이런 시민 상속 제도는 생애 주기에 따른 재분배의 효과적 장치가 될 수 있을 것이다.

▶과제 11 모든 시민을 위한 참여 소득 필요

최근 기본소득을 둘러싼 논의에 대해 사람들의 관심이 커지고 있다.[9] 4차 산업혁명과 자동화 시대에 직업이 있는 사람에게만 제공되는 임금과 사회보험이 인간다운 삶을 보장하지 못한다는 우려 속에서 자산 조사가 없는 무조건적 기본소득이 더욱 인기를 끌고 있다. 기본소득이 도입된다면 공공부조, 기초연금 등 자산 조사를 통해 빈곤층에게 제공되는 복지 제도는 모두 필요하지 않게 된다. 그러나 기본소득은 재원 마련이라는 심각한 문제에 부딪힌다. 예를 들어, 4000만 국민에게 월 100만 원씩 12개월 동안 제공한다면 1년에 480조 원이 필요하다. 그런데 2015년 현재 정부 예산이 약 380조 원이다. 또한 막대한 재정이 들지만 월 100만 원으로 살 수 있는 사람은 별로 없다. 월 40~50만 원 정도의 기본소득이라면 최저생계 수준에도 못 미친다. 현재 정부가 계산한 최저임금은 월 160만 원 정도다.

기본소득의 낮은 급여 수준을 보면, 기본소득이 사회보험과 복지국가를 대체한다는 주장은 현실성이 없다. 기본소득을 아무리 올려도 고가의 의료 치료와 요양병원의 장기 입원을 감당하기는 어렵다. 갑작스러운 실업과 산업재해도 개인이 감당하기는 어렵다. 사회보험의 원리는 결국 건강한 사람이 아픈 사람을 돕고, 직장에 다니는 사람이 실직자를 돕고, 젊은 직장인이 은퇴한 노인을 돕는 제도다. 어떤 사람이 갑자기 사회적 위험을 만나 기본소득으로는 감당하기 어려울 만큼 큰돈이 한 번에 필요한 경우를 생각해 보자. 건강보험, 요양보험, 실업보험, 국민연금, 산재보험이 없다면 불평등이 분명히 더 커질 것이다. 독일의 보수적 기업가와 미국의 밀턴 프리드먼이 복지 재정을 줄이고 도덕적 해이를 없애자면서 기본소득을 지지한 것을 잘 헤아려 봐야 한다. 앞에서도 강조했듯이 사회적 불평등을 줄이려면 사회보험을 없애는 것이 아니라 오히려 사회보험의 사각지대를 없애고 보편적 사회보험을 확대해야 한다.

무조건적 기본소득보다는 아동, 여성, 청년, 노인과 같이 소득이 없는 취약 계층을 위한 사회보장을 대폭 강화해야 한다. 현재 실업

급여의 상한선인 100만 원은 비현실적이기 때문에 급여의 수준을 큰 폭으로 끌어올려야 한다. 이 경우에도 다양한 방법으로 사회에 '참여'하는 사람에게 급여 혜택을 제공해야 하는데, 이를 '참여 소득'이라고 불러도 좋겠다.[10] 여기서 참여는 노동시장의 교육, 고용, 직업훈련 프로그램의 참여뿐만 아니라 공익을 위한 자원봉사도 포함해야 한다. 다양한 비영리단체, 비정부기구, 사회적기업, 협동조합, 지역사회의 무보수 활동을 다 포함할 수 있을 것이다. 나는 특히 노동시장에 새로 진출하는 청년을 위한 청년 수당이 그 출발점이 될 수 있다고 생각한다. 서울시에서 시작한 청년 수당은 청년 구직자를 위한 실업급여와 유사하지만, 장기적으로는 참여 소득으로 발전할 수 있다. 이것이 대중의 지지를 받는다면 더 많은 사람들로 대상을 확대할 수 있을 것이다.

▶과제 12 노동조합의 역할과 노사정 사회적 협의 제고

임금 인상을 위해서는 노동조합의 역할이 중요하다. 중산층을 살리려면 노동조합의 산별노동조합 활동과 단체교섭을 지원하는 법과 제도를 강화해야 한다. 독일의 공동결정제도처럼 노동조합이 경영에 참가하도록 근로자 이사 제도를 확대해야 한다. 하지만 월급을 받는 노동자 비율이 35% 이하로 점점 떨어지고 노동조합 조직률이 10% 정도에 머물고 있는 현실을 고려하면, 노동조합을 강화하기가 쉽지 않다. 중앙정부와 지방정부 차원에서 주도적으로 노사정 3자의 협의체를 강화하고 임금 인상뿐 아니라 복지, 주거, 교육 등 광범위한 주제에 관한 사회적 대화를 추진해야 한다. 노사정의 사회적 동반 관계 강화는 기업의 생산성과 산업 평화에도 크게 기여할 수 있다.

▶ 과제 13 사회적 경제와 협동조합운동 지원

협동이야말로 오랫동안 인류의 생존 방식이었다. 북아메리카 원주민, 호주나 남태평양 섬의 원주민, 히말라야 산맥 주변의 라다크 같은 전통적 공동체 마을, 옛날 우리의 마을 등에서 두레와 품앗이 같은 우애와 호혜의 전통을 확인할 수 있다. 지금도 에스파냐의 몬드라곤·이탈리아의 볼로냐·캐나다의 퀘벡에 있는 협동조합, 덴마크의 풍력발전소, 스위스의 미그로Migros와 쿱Coop 같은 대안적 경제 조직이 지역사회와 협력해 대안적 활동을 전개하고 있다.

최근 사회적 경제, 협동조합, 공유경제의 실험이 이어지고 있다. 자본주의경제 외부에서 사회적 경제의 역할은 점점 더 중요해지고 있다. 기업이 지원하는 '사회적 기업'과 조합원의 자율적, 민주적 참여를 보장하는 '사회적 경제'는 다르다. 정부는 시민들이 자율적으로 연대와 협력의 원리에 따라 경제활동을 할 수 있도록 적극적으로 지원해야 한다.

정부가 주도하는 공공임대주택 외에 사회주택, 소셜하우징 등 새로운 주거 마련 방법도 지원해야 한다. 돌봄 노동도 사회적 경제를 통해 제공될 수 있도록 다양한 제도적 개선이 필요하다. 아이와 노인을 돌보는 가족, 이웃 사회, 공동체, 자원봉사단체에 정부가 재원을 제공하고 자율적인 사회적 경제의 원리에 따라 운영할 수 있도록 해야 한다.

▶과제 14 비례대표제 확대와 합의 민주주의 도입

빈곤과 불평등을 줄이는 정치적 합의를 만들려면 반드시 선거제도를 개혁해야 한다. 현행 지역별 선거구에 기초한 단순다수대표제는 불평등을 구조적으로 재생산한다. 선거에서 직능 대표를 기반으로 한 비례대표제를 확대해야 지역 개발 이슈에서 벗어나 조세와 복지 문제가 부각될 수 있다. 의회의 다수당이 권력을 장악하는 다수제 민주주의보다는 다양한 정당의 연합 정치를 추구하는 합의제 민주주의를 실현해야 승자 독식 정치를 막을 수 있다. 지나친 권력 독점을 허용하는 제왕적 대통령제보다는 대화와 타협을 중시하는 의회제를 실현할 개헌을 추진해야 한다. 국민의 기본권, 복지 권리를 강조하고 사회적 차원에서 민주주의의 지속적 발전을 추구해야 한다. 국민에게 사회보장과 사회복지를 제공할 국가의 의무를 실현하는 제도 개혁이 시급하다.

▶과제 15 국제개발원조 확대와 지속 가능한 발전 추구

전 세계적 평등에 더 관심을 기울여야 한다. 세계화와 무역 자유화로는 가난한 국가들이 부유해지지지 않는다는 사실이 증명되었다. 장하준 교수가 말한 대로 세계 어느 나라도 자유무역 체제에서 부유해진 경우는 없다.[11] 가난한 나라의 경제통합을 강요하기보다는 가난한 나라가 부유한 나라를 '따라잡기' 위한 정책을 지지해야 한다. 가난한 나라들이 장기적으로 경제성장을 추진할 수 있도록 교육과 훈련을 지원하는 발전 계획을 강조해야 한다.

국제사회의 일원으로서 저발전국가의 빈곤과 기아를 해결하기 위한 노력에 동참해야 한다. 공적개발원조ODA 목표부터 늘리고 장기적으로는 국민총소득의 1% 수준으로 확대해야 한다. 정부는 경제적 이해관계에 치우친 원조 정책을 바꿔 빈곤으로 고통을 겪는 최빈국부터 지원해야 한다. 개발도상국을 위한 현금 지원 이외에 의료와 교육 지원을 대폭 확대해야 하며, 지속 가능한 발전 계획을 지원하는 공적개발원조를 늘려야 한다. 나아가 유엔을 비롯한 국제기구에서 전 세계적 차원의 빈곤 퇴치와 불평등을 완화하기 위한 지속가능발전목표SDGs에 따른 노력에 적극 협력해야 한다.

현대사회의 모든 사람을 불행으로 이끄는 극심한 불평등의 폐해를 극복하기 위해 적극적인 정부 정책과 대안적 경제활동을 선택해야 한다. 양적인 경제성장과 무한 경쟁이 아니라 삶의 질과 사회통합을 중시하는 국가가 자유, 평등, 정의, 사회적 연대를 실현할 수 있도록 노력해야 한다. 점점 커지는 불평등의 부작용을 해결하는 정책으로 사람들의 행복감을 키우는 지혜를 실천해야 한다. 새로운 사회를 꿈꾸는 사람이라면 오늘 여기에서 시급한 과제부터 관심을 기울이고 해결할 수 있도록 노력해야 한다.

평등의 정치, 복지의 정치

우리가 해결해야 하는 가장 중요한 문제는 불평등을 완화하는 것이다. 이 책은 불평등이 만든 다양한 사회문제의 값비싼 비용을 비판했다. 그리고 불평등을 줄이기 위한 정부의 노력이 매우 중요하다고 강조했다. 불평등을 줄이려면 누진세, 보편적 교육, 사회보험 등 통합적 제도를 실행하는 것이 꼭 필요하다. 불평등을 줄이면 민주주의의 중요한 원칙인 기회의 평등이 커질 수 있다. 범죄, 살인, 자살 등 사회문제도 줄어들 수 있다. 증가하는 불평등은 민주주의와 절대로 양립할 수 없다. 사회 구성원 간 격차가 고정되고 불평등이 세습된다면 사회는 커다란 대가를 치를 것이다. 불평등이 적고 사회적 유대와 신뢰를 통해 긴밀하게 협력해야 좋은 사회가 될 수 있다.

지난 수십 년 동안 한국뿐 아니라 전 세계적으로 불평등이 커졌다. 사람들의 불안도 커졌다. 점점 더 나쁜 사회로 가는 징후가 다양하게 나타났다. 국내총생산, 해외여행, 자동차, 스마트폰이 모든 것을 말해 주지는 않는다. 세계에서 가장 심각한 수준인 자살률, 저출산, 우울증, 불행감은 한국 사회의 어두운 모습이다. 나는 불평등이 커져 가는 현실을 어쩔 수 없이 받아들여야 한다고 생각하지 않는다. 불평등이 사회에서 만들어진 만큼 사회에서 해결할 수 있다. 정부가 할 수 있는 다양한 방법이 있으며 기업, 노동조합, 시민사회조직, 시민 개개인이 함께 노력해서 해결할 수 있는 길이 있다.

사회정의와 평등을 위하여

〈마태복음〉의 포도밭 우화가 유명하다. 포도밭 주인은 장터의 일꾼들에게 하루 품삯으로 한 데나리온을 주기로 하고 포도원에서 일하게 했다. 그가 오후에 나가 보니 일거리가 없는 사람들이 장터에 있어 그들도 일하게 했다. 주인은 해질 무렵에 서성거리는 사람들을 또 발견했다. 그래서 그들에게 "왜 하루 종일 일거리도 없이 여기에 서 있소?" 하고 물었다. 그들은 "우리를 써 주는 사람이 없었기 때문입니다"라고 대답했다. 주인은 그들에게도 포도밭으로 가라고 말했다.

저녁이 되자 포도밭 주인이 관리인을 시켜 마지막에 온 사람에게 한 데나리온씩 주자, 처음부터 일한 사람들은 자기들은 더 받을 것이라고 생각했다. 그러나 그들 역시 품삯으로 한 데나리온씩 받았다. 그들은 집주인에게 불평했다. "마지막에 온 이 사람들은 한 시간만 일했습니다. 그런데도 땡볕에서 하루 종일 고생한 우리와 그들을 똑같이 대우합니까." 그러자 주인은 "나는 당신에게 잘못한 게 없소. 당신은 한 데나리온을 받기로 나와 합의하지 않았소? 당신 몫이나 가지고 가시오. 나는 마지막에 온 이 사람에게도 당신과 똑같이 주고 싶소. 내 것을 가지고 내가 하고 싶은 대로 할 수 없단 말인가"라고 말했다.

포도밭의 우화를 종교적으로 해석하는 사람도 있을 것이다. 그러나 이 우화에는 인간이 평등한 가치를 가지고 있다는 생각이 담겨 있다. 분명 아침부터 일한 사람과 오후 늦게야 일한 사람의 노동시간은 차이가 있다. 그러나 주인이 동일하게 준 품삯은 하루를 살 수 있는 생활임금일 수 있다. 더욱이 늦게 일하기 시작한 사람들도 게으른 것이 아니라 아침부터 일할 기회를 기다렸다. 이런 점에서 누구나 일할 평등한 권리를 가진다는 의미를 보여 준다. 오늘날 최저임금도 노동하는 사람들이 인간다운 삶을 누리기 위한 최소한의 임금을 정한 것이다. 나아가 국가는 모든 국민이 일할 수 있는 곳을 만들기 위해 노력해야 할 의무가 있다.

19세기 영국의 예술비평가이자 사회사상가인 존 러스킨John Ruskin은《나중에 온 이 사람에게도Unto the last man》에서 모든 사람이 국가의 직업훈련학교에 들어가 일하고, 적성과 능력에 맞는 일자리에서 일하고 정해진 임금을 받아야 한다고 주장했다. 그는 동일한 노동 분야별 임금의 평등화를 지지했으며, 오히려 임시직 노동자가 생계를 유지하기 위해서는 정규직 노동자보다 더 높은 임금을 받아야 한다고 주장했다. 궁극적으로 러스킨은 높은 생산성이나 이익이 경제활동의 최고선이 아니라고 강조한다. 그는 "생명이 없는 부wealth는 존재하지 않는다"고 주장하며, "사랑과 환희와 경외가 모두 포함된 총체적인 힘이 바로 생명"이라고 말했다. "가장 부유한 국가는 최대 다수의 고귀하고 행복한 국민을 길러내는 국가이고, 가장 부유한 이는 그의 안에 내재한 생명의 힘을 다하여 그가 소유한 내적·외적 재산을 골고루 활용해서 이웃들의 생명에 유익한 영향을 최대한 널리 미치는 사람이다."[1] 포도밭의 우화에서 책 제목을 인용한 것은 바로 그의 사상을 보여 준다. 그의 무덤의 묘비명도 책 제목과 같다.

만인의 평등을 주장하는 사상은 오랜 세월을 거쳐 왔지만, 인류의 역사에서 불평등을 획기적으로 줄이고 민주주의를 발전시킨 과정은 20세기 중반 복지국가의 등장과 긴밀하게 연결된다. 사회적 평등을 추구하는 보편적 복지국가는 정부의 정책만으로 만들어지지 않았다. 복지국가는 수많은 사람들이 사회적 권리를 누리기 위해 온갖 어려움 속에서 끊임없이 노력해 쟁취한 것이다. 유럽과 미국의 보통선거권, 노동조합의 권리, 8시간 노동제, 최저임금제는 노동자의 투쟁으로 획득했다. 이와 마찬가지로 건강보험, 실업보험, 국민연금 등 사회보험의 법제화는 선거를 통해 드러난 민심을 수용하려는 정치적 합의의 결과다. 누진적 소득세의 도입과 사회복지 예산의 증액도 의회에서 결정했다. 최근 한국에서도 복지 예산과 세금 문제가 정치적 쟁점이 되고 있다. 복지국가의 발전은 정치과정을 통해 이루어진다.

나는 종종 "정치가 싫어", "투표에 관심 없어"라고 말하는 사람들에게 실망과 답답함을 느낀다. 그러나 자신의 삶을 개선하고 더 좋은 일자리를 구하고 더 좋은 복지를 누리기 위해서는 정치에 관심에 갖고 투표에 참여해야 한다. 법의 테두리 안에서 국민의 요구를 실현할 방법은 오로지 선거밖에 없다. 그래서 우리는 정치제도에 대한 신뢰를 버리지 않아야 한다. 독일의 작가 베르톨트 브레히트 Bertolt Brecht는 시 〈바이마르 헌법 제2조〉에서 "국가의 권력은 국민으로부터 나온다―그런데 나와서 어디로 가지?" 하고 물었다. 정치에 참여해 권력을 갖지 못하면 우리는 우리보다 못한 사람들의 지배를 받게 된다. 이런 점에서 2010년 지방선거 이후 복지에 대한 한국 국민의 관심이 커지고 선거에서 무상급식 같은 복지가 주요 의제로 떠오른 것은 긍정적 신호다. 2012년 총선과 대선에서 여당과 야당이 모두 복지국가 건설을 외쳤다. 복지가 가난한 사람에 대한 국가의 시혜가 아니라 민주공화국에 사는 모든 국민의 권리이자 국가의 의무라고 생각하는 인식의 변화가 일어나기 시작했다.

2016년 '촛불혁명' 이후 문재인 정부가 등장하면서 국민의 목소리가 커지고 새로운 개혁에 대한 국민의 관심이 늘어나고 있다. 2017년 현재 여론조사 결과를 보면 '세금을 인상해서라도 복지를 확대해야 한다'는 의견이 절반 이상이다. 복지에 대한 국민의 긍정적 태도가 증가한 이유는 경제 자유화와 노동시장의 유연화로 사회적 위험과 그에 따른 불안이 커졌다는 인식이 확산되었기 때문이다. 누구나 구조조정과 조기퇴직으로 직장을 잃으면 자신의 생활비, 자녀 교육비, 의료비를 해결하지 못해 절박한 궁지에 몰릴 수 있다. 청년실업과 비정규직의 증가로 젊은이들의 앞날이 우울하다. 인구 고령화와 가족 구조의 변화 때문에 가족 부양에도 대안이 시급하다. 복지국가를 향한 열망은 곧 사회적 불안의 급증을 드러낸다. 토머스 홉스Thomas Hobbes의 '리바이어던'이 외부의 공포에 맞서는 국가 안보를 위한 것이라면 복지국가는 내부의 공포에 맞서는 사회 안보(사회보장)을 위한 것이다.

아직도 보수 언론과 학자 들은 복지 확대가 좌파의 주장이라고 비판한다. 보편적 복지는 비용이 너무 많이 들기 때문에 선별적 복지가 좋다는 사람이 있고, 현 단계에서 고부담 고복지는 힘들다면서 중부담 중복지를 주장하는 사람도 있다. 보편적 복지를 처음 도입한 1940년대 영국과 스웨덴의 1인당 국내총생산은 1만 달러를 조금 넘는 수준이었다. 한국은 거의 3만 달러 수준이고, 경제 규모가 세계에서 열한 번째다. 아직도 복지국가가 되기에 이르다는 사람은 1970년대 한국에서 민주주의를 실천하기에는 이르다던 논리에 동의하는 것과 같다. 조세 부담률과 복지 재정의 수준은 경제력이 아니라 정치적 결정에 의해 이루어지는 것이다. 북유럽 국가들이 고부담 고복지를 추구해서 경제적 효율성이 떨어진다는 증거가 전혀 없다. 복지가 교육과 직업훈련으로 고용 가능성을 높이고, 보건·보육·요양 등 삶의 질을 높인다면 오히려 경제에 도움이 된다. 복지와 경제가 선순환하는 나라는 기업의 경쟁력과 노동생산성이 높고, 산업 평화와 사회통합도 잘 이루어 낸다.

보수적 학자와 정치인은 복지 재정을 늘리고 세금을 인상하면 기업에 부담을 주고 경제에 악영향을 미친다고 우려하지만, 복지 제도가 경제성장을 촉진할 수 있다. 사회보장의 혜택이 증가하면 노동자들의 생산성을 높아질 수 있다. 북유럽 국가와 독일을 보면 보편적 사회보장과 높은 생산성은 긍정적 상관관계가 있다. 사회복지는 노사 갈등을 비롯한 사회 갈등을 줄일 수 있다. 복지가 적은 사회에서는 오히려 갈등 비용이 증가할 수 있다. 복지가 발전한 국가의 사회통합과 개인의 행복 수준도 높다. 그래서 서유럽에서는 보수당과 진보당이 모두 복지국가를 지지한다. 한국의 정치권도 복지국가를 위해 초당적으로 정치적 합의를 만들어야 할 것이다.

불평등과 싸우는 전략

평등의 정치가 필요하다. 마태 효과를 통제하는 데 정치의 역할이 중요하다. 1990년대 이후 경제성장이 오히려 불평등을 악화시켰다. 우리는 민주화 이후 30년간 무엇을 했는지 반성해야 한다. 민주 정부 10년 동안 심해진 불평등을 돌아봐야 한다. 재벌 개혁과 경제 민주화에 관한 논쟁만으로는 충분하지 않다. 보편적 복지국가의 논쟁은 사회적 평등이라는 중요한 질문을 던진다. 완전고용, 생활임금, 보편적 교육과 보건 서비스, 기초연금, 모든 시민을 위한 보편적 사회보험이 필요하다. 평등한 사회권이 제공되지 않는다면 기회의 평등이 보장될 수 없다.

이제 우리는 복지국가를 만들기 위한 정책과 프로그램을 정교하게 제시해야 한다. 복지정책 실행을 위한 재정을 어떻게 조달할지에 관한 세부 계획이 필요하다. 증세 없는 복지의 허구성을 극복하고 구체적 대안을 제시해야 한다. 공정한 조세정책이 중요하다. 장기적으로 우리의 복지국가는 생애 과정에서 겪는 위험을 극복하도록 지원하는 사회보호 장치를 강화하는 동시에 개인이 시장에서 경쟁할 수 있는 능력을 키우는 정책도 추구해야 한다. 이를 위해서는 전통적 사회보장제도와 함께 교육정책과 노동시장 정책을 결합한 통합적 접근 방식이 필요하다.

불평등 사회를 바꾸려면 먼저 정당을 통해 적극적으로 정치에 참여해야 한다. 이와 동시에 정당 밖의 사회운동 단체에 참여해 정당에 영향을 미쳐야 한다. 크라우치는 《포스트 민주주의》에서 정치적 행동이 개별 법안, 정책, 이슈에 따라 파편화되면 부자와 기업에게 더 이익을 줄 것이라고 경고한다.[2] 정당을 거부하고 의회 바깥의 사회운동에만 관여한다면 포스트 민주주의 사회에서 초부유층의 승리를 돕는 것이다. 사회운동 단체의 압력을 받지 않는 정당은 기업의 로비에 쉽게 흔들릴 것이다. 대중의 이익을 대변하는 정당을 강화하지 않으면 정당이 기업의 힘에 무릎 꿇을 것이다. 적극적 사회적 시민권이 보장되는 민주주의 사회를 위해 우리는 정당 활동과 시민운동에 참여해야 한다.

둘째, 민주주의를 지지하는 폭넓은 정치 세력의 '연합 정치'를 실현해야 한다. 연합 정치는 단순한 선거공학상 전술이 아니라 사회 구조적 변화의 반영이다. 최근 지역주의 정치의 특성은 약해졌지만 계층과 세대의 균열이 점점 커지고 있다. 복합적인 정치 균열은 유권자의 투표 성향이 더욱 분산되는 현상을 보여 준다. 2016년 촛불 혁명을 통해 정권이 교체됐지만 국민의 고통과 불만을 정치권이 제대로 대변하지 못했다는 지적도 있다. 그러나 시민의 저항은 법의 테두리 안에 있어야 하고, 시민의 목표도 정치적 통로로 실현해야 한다. 그래서 다양한 국민의 목소리를 대변하는 정당과 정치인의 역할이 중요하다. 정당들의 작은 차이를 뛰어넘어 연합 정부, 선거 연대, 정책 협의의 다양한 방법을 통해 경제민주화와 복지국가라는 공동의 목표를 실현하는 연합 정치를 추구해야 한다.

셋째, 정당과 정부는 극심한 불평등을 해결할 정책 대안을 집권 플랜으로 제시해야 한다. 그동안 수많은 대선 후보들은 추상적인 구호만 외치고 구체적인 계획은 제시하지 못했다. 지역주의를 이용한 선거공학과 네거티브 공방이 난무하는 동안 정작 국가를 어떻게 경영할지, 국민을 위한 정책이 무엇인지는 검증하지 못했다. 선거를 몇 주 앞두고 내는 얇은 공약집으로 정책 검증을 제대로 하기는 어려웠다. 앞으로는 정당, 시민단체, 진보적 학자가 협력해 집권 후 무엇을 할 것인지 구체적인 계획을 제시해야 한다. 2008년에 오바마 대통령은 미국진보센터가 미리 준비한 계획을 제시하고 승리를 거뒀다. 우리도 민주진보세력을 대변하는 싱크탱크를 강화하고 집권 청사진을 제시하며 정강 정책을 실천해야 한다. 계획 없는 집권은 나침반이 없는 항해와 같다.

한국 사회에서 불평등을 줄이는 데 필요한 주요 과제는 선거에서 한 번 승리하는 것이 아니라 장기적으로 복지국가를 건설할 폭넓은 정치 세력을 형성하는 것이다. 복지국가를 지지하는 사회, 정치 세력이 폭넓게 참여하는 한국형 '뉴딜 연합'을 구축해야 한다. 1930년대 루스벨트 미국 행정부가 '뉴딜 연합'으로 사회적 대안을 제시한 것처럼 한국 사회의 새로운 개혁을 추구해야 한다. 최저임금 인상, 사회보험 확대, 전월세 가격 안정, 사교육비 부담 완화, 조세정의 강화를 실행하는 광범위한 복지 연합을 결성해야 한다. 노동조합과 진보정당이 강한 나라에서 복지 제도가 더욱 발전했지만, 중산층을 비롯해 다양한 정치 세력의 지지를 얻는 일도 중요하다. 복지 제도를 강화하는 정치적 과정은 국가별로 다양한데, 복지 제도를 지지하는 정치 세력의 지원은 꼭 필요하다. 한국도 지속 가능한 복지국가를 강화하기 위해 강력한 정치 동맹을 만들어야 한다.

새로운 현실적 이상주의

플라톤은 펠로폰네소스 전쟁에서 참패한 아테네가 붕괴되는 현실을 보고 《국가》를 썼다. 아테네와 스파르타의 전쟁뿐 아니라 귀족파와 민주파의 계급투쟁으로 갈등의 소용돌이에 들어간 시대에 대안을 제시하려고 애썼다. 토머스 모어는 경제위기로 농민이 비참한 가난에 빠지는 가운데 《유토피아》를 썼다. 그들은 자신이 살지 않는 사회를 꿈꾼 몽상가가 아니라 자신이 살고 있는 사회의 문제를 해결하려고 시도한 현실주의자다. 그들은 현실 도피가 아니라 현실 개혁을 위해 구체적인 대안을 제시했다. 경제 문제만 생각하지 않고 사회제도, 교육, 문화, 지적 활동에 관심을 가졌다. 그들은 개인의 심리적 평안과 만족만 추구하지 않고 전체 인간 사회의 조화를 중시했다. 진정으로 좋은 삶과 좋은 사회의 출발점은 바로 현실에 대한 이상적 비판이라고 보았기 때문이다.

나는 이 책에서 불평등한 현실을 비판하면서도 미래 사회가 더 좋아질 것이라는 기대를 저버리지 않았다. 절대적인 평등을 이루기는 어려워도, 현재보다 더 평등한 사회가 지속적인 경제성장과 사회통합에 효과가 있을 것이다. 자유와 평등의 조화가 인간의 행복과 사회의 진보에 도움이 된다고 강조하고 싶다. 특히 제도의 효과를 강조하면서 통합적 제도의 즉각적 실행을 촉구한다. 정부가 효과적인 정책을 만든다면 불평등으로 인한 사회문제를 해결할 수 있을 것이다.

이제 한국을 포함해 전 세계의 중요한 정치 문제는 국가의 부를 어떻게 늘리는가보다는 어떻게 모든 국민에게 이익이 되도록 분배하는가에 있다. 성장이 아니라 분배야말로 정치의 주요 과제다. 이런 점에서 정부의 정책 변화를 촉구하며, 정책을 결정하는 정치인의 생각이 달라져야 한다고 말하는 것이다. 또한 정치인을 선택하는 유권자의 판단과 능력이 중요하다. 높은 이상의 목표는 낮은 현실의 힘에서 이루어지기 때문이다.

오늘날 우리가 만약 고대 그리스 올림포스산에서 신탁을 구한다면 한국 사회의 가장 심각한 문제를 만드는 불평등에 대한 경고를 들을 것이다. 급속하게 증가하는 불평등에 맞서는 적극적인 대안을 모색해야 한다. 한국 사회의 과잉 경쟁·사교육·자살률·저출산·불행감의 원인이 불평등이라는 사실을 이해하고, 공정하고 평등하며 창의적인 사회를 만들 방법을 찾아야 한다. 불평등이 적은 사회에서 사람들은 훨씬 더 행복할 수 있다. 불평등이 커지고 사회적 격차와 갈등이 심각해진다면 우리 사회는 좋은 사회와 멀어질 것이다. 경쟁과 효율만 추구하고 사회적 연대와 협력을 외면하는 사회는 미래가 없다. 미래 사회는 물질적 성취를 넘어 사회통합을 함께 추구해야 한다.

인간의 궁극적 목표는 돈벌이가 아니라 다른 사람과 어울려 살아가는 행복이다. 시인 고은은 〈어떤 기쁨〉에서 자신이 세상에서 철저하게 고립되었다고 생각하며 절망에 빠진 사람들을 위로하며 "나는 수많은 남과 남으로 이루어졌다"[3]고 표현했다. 개인은 고립된 섬이 아니다. 우리는 로빈슨 크루소같이 살 수 없다. 사회통합과 연대를 강화하는 복지국가는 문명사회를 유지하기 위해 인류의 지혜가 만들어 낸 최고의 발명품이다. 복지국가나 정글 자본주의를 만드는 것은 우리 선택에 달린 문제다. 100년 전 식민지 조선에서 모든 사람이 학교에서 의무교육을 받고 건강보험에 가입해 병원에서 치료받는 사회를 예견한 사람은 거의 없었을 것이다. 이제 우리는 100년 뒤 후손들이 살아갈 사회를 만들어야 한다. 어떤 사회를 만들지에 대한 사회적 합의에 따라 우리 후손들의 삶은 전혀 달라질 것이다.

불평등과 싸우는 노력을 가난한 사람을 돕는 것으로만 보아서는 안 된다. 평등의 가치는 도덕적으로 훨씬 더 우월하다. 모든 사람에게 동등한 가치를 부여하는 평등한 사회는 인간의 존엄을 지키기 위해서라도 꼭 필요하다. 아무리 세계화, 정보화, 유연화, 노동조합의 약화, 개인화의 추세가 평등의 정치를 가로막아도 평등의 가치는 사라지지 않을 것이다. 지난 200년의 세계사에서 볼 수 있듯, 앞으로도 어떤 장애물이 나타나든 평등의 정치는 멈추지 않을 것이다. 한국의 역사에서도 평등을 위한 사람들의 노력이 끊이지 않을 것이다. 우리는 불평등 사회를 만든 것처럼 그것을 바꿀 수도 있다. 모든 인간은 평등하다.

주석

머리말

1 Robert K. Merton, "The Matthew Effect in Science", *Science*, 159(3810), January 5, 1968, 56~63p.

2 〈상장사 대주주·특수 관계인 주식 평가액 124조… 상위 1%가 78조 보유〉, 《국민일보》, 2013년 12월 27일.

3 토마 피케티, 장경덕 옮김, 《21세기 자본》, 글항아리, 2014.

4 조지 오웰, 도정일 옮김, 《동물농장》, 민음사, 1998.

5 〈'체감 중산층' 국민 절반 불과… 미래 불안감 반영〉, 《연합뉴스》, 2016년 6월 30일.

6 〈확산되는 '헬조선 담론' 어떤 현상인가?〉, 《뉴스토마토》, 2015년 11월 30일.

7 예란 테르보른, 이경남 옮김, 《불평등의 킬링필드》, 문예춘추사, 2014.

감사의 글

1 George Bernard Shaw, *Report on Fabian Policy*, Fabian Tract, no. 10. London, Fabian Society, 1896, 7p.

1부 한국인은 불행하다

1. 경제적 성공과 사회적 실패

1 Richard Easterlin, "Does economic growth improve the human lot? Some empirical evidence", in David, R. and Reder, R. Eds., *Nations and Households in Economic Growth: Essays in Honor of Moses Abramovitz*, Academic Press, 1974.

2 Inglehart, R. and Klingemann, H-D., "Genes, culture, democracy and happiness", in Die-

ner, E. and Suh, E. M. eds., *Culture and Subjective Well-being*, Cambridge MA: MIT Press, 2000.

3 OECD, *Better Life Index*, 2016.

4 The New Economic Foundation, *World Happiness Report* 2016 Update, 2016.

5 여유진, 〈사회통합과 행복 간의 관계〉, 《보건복지포럼》 221호, 36~43쪽, 2015. 한국보건 사회연구원, 〈사회통합 및 국민행복 인식 조사〉, 2014에서 재인용.

6 OECD, *Health Statistics*, 2015.

7 〈기대수명, 서초구 고소득자 86세·화천군 저소득자 71세〉, 《연합뉴스》, 2015년 11월 10일.

8 김동진, 〈우리나라 건강 형평성 현황 및 대책〉, 《보건·복지 이슈앤드포커스》 194호, 한국 보건사회연구원, 2013.

9 Richard Wilkinson, "Income and Mortality", in *Class and Health: Research and Longitudinal Data* edited by R. Wilkinson, London: Tavistock Publications, 1986.

10 리처드 윌킨슨, 손한경 옮김, 《건강 불평등: 무엇이 인간을 병들게 하는가?》, 이음, 2011.

11 M. G. Marmot and E. J. Brunner, "Alcohol and Cardiovascular Disease: The Status of the U-Shaped Curve", *British Medical Journal*, 1991, 303·565~568p.

12 마이클 마멋, 김보영 옮김, 《사회적 지위가 건강과 수명을 결정한다》, 에코리브르, 2006.

13 황선재, 〈불평등과 사회적 위험: 건강·사회문제 지수를 중심으로〉, 《보건사회연구》 35권 1호, 한국보건사회연구원, 2015.

14 김성식, 〈학생 배경에 따른 대학 진학 기회의 차이〉, 《아시아교육연구》 9권 2호, 서울대 학교 교육연구소, 2008, 27~47쪽.

15 여유진 외, 《사회통합 실태 진단 및 대응 방안》, 한국보건사회연구원, 2014.

16 《한겨레》, 2016년 3월 16일.

17 김영철·김희삼, 《노동시장 신호와 선별에 기반한 입시 체제의 분석과 평가》, 한국개발연 구원, 2012.

18 여유진 외, 《사회통합 실태 진단 및 대응 방안》, 한국보건사회연구원, 2015.

19 〈韓 GDP 대비 가계 부채, 신흥국 중 GDP 대비 가계 부채 비율 가장 높아〉, 《조선비즈》, 2015.

20 〈국민 절반 '한국 사회, 하층 시민이 다수인 피라미드형〉, 《중앙선데이》, 2015년 7월 19일.

21 이왕원 외, 〈한국인의 상향 이동에 대한 의식: 연령(Age)·기간(Period)·코호트(Cohort) 효과를 중심으로〉, 한국사회학회 전기 사회학대회 발표 논문, 2016.

22 Richard Layard, *Happiness: Lessons from a new science*, New York: Penguin Press, 2005.

23 Isaiah Berlin. *Four Essays on Liberty*. Oxford: Clarendon Press, 1958.

2. 정글 자본주의가 만든 비극

1 로버트 라이시, 남경우 옮김, 《국가의 일》, 까치, 1994.

2 강수돌, 《팔꿈치 사회: 경쟁은 어떻게 내면화되는가》, 갈라파고스, 2013.

3 버틀란트 러셀, 이순희 옮김, 《행복의 정복》, 사회평론, 2005, 51쪽.

4 엘리아스 카네티, 《군중과 권력》, 바다출판사, 2010.

5 J. M. 쿠체, 왕은철 옮김, 《어느 운 나쁜 해의 일기》, 민음사, 2009.

6 로버트 프랭크·필립 쿡, 권영경 옮김, 《승자 독식 사회》, 웅진지식하우스, 2008.

7 하인츠 부데, 이미옥 옮김, 《불안의 사회학》, 동녘, 2015, 95~96쪽.

8 빌 레딩스, 윤지관·김영희 옮김, 《폐허의 대학》, 책과함께, 2015.

9 소스타인 베블렌, 홍훈·박종현 옮김, 《미국의 고등교육》, 길, 2014.

10 Jacques Derrida, "The Future of Profession or the university without condition", in Tom Coben, ed. *Jaques Derrida and the Humanities: A Critical Reader*, Cambridge University Press, 2001, 24~57p.

11 리처드 세넷, 유강은 옮김, 《불평등 사회의 인간 존중》, 문예출판사, 2004.

12 Theodor W. Adorno, Else Frenkel-Brunswik, Daniel Levinson and Nevitt Sanford, *The Authoritarian Personality, Studies in Prejudice Series Volume 1*, New York: Harper & Row, 1950(W. W. Norton & Company, 1950)

13 피에르 부르디외, 최종철 옮김, 《구별짓기: 문화와 취향의 사회학》, 새물결, 2005.

14 〈한국 세계 1위 성형국 통계 확인… 최다 부위는?〉, 《동아일보》, 2013년 2월 1일.

15 남정욱, 《결혼》, 살림, 2014.

16 〈'미인공화국' 베네수엘라의 감춰진 진실〉, 《한국일보》, 2014년 9월 19일.

17 H. Leibenstein, "Bandwagon, Snob, and Veblen Effects in the Theory of Consumers' Demand", *The Quarterly Journal of Economics*, Vol. 64, No. 2(May, 1950), 1950, 183~207p.

18 김문조, 〈제5장 사회문화적 양극화〉, 《한국 사회의 양극화》, 집문당, 2008.

19 헤르베르트 마르쿠제, 박병진 옮김, 《일차원적 인간》, 한마음사, 2009.

20 존 버거, 최민 옮김, 《다른 방식으로 보기》, 열화당, 2012.

21 조르주 페렉, 허경은 옮김, 《사물들》, 세계사, 1978(1996).

22 스코트 래쉬·존 어리, 박형준 옮김, 《기호와 공간의 경제》, 현대미학사, 1998.

23 궁선영·유승호, 〈소비자는 생산하는가?: 서구 소비 패러다임의 변화와 새로운 생비자 (New Prosumer)의 출현〉, 《사회사상과문화》 19권 2호, 2016, 129~168쪽.

24 Oscar Wilde, *The Soul of Man under Socialism*, CreateSpace Independent Publishing Platform, 1891.

25 피에르 부르디외, 앞의 책.

3. 커져 가는 소득 불평등

1 〈'직원의 수천 배'… 美 '연봉 불균형' 논란에 한국 대표 기업들은〉, 《헤럴드경제》, 2015년 8월 12일.

2 〈미, 소득 대비 자산 비율 급등〉, 《파이낸셜뉴스》, 2014년 10월 22일.

3 〈'직원의 수천 배'… 美 '연봉 불균형' 논란에 한국 대표 기업들은〉, 《헤럴드경제》, 2015년 8월 12일.

4 전병유 엮음, 《한국의 불평등 2016》, 페이퍼로드, 2016.

5 남상호, 《우리나라 가계 소득 및 자산 분포의 특징》, 한국보건사회연구원, 2015.

6 장하성, 《왜 분노해야 하는가》, 헤이북스, 2015.

7 〈한국 불평등 해결, 평등한 기회 제공이 열쇠〉, 《파이낸셜뉴스》, 2016년 9월 29일.

김낙년, 〈한국의 개인 소득 분포: 소득세 자료에 대한 접근〉, 낙성대 워킹페이퍼, 2014.

9 이정우, 《불평등의 경제학》, 후마니타스, 2010, 467~469쪽.

10 새무얼 보울스 외, 최민식 외 옮김, 《자본주의 이해하기》, 후마니타스, 2009, 457쪽.

11 OECD, *In It Together: Why Less Inequality Benefits All*, 2015.

12 〈박근혜, '정부 들어 '중간층' 소득 비중 쪼그라들었다〉, 《한겨레》, 2016년 8월 24일.

13 토마 피케티, 앞의 책.

14 OECD, 앞의 자료.

15 Credit Suisse AG Research Institute Paradeplatz, *Credit Suisse Global Wealth Databook*, 2015, 8CH-8070, Zurich Switzerland.

16 김윤태·서재욱, 《빈곤: 어떻게 싸울 것인가》, 한울, 2013.

17 OECD, *OECD Employment Outlook 2015*, 2015.

4. 밑바닥으로 밀려난 사람들

1 맬서스, 이서행 옮김, 《인구론》, 동서문화사, 2011.

2 Peter Townsend, *Poverty in the United Kingdom*, Penguin, 1979.

3 아직도 비정규직 노동자의 삶은 고달프다. 한 달에 200만 원 버는 게 꿈이고, 일주일에

이틀도 쉬지 못하고, 매일 '아침 8시 반 종소리와 함께 라인에 서야 하고', 월세 16만 원에 3평 옥탑방에 살아야 하는 삶이 있다. 비정규직 노동자의 삶에 관한 생생한 르포는 다음 책을 참고하길 바란다. 안수찬 외, 《4천 원 인생: 열심히 일해도 가난한 우리 시대의 노동 일기》, 한겨레출판, 2010.

4 박태원, 《천변풍경》, 문학사상, 2009.

5 World Economic Forum, *Insight Report: The Global Gender Gap Report 2015*, 2015.

6 통계청, 〈고령자 통계〉 보도 자료, 2015.

7 김복순, 〈고령층 고용 구조 변화와 소득 불평등〉, 《노동리뷰》 2016년 9월호, 한국노동연구원, 2016.

8 천주희, 《우리는 왜 공부할수록 가난해지는가: 대한민국 최초의 부채 세대, 빚지지 않을 권리를 말하다》, 사이행성, 2016.

9 〈청년 실업률이 17년 만에 최대치를 기록했다〉, 《허핑턴포스트》, 2016년 7월 13일.

10 〈한국 니트족, 대졸 청년 4명 중 1명이 '청년 무직자'… OECD 최상위〉, 《헤럴드경제》, 2015년 12월 27일.

11 브랑코 밀라노비치, 정희은 옮김, 《가진 자, 가지지 못한 자》, 파이카, 2011.

12 Oxfam, *Working for the Few*, 2014.

13 "Global Leaders: The Few", *The Economist*, January 22, 2011.

14 장 지글러, 유영미 옮김, 《왜 세계의 절반은 굶주리는가》, 갈라파고스, 2016.

15 이양호, 《중국, 불평등의 정치경제학》, 한국경제신문i, 2016.

2부 왜 한국은 불평등한 나라가 되었나

5. 불평등이 심해지는 이유

1 채만식, 《탁류》, 문학사상, 1996.

2 채만식, 앞의 책.

3 강경애, 《인간문제》, 문학사상, 2006.

4 허수열, 《개발 없는 개발: 일제하 조선경제 개발의 현상과 본질》, 은행나무, 2016.

5 한스 피터 마르틴·하랄트 슈만, 강수돌 옮김, 《세계화의 덫》, 영림카디널, 2003.

6 한스 피터 마르틴·하랄트 슈만, 앞의 책.

7 Ramesh Mishra, *The Welfare State in Capitalist Society: Policies of Retrenchment and Maintenance*

in Europe, North America and Australia, London: Harvester Wheatsheaf, 1981.

8　Francis Geoffrey Castles, *The Future of the Welfare State*, Oxford University Press, 2004.

9　제레미 리프킨, 이영호 옮김,《노동의 종말》, 민음사, 2005.

10　Torben Iversen and Anne Wren, "Equality, Employment, and Budgetary Restraint: The Trilemma of the Service Economy", *World Politics* 50(4), 1998, 507~546p.

11　L. F. Katz and D. H. Autor, "Changes in the Wage Structure and Earnings Inequality" in *Handbook of Labor Economics*, 1998, 84~88p.

12　토마 피케티, 앞의 책.

13　에릭 브린욜프슨·앤드루 맥아피, 이한음 옮김,《제2의 기계시대》, 청림출판, 2016.

14　제리 카플란, 신동숙 옮김,《인간은 필요 없다: 인공지능 시대와 부와 노동의 미래》, 한스 미디어, 2016.

15　강신욱 외,《소득 분배 악화의 산업구조적 원인과 대응 방안》, 한국보건사회연구원, 2013.

16　윤진호,〈한국의 임금체계〉, 신광영 엮음,《일의 가격은 어떻게 결정되는가 I : 한국의 임금결정 기제 연구》, 한울, 2010.

17　김유선,〈비정규직 규모와 실태: 통계청, '경제활동인구조사 부가 조사'(2013. 8.) 결과〉,《KLSI 이슈페이퍼》2013-07, 한국노동사회연구소, 2013, 17·21·28쪽.

18　안수찬 외,《4천 원 인생: 열심히 일해도 가난한 우리 시대의 노동 일기》, 한겨레출판, 2010.

19　OECD, *Divided We Stand: Why Inequality Keeps Rising*, 2011, 22p.

20　한국노동연구원,〈2010 KLI 해외 노동 통계〉, 2010.

21　가이 스탠딩, 김태호 옮김,《프레카리아트》, 박종철출판사, 2014.

22　P. Emmenegger, S. Hausermann, B. Palier and M. Seeleib-Kaiser, "How We Grow Unequal" in P. Emmenegger, S. Hausermann, B. Palier, and M. Seeleib-Kaiser (eds.) *The Age of Dualization: The Changing Face of Inequality in Deindustrializing Societies*, Oxford: Oxford University Press, 2012.

23　정이환,《한국 고용체제론》, 후마니타스, 2013.

24　Paul Krugman, *The Conscience of a Liberal*, W. W. Norton & Company, 2007.

25　Florence Jaumotte and Carolina Osorio Buitron, *Inequality and Labor Market Institutions*, IMF, 2015.

26　Thomas Piketty and Emmanuel Saez, "Inequality in the long run", *Science*, 2014, 344· 838p.

27 〈정부-노동조합, 누가 경제성장 발목 잡나〉,《경향비즈》, 2015년 9월 15일.

28 여유진, 〈공적 이전 및 조세의 소득 재분배 효과〉,《사회보장연구》 제25권 제1호, 한국사회보장학회, 2009, 45~68쪽.

29 전병유, 〈한국 사회에서의 소득 불평등 심화와 동인에 관한 연구〉,《민주사회와 정책연구》 통권 23호, 민주사회정책연구원, 2013, 15~40쪽.

30 OECD SOCX (http://stats.oecd.org/), 2016년 8월 15일 검색.

31 OECD, *Growing Unequal? Income Distribution and Poverty in OECD countries*, 2008.

32 Streeck, Wolfgang, *Re-forming Capitalism: Institutional Change in the German Political Economy*, Oxford: Oxford University Press, 2009.

33 토마 피케티, 앞의 책.

34 Torben Iversen and David Soskice, "Electoral Institutions and the Politics of Coalitions: Why Some Democracies Redistribute More Than Others", *American Political Science Review* 100(2), 2006, 165~181p.

35 Oxfam, 앞의 책.

36 Marc Lavoie and Engelbert Stockhammer, *Wage-led growth: Concept, theories and policies*, ILO Conditions of Work and Employment Series No. 41, 2012.

37 조지프 스티글리츠, 이순희 옮김,《불평등의 대가》, 열린책들, 2013.

6. 불평등을 합리화하는 이데올로기

1 김성보, 〈한국의 농지개혁과 민주주의〉, 유용태 엮음,《동아시아 농지개혁과 토지혁명》, 서울대학교출판문화원, 2014, 171쪽.

2 이원규,《조봉암 평전》, 한길사, 2013; 정태영,《조봉암과 진보당》, 후마니타스, 2006.

3 송호근,《한국의 평등주의, 그 마음의 습관》, 삼성경제연구소, 2006.

4 김수영, 〈어느 날 고궁을 나오면서〉,《김수영 전집 1》, 민음사, 2003.

5 구해근, 신광영 옮김,《한국 노동계급의 형성》, 창작과비평사, 2002, 89쪽.

6 조세희,《난장이가 쏘아올린 작은 공》, 이성과힘, 2000.

7 김윤태,《한국의 재벌과 발전국가: 고도성장과 독재, 지배계급의 형성》, 한울, 2012.

8 장하준·신장섭,《주식회사 한국의 구조조정》, 창비, 2004.

9 *Business Week*, 11 January 1999: 18.

10 George Santayana, *The Life of Reason, or, The Phases of Human Progress*, vol. 1: Introduction and Reason in Common Sense, Charles Scribner's Sons, 1905.

11 최장집,《민주화 이후 민주주의》, 후마니타스, 2010.

12 장하준, 〈한국, 복지국가 확대로 불평등 줄여야〉,《중앙일보》, 2014년 11월 20일.

13 노무현,《진보의 미래》, 동녘, 212쪽, 2009; 2012년 대선에서 문재인 후보는 비정규직을 절반으로 축소하고, 의료 영리화를 다시는 추진하지 않겠다는 공약을 내걸었다.

14 존 메이너드 케인스, 이주명 옮김,《고용, 이자, 화폐의 일반 이론》, 필맥, 2010, 466쪽.

15 Michael Young, *The Rise of the Meritocracy 1870-2033*, Thames & Hudson, 1958.

16 스티븐 J. 맥나미·로버트 K. 밀러 주니어, 김현중 옮김,《능력주의는 허구다》, 사이, 2015.

17 Zygmunt Bauman, *Does The Richness Of The Few Benefit Us All?*, Polity, 2013.

18 여유진 외,《교육 불평등과 빈곤의 대물림》, 한국보건사회연구원, 2008.

19 Anthony Giddens and Patrick Diamond, *The New Egalitarianism*, Polity, 2005.

20 Michael Young, "Down with Meritocracy", *The Guardian*, retrieved 16 August, 2016(29 June 2001).

21 주세페 토마시 디 람페두사, 최명희 옮김,《표범》, 동안, 2015, 306쪽.

22 맬서스, 앞의 책.

23 Era Dabla-Norris · Kalpana Kochhar · Nujin Suphaphiphat · Frantisek Ricka · Evridiki Tsounta, *Causes and Consequences of Income Inequality: A Global Perspective*, IMF Discussion Note, 2015.

24 조지프 스티글리츠, 앞의 책.

25 이정우, 앞의 책.

26 리처드 세넷, 조용 옮김,《신자유주의와 인간성의 파괴》, 문예출판사, 2002.

27 〈고소득층 49% 나도 빈곤층… 빈부에 상관없이 에구~ 머니〉,《중앙일보》 2015년 1월 16일.

28 윌리엄 데이비스, 황성원 옮김,《행복 산업》, 동녘, 2015.

29 리처드 윌킨슨·케이트 피킷, 전재웅 옮김,《평등이 답이다》, 이후, 2012.

30 오찬호,《우리는 차별에 찬성합니다》, 개마고원, 2013.

31 바버라 에런라이크, 전미영 옮김,《긍정의 배신》, 부키, 2011.

32 미셸 푸코, 오생근 옮김,《감시와 처벌》, 나남, 2016.

33 미셸 푸코, 오트르망 외 옮김,《생명관리정치의 탄생》, 난장, 2012.

34 발터 벤야민, 최성만 옮김,《역사의 개념에 대하여, 폭력비판을 위하여, 초현실주의 외》, 길, 2008(1921), 123~124쪽.

35 강수돌, 앞의 책.

36 이정우·이창곤 외,《불평등한국, 복지국가를 꿈꾸다》, 후마니타스, 2015.

7. 평등의 사상을 찾아서

1 아리스토텔레스, 천병희 옮김,《정치학》, 숲, 2009.

2 허균, 김탁환 옮김, 백범영 그림,《홍길동전》, 민음사, 2009.

3 조지 오웰, 정영목 옮김,《카탈로니아 찬가》, 민음사, 2001(1938), 141쪽.

4 R. H. Tawney, *Equality* 4th Edition, London: Allen and Unwin, 1952.

5 Bryan Turner, *Equality*, London: Routledge, 1986.

6 카를 마르크스, 강신준 옮김,《자본 1-1》, 길, 2008.

7 조지 오웰, 도정일 옮김,《동물농장》, 민음사, 1998(1945).

8 로널드 드워킨, 염수균 옮김,《자유주의적 평등》, 한길사, 2005.

9 레너드 T. 홉하우스, 김성균 옮김,《자유주의의 본질》, 현대미학사, 2006.

10 W. H. 오든, 봉준수 옮김,《아킬레스의 방패》, 나남, 2009, 101쪽.

11 토마스 험프리 마셜·톰 보토모어, 조성은 옮김,《시민권》, 나눔의집, 2014.

12 존 갤브레이스, 노택선 옮김,《풍요한 사회》, 한국경제신문, 2006.

13 데이비드 하비, 최병두 옮김,《신자유주의》, 한울아카데미, 2007.

14 프리드리히 폰 하이에크, 김이석 옮김,《노예의 길》, 나남, 2007.

15 프리드리히 폰 하이에크, 김균 옮김,《자유헌정론》, 자유기업센터, 1997, 200쪽.

16 밀턴 프리드먼, 변동열·심준보 옮김,《자본주의와 자유》, 청어람미디어, 2007.

17 마이클 왈쩌, 정원섭 옮김,《정의와 다원적 평등》, 철학과현실사, 1999.

18 R. H. Tawney, 앞의 책

19 Richard M. Titmuss, *Commitment to Welfare*, Palgrave Macmillan, 2002(1968).

20 존 롤스, 황경식 옮김,《정의론》, 이학사, 2003.

21 Amartya Sen, *Poverty and Famines*, Clarendon Press, 1982.

22 아마르티아 센, 김원기 옮김,《자유로서의 발전》, 갈라파고스, 2013.

23 애덤 스미스, 김광수 옮김,《도덕감정론》, 한길사, 2016.

8. 인간의 얼굴을 한 자본주의

1 칼 폴라니, 홍기빈 옮김,《거대한 전환》, 길, 2009(1944).

2 Chalmers Johnson, *MITI and the Japanese Miracle: The Growth of Industrial Policy 1925-1975*, Stanford University Press, 1982.

3 Francis Fukuyama, *The End of History and the Last Man*, Free Press, 1992.

4 토니 주트, 김일년 옮김,《더 나은 삶을 상상하라》, 플래닛, 2011.

5 Peter A. Hall and David W. Soskice, *Varieties of Capitalism: Institutional Foundation of Comparative Advantage*, Oxford University Press, 2001.

6 Mariana Mazzucato, *The Entrepreneurial State*. Anthem Press. 2013.

7 헌재 2002. 12. 18., [2002헌마52]

8 요스타 에스핑-안데르센, 박시종 옮김,《복지자본주의의 세 가지 세계》, 성균관대학교출판부, 2007.

9 Gösta Esping-Andersen, *The Three Worlds of Welfare Capitalism*, Princeton: Princeton University Press, 1990.

10 Gösta Esping-Andersen, 앞의 책, 33p.

11 Gösta Esping-Anderson, *Welfare States in Transition: National Adaptations in Global Economies*, London: Sage, 1996.

12 Torben Iversen and Anne Wren, "Equality, Employment, and Budgetary Restraint: The Trilemma of the Service Economy", *World Politics*, 1998, 50·507~546p.

13 Anton Hemerjick, "The Self-Transformation of the European Social Model(s)", Gosta Esping-Andersen ed., *A New Welfare Architecture for Europe: Why We Need a New Welfare State*, Oxford: Oxford University, 2002.

14 *New York Times*, 1999. 2. 28.

15 *New Statesman*, Special Edition, May 1997.

16 Anthony Giddens, *The Third Way: The Renewal of Social Democracy*, Polity Press, 1998.

17 Anthony Giddens, *The Global Third Way Debate*, Cambridge: Polity, 2001.

18 David Miliband ed., *Reinventing the Left*, Cambridge: Polity, 1994.

19 Wolfgang Merkel et al., *Social Democracy in Power: The Capacity to Reform*, Routledge, 2008.

20 한국복지국가연구회,《한국 복지국가의 정치경제》, 아연출판부, 2012, 119~147쪽.

21 데이비드 맥낼리, 강수돌·김낙중 옮김,《글로벌 슬럼프》, 그린비, 2011.

22 아나톨 칼레츠키, 위선주 옮김,《자본주의 4.0》, 컬처앤스토리, 2011.

23 로버트 라이시, 안진환·박슬라 옮김,《위기는 왜 반복되는가》, 김영사, 2011.

24 레오 패니치·도우 헨우드, 〈세계화의 신화를 벗기다〉, 사샤 릴리 엮음, 한상연 옮김,《자

본주의와 그 적들》, 돌베개, 2011.

25 데이비드 맥낼리, 〈금융 위기, 좌파의 과제는〉, 앞의 책.

26 악셀 호네트, 문성훈 옮김,《사회주의의 재발명》, 사월의책, 2016.

9. 민주주의와 공정한 조세

1 〈세계 400대 부자 65%가 자수성가〉,《조선일보》, 2016년 1월 5일.

2 〈우리나라엔 1억 원 이상 가진 어린이 주식 부자가 121명〉,《이코노믹리뷰》, 2015년 5월 4일.

3 〈이재용 65배·정의선 102배 재산 증식 '마술'〉,《한겨레》, 2015년 2월 15일.

4 〈10대 재벌 가문 상장사 주식 가치 증시 시가총액 절반 차지〉,《연합뉴스》, 2016년 8월 3일.

5 R. H. Tawney, *The Acquisitive Society*, Harcourt Brace and Howe, 1920.

6 콜린 크라우치, 이한 옮김,《포스트 민주주의》, 미지북스, 2008.

7 로버트 프랭크, 권성희 옮김,《리치스탄》, 더난출판사, 2008.

8 〈월 가 '연봉킹'은 골드만삭스 회장… 지난해 246억 원 받아〉,《매경닷컴》, 2014년 4월 6일.

9 래리 바텔스, 위선주 옮김,《불평등 민주주의》, 21세기북스, 2012.

10 제이콥 해커·폴 피어슨, 조자현 옮김,《부자들은 왜 우리를 힘들게 하는가?: 승자 독식의 정치학》, 21세기북스, 2012.

11 래리 바텔스, 앞의 책.

12 파블로 네루다, 〈다림질을 기리는 노래〉, 정현종 옮김,《충만한 힘》, 문학동네, 2007 (1962).

13 Kingsley Davis and Wilbert E. Moore, "Some principles of stratification", *American Sociological Review* 10(2), 1945, 242~249p.

14 〈최경환 '증세 디플레 악화 우려… 경제 활력 고려해야'〉,《이데일리》, 2015년 2월 5일.

15 Richard Florida, *The Rise of the Creative Class*, Basic Books, 2002.

16 Harold L. Willensky, *Rich Democracies: Political Economy, Public Policy, and Performance*, University of California Press, 2001.

17 김윤태,《복지국가의 변화와 빈곤 정책》, 집문당, 2015, 240쪽.

18 토마 피케티, 앞의 책.

19 Leonard E. Burman, Jeffrey Rohaly and Robert J. Shiller, "The Rising-Tide Tax System:

Indexing (at Least Partially) for Changes in Inequality", 미출간 원고, 2006.

20　Walter Korpi and Johakim Palme, "The Paradox of Redistribution and Strategies of Equality: Welfare State Institutions, Inequality, and Poverty in the Western Countries", *American Sociological Review*, Vol. 63, No. 5(Oct. 1998), 1998, 661~687p.

21　〈정규직-비정규직 임금격차 문제가 가장 심각〉, 《한국금융신문》, 2016년 7월 10일.

10. 이제 무엇을 할 것인가

I　C. B. MacPherson, *The Rise and Fall of Economic Justice and Other Papers*, Oxford University Press, 1985.

2　김윤태, 〈경제민주화 2단계 논쟁을 위하여: '더 많은 민주주의'를 요구하라〉, 민주당 경제민주화모임, 《을을 위한 행진곡》, 메디치미디어, 2013, 222~249쪽.

3　장하준·정승일·이종태, 《무엇을 선택할 것인가: 장하준·정승일·이종태의 쾌도난마 한국 경제》, 부키, 2012.

4　최장집, 《노동 없는 민주주의의 인간적 상처들》, 후마니타스, 2013.

5　리처드 세넷, 앞의 책.

6　로버트 달, 김왕식 옮김, 《민주주의》, 동명사, 2009.

7　로버트 달, 배관표 옮김, 《경제민주주의에 관하여》, 후마니타스, 2011.

8　앤서니 B. 앳킨슨, 장경덕 옮김, 《불평등을 넘어》, 글항아리, 2015, 242쪽.

9　브루스 액커만 외, 너른복지연구모임 옮김, 《분배의 재구성》, 나눔의집, 2010.

IO　앤서니 B. 앳킨슨, 앞의 책, 306쪽.

II　장하준, 형성백 옮김, 《사다리 걷어차기》, 부키, 2004.

맺음말: 평등의 정치, 복지의 정치

I　존 러스킨, 곽계일 옮김, 《나중에 온 이 사람에게도: 생명의 경제학》, 아인북스, 2014.

2　콜린 크라우치, 앞의 책.

3　고은, 〈어떤 기쁨〉, 백낙청 외 엮음, 《어느 바람》, 창작과비평사, 2002.

불평등이 문제다

지은이 | 김윤태

1판 1쇄 발행일 2017년 9월 11일
1판 2쇄 발행일 2018년 7월 23일

발행인 | 김학원
편집주간 | 김민기 황서현
기획 | 문성환 박상경 임은선 김보희 최윤영 전두현 최인영 이보람 정민애 이문경 임재희 이효온
디자인 | 김태형 유주현 구현석 박인규 한예슬
마케팅 | 이한주 김창규 김한밀 윤민영 김규빈 송희진
저자·독자서비스 | 조다영 윤경희 이현주 이령은(humanist@humanistbooks.com)
조판 | 홍영사
용지 | 화인페이퍼
인쇄 | 청아문화사
제본 | 정민문화사

발행처 | (주)휴머니스트 출판그룹
출판등록 | 제313-2007-000007호(2007년 1월 5일)
주소 | (03991) 서울시 마포구 동교로23길 76(연남동)
전화 | 02-335-4422 팩스 | 02-334-3427
홈페이지 | www.humanistbooks.com

ⓒ 김윤태, 2017

ISBN 979-11-6080-074-6 03330

• 이 도서의 국립중앙도서관 출판예정도서목록(CIP)은 서지정보유통지원시스템 홈페이지(http://seoji.
  nl.go.kr)와 국가자료공동목록시스템(http://www.nl.go.kr/kolisnet)에서 이용하실 수 있습니다.
  (CIP제어번호: CIP2017020435)

만든 사람들

편집주간 | 황서현
기획 | 최윤영(cyy2001@humanistbooks.com) 이보람
편집 | 김정민
디자인 | 유주현